酒店管理专业系列创新教材

JiuDian GuanLi ZhuanYe XiLie ChuangXin JiaoCai

总主编 罗旭华

酒店职业素质与礼仪

Jiudian Zhiye Suzhi Yu Liyi

主编 徐 速

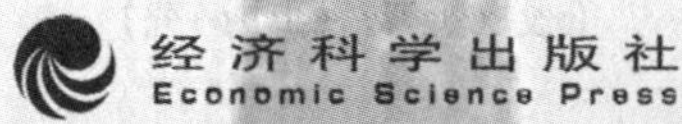

图书在版编目（CIP）数据

酒店职业素质与礼仪/徐速主编．—北京：经济科学出版社，2013.8（2021.7 重印）
酒店管理专业系列创新教材
ISBN 978-7-5141-3685-2

Ⅰ.①酒… Ⅱ.①徐… Ⅲ.①饭店—商业服务—职业道德—高等职业教育—教材②饭店—商业服务—礼仪—高等职业教育—教材 Ⅳ.①F719.2

中国版本图书馆 CIP 数据核字（2013）第 187231 号

责任编辑：刘明晖 李 军
责任校对：杨晓莹
版式设计：齐 杰
技术编辑：范 艳

酒店职业素质与礼仪
徐 速 主编
经济科学出版社出版、发行 新华书店经销
社址：北京市海淀区阜成路甲 28 号 邮编：100142
总编部电话：010-88191217 发行部电话：010-88191522
网址：www.esp.com.cn
电子邮件：esp@esp.com.cn
天猫网店：经济科学出版社旗舰店
网址：http://jjkxcbs.tmall.com
固安华明印业有限公司印装
710×1000 16 开 16.75 印张 290000 字
2013 年 8 月第 1 版 2021 年 7 月第 3 次印刷
ISBN 978-7-5141-3685-2 定价：36.00 元
（图书出现印装问题，本社负责调换。电话：010-88191502）

酒店管理专业系列创新教材
编写委员会

前　言

为了贯彻落实国家关于大力发展高等职业教育、培养复合型应用人才的战略部署，中国劳动关系学院编写了这本酒店专业实训教材。

酒店是旅游产业中不可或缺的重要支柱，改革开放30多年来，中国酒店业保持了快速、稳定发展的良好态势，为旅游业的持续发展奠定了坚实的基础。星级饭店以及客房数量的增长速度惊人，酒店数量的不断增加意味着市场竞争日益激烈。我国酒店的消费者也在需求方面发生了深刻的变化，酒店宾客在关注酒店价格的同时，更注重精神方面的追求，更关注产品服务的附加价值以及酒店对于宾客的人性化服务。中国的酒店业已经进入了一个素质化经营的新时代，酒店的经营管理人员不仅要经营发展模式的更新，更要注重酒店从业人员的职业素质培养。

本书以高职高专酒店管理、旅游管理专业学生及星级酒店基层培训为主要对象，紧密结合酒店职业岗位实际工作任务，以职业素质与职业能力培养为核心，编写的项目模块课程教材。编写时主要考虑了三方面的因素：科学性、实用性、系统性。全书共分7个项目，每一个项目下根据工作内容设置了若干任务。任务的划分是以主题为中心组织知识，使之更加贴近岗位工作要求、贴近学生需要，使内容变得更容易操作，有利于学生在运用中学习、在学习中运用。围绕主题拓展。把专业理论和操作技能有机地、系统地结合在一起，形成内容体系；同时，注重教学内容的实用性，强化学生的技能训练，促进学生操作能力的提高。

高等职业教育酒店管理专业与旅游管理专业是在实践性教学体系下的理论教学和实践教学，它要求学生不仅具有专业的基础理论，更要有扎实的基本功技能。为了使学生能够更好地“在学中用、在用中学”，我们在书的每个项目初始部分设有学习目标，并在每个项目的不同任务结尾处设计了【要点提示】，有利于学生掌握重点，方便教师更好地把握教学。同时为了丰富学习内容，在项目的不同任务里增加了自测题，不仅丰富了教师的课堂教授，还有利于学生在学习中开展自我了解与自我分析，正确认识真实的自我，具有较强的可操作性；增加了趣味性与练习度，有利于教学活动的互动开展。

本书还增加了“酒店职业工作中音乐礼仪的运用”。结合酒店行业的特点，讨论音乐与酒店服务之间的关联性，提出环境音乐已然成为酒店服务中不可或缺的礼仪之一的理念。它的合理运用在酒店企业与宾客心灵间架起沟通桥梁，既满足了宾客的不同需求，又能突出酒店行业的特点，还能提高酒店服务工作的服务水平与工作效率。

本书在充分注重酒店行业工作特点的同时，结合我国职业院校学生的知识结构与学习特点，关注我国酒店服务业的发展和人才需求动向，以“关注细节，注重养成学习者良好的职业习惯”为主导思想，强调酒店行业是技能与素质同等重要的行业，良好的服务意识体现在日常酒店服务的礼仪当中。为方便教师整体把握教材，督促与考核学生的学习效果，书中增设了其他同类型教材中较少出现的实训项目与情景模拟思考题，便于师生更好地理解与掌握所学的知识。我们参考并借鉴了各位业界前辈学者的研究成果，在此诚挚地向他们表示由衷的感谢，对于一些案例及数据、图片资料的直接借鉴与引用，我们尽量在引文与参考文献中做了标注，若仍有疏漏，深表歉意。

本书由中国劳动关系学院的徐速老师担任主编；具体分工如下：徐速老师承担教材总体思路与框架的拟订工作、全书的统稿工作及项目一、项目二、项目三的编写工作，高曼曼老师承担项目六的编写工作，陈卓老师承担项目四和项目七的编写工作，王冰老师承担项目五的编写工作。

本书承蒙中国劳动关系学院罗旭华教授的鼎力相助。在本书编撰过程中，提出了诸多良好建议。在此谨表谢意！此外，本书的出版还得到了经济科学出版社李军老师的大力支持，在此同样深表感谢。由于编者水平有限，加之时间仓促，疏误之处在所难免，敬请相关从业者及各界读者批评指正。

目　录

项目一　职业与职业素质

【主要内容】

本项目由“职业认知”与“职业素质认知”两个模块构成。模块一“职业认知”，主要内容包括职业的概念，职业的分类，职业的特性；模块二“职业素质认知”，主要内容包括素质的概念，素质的类别，素质的特性，职业素质的概念，职业素质的特点，并对职业素质的构成进行了阐述。

【学习目标】

1. 熟悉职业的分类，理解职业的特性，掌握职业的分类及职业分类的标准。

2. 熟悉素质的概念与类别，理解素质的特性，掌握职业素质的特点及构成元素。

【案例导入】

净雅餐饮集团优秀服务①

以下是某就餐者“我”（从事餐饮管理多年的某位宾客）对北京净雅酒店的服务感受。

距离酒店大门还有3~5米，迎宾小姐已经主动上前迎来，满面春风：“您好欢迎光临，我来帮您提行李吧?”原来迎宾小姐看到了提着包来店消费的我和我朋友。落座后，专门负责点菜的服务专员主动上前点单，熟练、热情而周到。根据我们的喜好和员工的介绍，我们点了几道特色菜。服务专员还主动向我们递赠了名片，并表示今后欢迎我们随时光临。

点完菜品，闲聊几句，我看菜还没有上来（大约几分钟），就抬起头看看工作柜边上的服务员。她似乎已经知晓了我的用意，马上冲我微笑并拿起内部电话，和后厨沟通催促菜品，通话过程中，始终面带微笑面向我，之后主动上前告知我们的菜品会在两分钟后出来，请我们稍等。随后上来一道特色凉菜。这时，另外一个服务员端来一碗热气腾腾的汤品，送到我的朋友面前：“刚才听您说有些感冒不舒服，这是厨房师傅特地炖的银耳汤，您先尝尝，祝您早日康复”。一番话语，舒服而亲切，如沐春风。这碗汤实在是出乎我和朋友的意料，尽管我们

① 资料来源：职业餐饮网，www. canyin168. com。

从业多年，也不断教导员工要察言观色，要为宾客主动提供这些超值服务，但是我们自己却是第一次以宾客身份享受这种待遇。

用餐途中上了一道“××干锅鱼杂”，我们尝了一下，口感稍微腥了些，告知服务员口感不佳，并试探性地询问：“退掉吧，重新做一个别的菜。”服务员马上应对：“真的很抱歉，菜品不佳给您带来了就餐不愉快，我先把菜品撤下吧，马上重新为您点单”。于是，我们就重新点了另外一道菜品。事后，我们还特意询问退下的菜品是如何处理，会不会让服务员埋单？如果宾客这么容易就退掉了菜，那以后宾客故意退菜品、岂不是亏大了啊？服务员回答得很巧妙：“不会的，我们相信来净雅消费的宾客都是很有素质的，如果他们对我们的菜品不满意，那说明我们的菜品真的有需要改进的地方，我们感谢还来不及呢……”

模块一　职业认知

【能力培养】

任务一　明确职业的内涵

一、职业的概念

《春秋·谷梁传》对职业有如下描述：“古者立国家，百官具，农工皆有职以事上。古者有四民，有士民，有商民，有农民，有工民。”这是我国古代对职业的解释。

职业是我们人类在长期生产活动中，逐步产生和发展起来的，它根据社会生产力的发展和社会劳动分工的不同，构成了不同的职业。一个国家的经济结构、产业结构、科技结构和生产力总体水平决定了社会职业的构成。职业（Career）一词，不同于工作（Job）。职业包含了职业精神和职业素质的内容，它是一种具有高尚性的事业。职业至少包含两种含义：一是专业分工；二是精神追求。

职业与每一位生活在社会当中的个人都有着密不可分的联系。职业是社会人参与社会分工，利用专门的知识和技能，为社会创造物质财富和精神财富，并为此承担一定社会义务与责任、获取合理报酬并满足精神需求的工作。目前我国部分学者将职业一词分为“职”与“业”两个部分，即“职”为职责、职位，“业”指行业、事业，认为职业既包括责任也包括义务，具备有工作、有工作时间限度、有收入的含义。

二、职业的分类

随着社会不断进步，社会分工不断细化，人们对职业的需求也更加多样化，需要对职业进行适当的分类以适应社会的发展与需求。一般来讲，职业分类是某一国家或地区的人们通过对社会全体从业人员所从事的各类经济性活动进行分析和研究，按照其活动的不同性质、对象、内容、形式、效用和结果等，在科学统计的基础上进行类型划分。例如在我国的《周礼·冬官考工记》就开宗明义指出："国有六职，百工与居一焉。或坐而论道，或作而行之……"论述了王公、士大夫、百工、商旅、农夫和妇功等不同职业的分工和职责。不仅如此，古代的职业分工还有很强的世袭性，人们甚至以自己的职业作为自己的姓氏（如姓屠、师、桑、陶、卜、贾等），反映了人们具有很强的职业归属感。

现代职业分类主要依靠社会分工进行。它反映了社会的整体需求与职业从事者的个体发展要求。世界各国国情不同，其划分职业的标准也有所区别。我们可以根据职业活动的性质、职业活动提供的产品和服务种类、使用劳动资料和劳动对象（原料、材料、工具、设备）的种类、从事该职业的员工在职业活动中发挥作用、职业活动对员工的知识和技能要求等进行分工。例如，从行业上可将职业分为第一、第二、第三产业；从工作特点上划分为教师、军人、警察、农民、技术工人、商业贸易员、导游、金融从业人员、酒店餐饮职员等职业。此外、按照体力与脑力劳动的不同特性，社会上还通俗地将职业分为白领和蓝领。职业分类有助于国家经济工作有序开展、个人职业生涯的规划与发展以及职业教育培训工作的进行。

任务二　明确职业的特性

一、职业具有经济性

人们从事某种职业，将可以通过此项职业活动获取一定的经济收入。每一项职业活动都具备一定的经济价值。这种经济价值体现在所从事的经济活动对个人或某个群体、或社会的某一分子具有可利用价值。职业的经济性强调从事某种职业既创造物质财富也创造精神财富。

二、职业具有社会性

职业与人类的需求和职业结构相关。由于生产力不断进步，社会分工不断更新、不断细化，人们从事的职业更加多种多样。虽然人们从事的职业各不相同，但每一个职业都与社会的其他职业活动有着多种形式的关联。

三、职业具有专门性

不同职业的人员其从事的职业在劳动内容、劳动方式、劳动手段、劳动目的等方面各具特色，它要求不同职业从业人员应具备各异的专门知识与职业技能，同时根据各个不同职业所具备的特征，形成各自的职业道德与行为规范。

四、职业具有时代性

随着社会的不断发展、社会需求与产业结构变化，导致不同时代形成不同的职业群体。以新中国成立以后的发展阶段为例，初期主要以农民、工人等职业为主；在科技飞速发展的今天，我国不仅需要农民、工人，同时还需要科学技术、商业贸易、酒店服务等领域的职业人才。

【知识拓展】

内容　职业分类的标准

一、职业分类的国际标准

联合国统计司于1948年设计了全部经济活动国际标准产业分类的最初方案，并于1958年颁布《国际职业标准分类》，将职业分为8个大类，83个中类，284个小类，1506个细类。目前，各国都根据联合国颁布的职业分类进行各自国家的职业分类。联合国统计司颁布的8个大类为：

1. 专家、技术人员及有关工作者；
2. 政府官员及企业经理；
3. 事务工作者以及有关工作者；
4. 销售工作者；
5. 服务工作者；
6. 农业、牧业、林业工作者和渔民、猎人；
7. 生产和有关工作者、运输设备操作者和有关工作者；
8. 不能按职业分类的劳动者。

二、我国的职业分类

我国在劳动和社会保障部的组织下于1999年通过审定了《中华人民共和国职业分类大典》（以下简称《大典》），1999年5月正式颁布生效。《大典》中将我国目前的职业划分为8个大类，66个中类，413个小类，1838个细类。

第一大类：国家机关、党群组织、企业、事业单位负责人；其中包括5个中类，16个小类，25个细类；

第二大类：专业技术人员；其中包括14个中类，115个小类，379个细类；

第三大类：办事人员和有关人员；其中包括 4 个中类，12 个小类，45 个细类；

第四大类：商业、服务业人员；其中包括 8 个中类，43 个小类，147 个细类；

第五大类：农、林、牧、渔、水利业生产人员；其中包括 6 个中类，30 个小类，121 个细类；

第六大类：生产、运输设备操作人员及有关人员；其中包括 27 个中类，195 个小类，1119 个细类；

第七大类：军人；其中包括 1 个中类，1 个小类，1 个细类；

第八大类：不便分类的其他从业人员。其中包括 1 个中类，1 个小类，1 个细类。

【要点提示】

1. 职业是社会人参与社会分工，利用专门的知识和技能，为社会创造物质财富和精神财富，并为此承担一定社会义务与责任、获取合理报酬，并满足精神需求的工作。职业包含了职业精神和职业素质的内容，职业至少包含两种含义：一是专业分工；二是精神追求。

2. 职业分类是某一国家或地区的人们通过对社会全体从业人员所从事的各类经济性活动进行分析和研究，按照其活动的不同性质、对象、内容、形式、效用和结果等，在科学统计的基础上进行类型划分。

3. 职业的特性包括：经济性、社会性、专门性、时代性。

4. 联合国于 1958 年颁布《国际职业标准分类》，将职业分为 8 个大类。

5. 我国于 1999 年颁布《中华人民共和国职业分类大典》，将我国目前的职业划分为 8 个大类。

模块二　职业素质认知

【能力培养】

任务一　明确素质的内涵

一、素质的概念

在《管子·势》一书中是这样描述素质的：“正静不争，动作不贰，素质不留，与地同极。”《辞海》对素质一词的定义为：人生理上的原来的特点；事物本来的性质；完成某种活动所必需的基本条件。

从原意上来讲，素质本来是指人类与生俱来的生理解剖特点，即生理学上所说的“遗传素质”，它是人能力发展的自然前提和基础。我们将其称为狭义的素质，它是心理活动发展的前提，是以人的生理和心理实际作基础；个体生理的、心理的成熟水平的不同决定着个体素质的差异。本书所讲的是广义上的素质，即把素质视为人内在的品质和质量，指人们受环境、教育的影响，通过自身的体验认知和实践磨炼，形成稳定的、内在的基本品质结构。

二、素质的类别

如上面所说，素质包括狭义的素质和广义的素质。狭义的素质是通过遗传因素而获得的素质，主要包括感觉器官、神经系统和身体其他方面的一些生理特点。广义的素质是通过环境影响和教育而获得的。对于广义的素质，不同学者在分类上有所区别。如有的学者将素质概括为三类八种：三类即自然素质、心理素质和社会素质；八种即政治素质、思想素质、道德素质、业务素质、审美素质、劳技素质、身体素质、心理素质。有的学者将素质归纳为三类六种：即思想素质、心理素质、养成素质（包括：文化素质、科学素质、道德素质、政治素质），见图1－1。

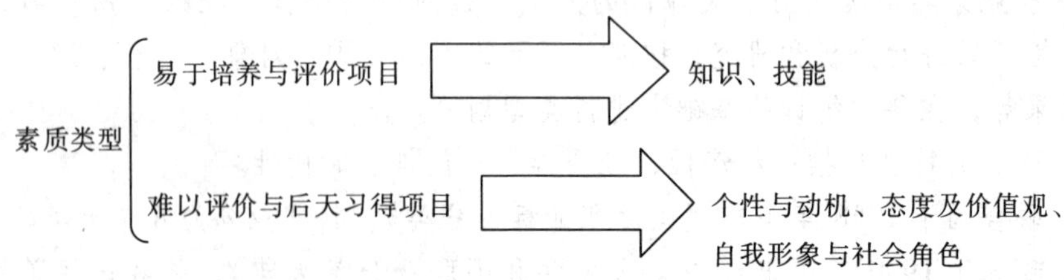

图1－1　素质类型

三、素质的特性

（一）素质是可培养的。在先天素质的基础上，人们通过教育和社会环境影响可以逐步形成和发展自身的素质。

（二）素质需要通过自身努力才能获得。个人只有通过不断的努力学习并将获得的科学知识与专业技能内化升华转变成个人的行为规范，才能具备较高的素质。

（三）素质具有内在的相对稳定性。素质是一种比较稳定的身心发展的基本品质，它相对持久地影响着个体对客观事物的认知与行为。例如，一个素质好的员工，由于品质稳定，无论在何地从事何种工作，其行为规范都会指导他正确地对待工作、对待与之相关的群体、对待自己。

任务二　明确职业素质的内涵

一、职业素质的概念

职业素质是劳动者在一定的生理和心理条件的基础上，通过教育、劳动实践、自我修养等途径形成和发展起来的在职业活动中发挥重要作用的内在基本品质，它是劳动者对社会职业的认知与适应的综合体现。

职业素质是劳动者走向工作岗位、实现就业的基本条件。同时，职业素质也是企业选聘人才的第一标准。劳动者能否顺利就职并在今后的工作中取得成就，在很大程度上取决于其本人的职业素质；职业素质越高的员工，其在职场获得成功的机会就越多，可以说职业素质决定事业成败！

二、职业素质的特点

（一）专业性

不同的职业，职业素质是不同的。职业素质与职业紧密相关，要求从业人员具有相应的专业知识与专业技能。例如对医生的职业素质要求，不同于对教师的职业素质要求；医生要医德高尚，医术高明；教师要德高为师，身正为范；对证券服务人员的职业素质要求，不同于对酒店服务人员的职业素质要求。证券服务人员既要熟悉专业金融知识，更要严守机密、不得泄露外传；酒店服务人员要具有正确的服务意识与娴熟的服务技能。

（二）内在性

职业素质要求人们通过自身修养、知识学习、技能掌握形成内在的意识与品质，它决定从事不同职业的人员其外在的行为，即主体职业活动及其形成的效果。例如酒店服务人员在具备专业的技能与知识的基础上，不断提高自身修养，才能形成视宾客为“上帝”的职业服务意识与服务行为规范。

（三）稳定性

一个人的职业素质是在长期职业实践中形成的，在其职业行为中形成具体体现。职业素质一旦形成，便产生相对的稳定性。职业素质的稳定性有助于各行业的从业人员保持一定水平的职业行为规范。当某一个体形成了其从事某一职业的职业素质时，会对其职业发展起促进作用，并保持其在该职业领域职业行为的稳定。

（四）整体性

现代企业要求每一位员工不仅具备良好的思想政治素质、职业道德素质，还应具备与职业紧密相关的科学文化素质、专业技能素质等，职业素质一个重要的特点就是整体性。一个从业人员的职业素质和个体的整体素质密切相关。我们说某某同志职业素质好，不仅指他的思想政治素质、职业道德素质好，还包括他的科学文化素质、专业技能素质、身体与心理素质好。

（五）发展性

随着社会不断发展、社会的职业与岗位需求也在不断变化，它同时对职业从业人员也提出了更多的要求。为了更好地适应、满足、促进社会发展的需要，职业从业人员只有不断提高自己的职业素质，才能满足新的职业、新的岗位对职业的要求。这些职业素质是随着社会的不断发展而逐渐发展和变化的。

任务三　职业素质的构成

尽管社会存在各种不同的职业，每种职业又都具有各自不同的特点，同时各个工作岗位对从事该工作的从业人员所提出的符合该职业特征或岗位特征的要求也不尽相同，但是社会整体要求社会个体无论从事何种职业，至少应具备以下六种基本职业素质，见图 1－2。

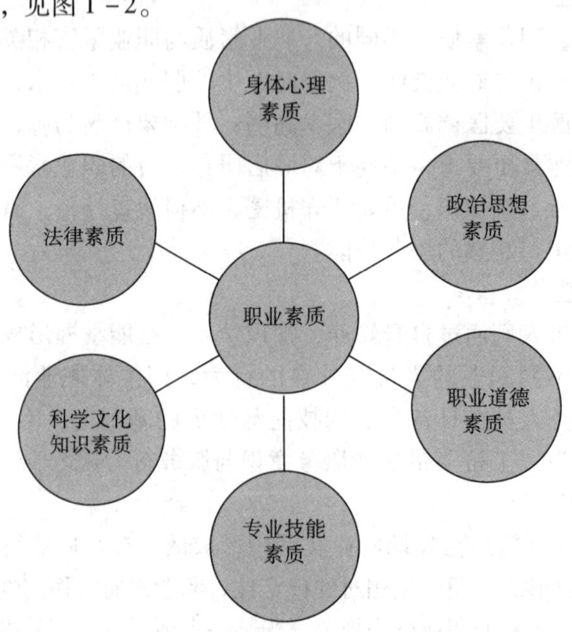

图 1－2　职业素质构成

一、政治思想素质

政治思想素质是人们从事各种职业活动的基本条件和基本品质，受客观环境如家庭、社会、环境等因素的影响。它要求职业从业人员具有正确的政治信念、政治品德，正确的世界观、价值观；忠于自己的国家，以民族大义为重；遵守国家或地区的法律法规，依法进行职业行为；它要求从事该职业的人员通过自身的职业行为，扬善惩恶、关爱他人，奉献爱心；它要求职业从业人员的职业行为要表里如一、公私分明、正直诚实；以积极的人生态度实现自我的人生价值与社会价值。

二、职业道德素质

职业道德素质指从事某一职业的个体对从事该职业应具有的道德认识、道德情感、道德意志、道德行为、道德修养、组织纪律观念等方面的素质。它是职业从业人员从事某一职业活动中应体现的最基本的职业规范与道德行为准则。企业内部设定的对从事该职业人员的岗位技能要求、专业知识积累、人际关系沟通能力、综合能力提升等都可以随着该从业人员在工作中不断习得而得到积累、沉淀；但职业道德素质却是企业对该职位从业人员首先要确定的第一要素。每一位进入职场工作的人员，只有正确认知自己所从事的职业以及具体的工作岗位，具备积极的职业态度，才能做到爱岗敬业。试想如果一个人对待自己的工作每天总是愁眉苦脸、消极应付，又如何才能发自内心的热爱本岗位与本职业，又怎能从工作中体味到快乐呢？作为基本的职业道德，应该诚实守信，这不仅是基本的职业道德素质，同时也是为人处世的根本。无论从事哪一行业都要忠诚于自己的企业，忠实地履行自己的岗位职责，使自己的言行与企业形象与信誉保持一致。此外，良好的职业道德还要求人们在工作中要积极进取、不断进步。只有不断进取，才能热心工作，将工作作为自己毕生的事业对待，锻炼自身的个性、提升工作能力、丰富专业知识，并从中不断完善自我，进而充分展示自我，体现自身的人生价值。

三、科学文化知识素质

科学文化知识素质是实现人生价值、拓展职业生涯的基石，也是形成优秀专业技能素质的基础。现代企业不仅要求员工踏实肯干、积极努力，更要求具有高水平的科学技术知识。作为现代企业的员工，只有具备相当的科学文化知识，形成合理的知识结构，达到基础知识牢固、范围广泛，专业知识先进、可延伸性强，同时不断加强自身的知识迁移能力，才能为今后积累丰富的职业技能与技术打下坚实的基础，并为今后进一步扩展职业发展空间创造条件。科学知识素质还包括良好的文化修养素质、语言素质，在个人的职业工作开展时，较高的语言素质、文化修养有助于形成正确的职业行为、职业态度，对工作起到促进作用。试想如果您是一位前往餐厅就餐的宾客，落座后服务员彬彬有礼地询问宾客选用哪些菜品与酒水，当点菜完毕后，服务员又笑容可掬地说："先生，你要饭吗?"这时您原本愉悦的心情会发生怎样的变化?

四、身体心理素质

现代职场竞争压力巨大，良好的身体心理素质对职业从业人员从容胜任工作至关重要。身体心理素质包括职业从业人员的身体健康状况与心理承受能力状况两个方面。良好的身体素质要求职业从业人员具备健康的体魄，身体能够快速适应各种工作环境，动作敏捷、反应迅速，这主要受先天遗传素质影响。无论今后我们从事的是生产工作、服务工作还是管理工作，都需要拥有健康的体魄。心理素质包括认知、感知、记忆、情感、意志、兴趣、能力、气质、性格、习惯等方面的素质。这些是每一位职业从业人员必不可缺的条件。在现实的工作中，没有一个人的职业生涯是一帆风顺的，遇到挫折和失败在所难免。但是，如何面对工作中的失败和挫折呢？积极、奋发、乐观的心态是首选！这需要我们平时注重对自身心理素质的锻炼与培养。

畅销书《杜拉拉升职记》女主角杜拉拉成为职场人争相学习的榜样说明：积极勤勉的"口红"心态是职业工作法则。杜拉拉姿色一般，智力一般，甚至工作能力也很一般，但她一步步从草根成为职场高管，靠的就是良好的职业心态。现实生活中我们经常会看到这样的景象：人们一边抱怨工作辛苦，一边混日子。老板是错的，同事是错的，客户也是错的，全世界只有自己一个是聪明人；自己感到很累、很委屈，周边的人也跟着感觉很累。那么我们再看看杜拉拉是怎么做的：工作中经常报以微笑，以乐观的心态对待一切，不将抱怨和不满挂在嘴边。其实职业生活中的困惑和劳累都是可以通过自我调节而获得解脱的。工作可以不够熟练但心态不可以不够好。心态决定一切。当工作中遇到了问题，就想到去换工作，去躲避这个问题，以为换了一个平台，就会摆脱这个问题，从此不会有这样的困扰。这样做是否真能解决问题呢?

面对工作压力，学会寻找适当的方式方法进行情绪宣泄、减压，例如可以通过与他人沟通、交朋友、培养自己的兴趣爱好等来保持自己心情愉悦舒适。面对压力，我们还应学会忍耐，学会提升自己的心理承受能力，学会接受挑战、应对挑战。日本著名企业家松下幸之助说：信心加忍耐能够化一切不可能为可能！面对困难工作，以坚决的忍耐心坚持，即使不能全部解决，境况也会有所改变；在此期间用积极的心态不断地去发现问题、解决问题；以坚强的毅力、积极的心态面对困难和挫折，面对不适应，最终这些困难都可以解决。

五、法律素质

表面看起来职业素质似乎与法律关联性不大，实际上任何国家或地区的社会秩序都是由法律保障的，人们的社会行为也必须遵从法律的规定。毫无疑问，我们在开展工作、行使职业权利与义务时也必须以法律为基准。为此，具备相关的法律知识是职业从业人员的基本法律素质。只有了解相关的法律知识，才能明确本职业或本岗位工作应遵守的法律法规，避免自己的职业行为与法律法规相冲突。培养相应的法律素质，才会使我们在工作中学会懂法、用法，提升法律意识，充分发挥法律法规的规范、保障、制约作用。

六、专业技能素质

专业技能素质包括从事某一职业的人员在工作时所需掌握的基本专业知识和专业技能。劳动者要形成上述素质，需要具备基本的科学知识素质，并在此基础上发展与该职业相关的科学知识，通过知识迁移形成针对该职业的专业知识；劳动者在具备专业知识的基础上开展实际运用与职业技能训练，通过反复训练形成专业技能。专业知识和专业技能二者的关系是相辅相成、缺一不可的。

【知识拓展】

内容　职业素质测试

一、职业素质测试简介

职业素质测试是采用心理测量与情景测试等综合方法，通过限时“笔答”和“人机对话”等方式，对被测试者的职业素质与职业能力等品质特征进行综合评价，从而为其就业与培训方向提供可靠的指导依据。目前我国对求职者的职业素质测试一般有四项：职业兴趣测试，职业人格（个性）测试，职业能力测试和应试焦虑（情绪）测试。从业人员可以通过测试了解自己的职业性格与职业能力，以便找到更符合自身特点的职业。企业也可据此了解所雇用的员工的个体特征与整体素质状况，以便根据其特征更好地安排职业岗位。

二、职业性格测试

同学们可以根据自己的实际情况，链接以下网址，尝试判断自己基本的职业性格。http：//yjbys. com/jiuyezhidao/zhiyeceping/2010/1225/314151. html。

【要点提示】

1. 素质是人内在的品质和质量，是指人们受环境、教育的影响，通过自身的体验认知和实践磨炼，形成稳定的、内在的基本品质结构。

2. 素质概括为三类八种，即自然素质、心理素质和社会素质三类；政治素质、思想素质、道德素质、业务素质、审美素质、劳动技能素质、身体素质、心理素质八种素质。

3. 素质是可培养的。素质需要通过自身努力才能获得。素质具有内在的相对稳定性。

4. 职业素质是劳动者在一定的生理和心理条件的基础上，通过教育、劳动实践、自我修养等途径形成和发展起来的，在职业活动中发挥重要作用的内在基本品质。

5. 职业素质的特点具有专业性、内在性、稳定性、整体性和发展性。

6. 职业素质构成包括政治思想素质、职业道德素质、科学文化知识素质、身体心理素质、法律素质、专业技能素质。

【思考训练】

1. 我国现阶段的职业分类有哪些?
2. 国际上职业的主要分类标准有哪些?
3. 职业的特征有哪些?
4. 素质的概念是什么?
5. 素质的特征有哪些?
6. 什么是职业素质的特点?
7. 职业素质的构成包括哪些内容?

项目二　职业成败的关键

【主要内容】

本项目由“认知酒店职业素质”、“高尚的酒店职业道德素质”、“做职场的主人”、“优质服务是力量的源泉”、“酒店兴旺 员工有责”五个模块构成。模块一“认知酒店职业素质”的主要内容包括什么是酒店职业素质，职业素质促进职业发展，行之有效的酒店职业素质培养；模块二“高尚的酒店职业道德素质”的主要内容包括安身立命之本——职业道德，职场成败之关键——诚信，放飞梦想之基础——爱岗敬业，恪守行规，积厚成器；模块三“做职场的主人”的主要内容包括历练职业心理素质，职业发展的坚强后盾，开展职业心理训练；模块四“优质服务是力量的源泉”的主要内容包括为什么要服务，你具备服务酒店服务素质吗；模块五“酒店兴旺　员工有责”的主要内容包括将职业责任牢记于心，荣誉与蛋糕等。

【学习目标】

1. 了解酒店职业素质的内涵，理解酒店职业素质的作用，知晓酒店职业素质养成的途径。
2. 了解职业道德的主要内容，知晓诚信的意义，掌握酒店职业道德养成的途径与方法。
3. 学会培养积极健康的职业心理素质，掌握有效的职业心理训练方式。
4. 掌握提高服务素质与服务意识的能力。
5. 了解职业责任的意义，培养正确的酒店职业责任。

【案例导入】

北京一家酒店西餐厅的早餐时间，服务员注意到一位年纪较大的来自欧洲的客人先用餐巾将煎鸡蛋上的油小心地擦掉，又把蛋黄和蛋白用餐刀切开，再就着白面包把蛋白吃掉，而且在吃鸡蛋时，没有像其他客人那样在鸡蛋上撒盐。服务员揣测这位客人可能是因患有某种疾病，才会有这样比较特殊的饮食习惯。第二天早上，当客人又来到餐桌落座后，未等其开口，服务员便主动上前询问是否还是用和昨天一样的早餐。待客人应允后，服务员便将与昨天一样的早餐摆放在餐桌上。与昨天不同的是煎鸡蛋只有蛋白而没有蛋黄。客人见状非常高兴。边用餐边与服务员谈起，之所以有这样的饮食习惯，是因为他患有顽固的高血压，遵从医嘱的结果。（资料来源：职业餐饮网，www. canyin168. com）

模块一　认知酒店职业素质

【能力培养】

任务一　什么是酒店职业素质

一、酒店行业的职业特点

酒店行业是以住宿为基本产品形态，并随规模的扩大和市场的需要提供了饮食、娱乐、购物、交通、商务服务、会议服务、度假服务等一系列产品，具有通过满足特殊需求、提供特殊（个性化）服务，满足宾客需求，争取经济、社会、文化等多方面效益的综合性经济产业。服务是酒店经营的核心和基本，酒店行业工作具有很强的服务性。由于与其他实物产品相比，酒店产品具有产品生产与消费同时性的特征，因此，酒店产品必须通过酒店现场员工的优质服务来体现，员工服务是酒店产品的重要组成部分。酒店服务是处在酒店经营活动的主体→酒店者与酒店活动的客体→酒店资源之间的媒介，其本质及其综合性强、服务性强、关联度大、开放度高等特征决定了酒店从业人员必须具备特定的职业素质。酒店从业人员的职业素质决定酒店产品的质量与信誉，酒店从业人员是企业与宾客联系的纽带和桥梁，只有高素质的员工才能创造高质量的酒店产品、确保酒店企业的优质品牌与优良信誉。

二、酒店职业思想素质的构成

酒店职业思想素质包括酒店从业人员在酒店产品生产和服务过程中体现出的职业素质之本——酒店职业道德素质，做职场的主人，优质服务素质是力量的源泉，酒店兴旺、员工有责等内容。这些素质是通过后天的教育、培训、学习、实践形成和发展起来的。

酒店行业特点和企业工作性质对酒店从业人员应具备的职业思想素质提出了更高的要求。由于酒店业是一个与不同类型、不同职业、不同地区人群沟通交往的职业，从事酒店服务工作需要从业人员具备健康的体魄、整洁的仪容仪表、丰富的情感、热情开朗的性格、坚韧的毅力、吃苦耐劳的精神以及谦虚谨慎、自尊自爱的良好品德与素质。

任务二　职业素质促进职业发展

一、良好的酒店职业素质是酒店企业员工职业生涯成功的保证

酒店企业员工良好的职业素质与个人事业的成功紧密相连，会对其酒店职业生涯的成功发挥重要的促进作用。因此，加强酒店职业素质的培养，对提高酒店企业员工的职业竞争能力、拓宽职业发展空间有积极的推动作用。良好的酒店职业素质是一个人从事酒店职业活动的基础，是事业取得成功的基石。

二、良好的酒店职业素质是中国酒店业快速发展对从业人员的客观要求

随着我国经济不断发展，酒店行业已发展成为我国最具活力和潜力的新兴产业之一。我国继续保持世界第四大入境酒店接待国，世界最大的国内酒店市场和亚洲第一大出境酒店市场的地位。截至2010年年底，全国星级饭店的数量达到14639家。酒店业的快速发展，使得对酒店人才的需求十分迫切。要支撑如此庞大的产业，提升我国酒店服务从业人员队伍的职业素质显得十分关键和紧迫。缺乏具有良好职业素质员工，已成为制约中国酒店业进一步发展的极大障碍。

三、良好的职业素质，有利于提高酒店行业的整体竞争力

酒店是一个特殊的行业，它所提供产品的核心是服务。随着海外酒店企业逐渐进入我国为增强国际酒店竞争力、酒店从业人员的职业素养成为决定竞争胜负的首要条件。开展酒店从业人员职业素养的培养，是我国成为世界酒店大国的重要条件之一。宾客在酒店消费过程中能否得到员工发自内心的欢迎，标准规范、快捷便利的服务，并成为企业的“忠实宾客”，这都取决于酒店从业员工的职业素质。具备优秀职业素质的员工通过自身的优良品质可以提升酒店企业的良好形象，提高企业的经济效益和社会效益，有利于酒店企业竞争力的提高。

任务三　行之有效的酒店职业素质培养

一、树立正确的职业理念

酒店业的核心和实质是服务，酒店是高附加值、高劳动密集度的职业。从业人员应对所从事的工作具有正确的职业理念认知。职业价值观是职业理念的核

心，它指导酒店从业人员的职业行为。因此服务从业人员只有在酒店职业活动中树立“服务第一、宾客至上”的职业理念，才能具备从事酒店行业服务工作的心理准备；才能面对高强度的脑力与体力劳动，面对不同需求类型的宾客，面对不同宾客多样化的服务需求，面对不断变化的工作要求，树立职业自豪感与使命感，做到爱岗敬业、吃苦耐劳、热情工作，形成工作的动力源泉。

二、积极开展有针对性的教育培训

目前酒店行业的基层员工大部分来自于各类职业技术学院或大中专院校，这些学生中大多是“80后”、“90后”，其中有很多是独生子女；他们在学校的学习生活与在家庭的日常生活大多顺利且优越舒适，造成学生眼高手低、轻视劳动；对酒店行业要求细致缜密、服务第一的工作方式与服务精神没有正确认知。这些现状与特点要求我们只有开展有针对性的教育培训工作，不断提高酒店从业人员的职业素质，才能适应服务工作的要求与挑战。这些教育培训既包括学生在学校学习时接受的职业素质教育，也包括学生在日常生活中、社会实践中的自我体验与知觉，还包括学生开始进入工作岗位进行顶岗实习的体验教育以及正式进入酒店服务领域开始工作后的公司职业培训教育。学校通过培养学生的自觉自主意识、良好自身习惯、积极主动的行为，在职业道德、职业态度、职业服务意识、职业情感等方面养成良好的道德标准、组织规范和礼仪礼貌，才能培养学生将来成为不仅会做事，更会做人的酒店“上品”人才。

（一）开展学生思想道德素质教育

酒店从业人员的行为举止不仅代表着某个企业的形象，更代表着国家尊严与国民素质。因此培养正确的人生观、世界观、价值观至关重要。开展思想道德素质教育有利于酒店专业学生养成热爱祖国、热爱企业、热爱本职工作的自尊、自爱的思想品德。

（二）加强学生行为习惯与礼仪礼貌教育

酒店行业的产品核心是服务，这是关键，也是决定企业竞争力的核心因素。良好的职业行为习惯与标准规范的职业礼仪礼貌是体现酒店产品价值、向宾客提供优质服务的基础。

1. 良好的职业行为习惯与标准规范的职业礼仪礼貌是改善我国酒店业竞争环境的重要内容。酒店业的产品只有通过企业员工高素质的职业行为习惯才能创造价值与利润，它是酒店产品的外在表现形式组成。

2. 良好的职业行为习惯与标准规范的职业礼仪礼貌是酒店从业人员个人风度与气质的综合体现。酒店行业其产品直接通过酒店从业人员个体呈献给消费者，从业人员个体的风度与气质直接影响消费者的感官与认知。一个具有良好修养和高雅气质的酒店企业员工，其优秀的内在素质会通过得体的仪态、优雅的举止、恰当的言语等得以充分展示，它可以更容易获得酒店消费者的赞赏与认同。现代酒店服务不仅需要不断创新的优质产品，更要最大限度地满足宾客需求。尊重宾客、退让以敬人、客错我揽等，都是满足宾客需求、强调从业人员自我约束与内控、提高服务意识与服务质量的具体体现。

【要点提示】

1. 酒店职业素质包括酒店从业人员在酒店产品生产和服务过程中体现出的职业素质之本——酒店职业道德素质，做职场的主人，优质服务素质是力量的源泉，酒店兴旺、员工有责等内容。

2. 酒店职业素质的作用包括：它是酒店企业员工职业生涯成功的保证，是中国酒店业快速发展对酒店从业人员的客观要求，它有利于提高酒店行业的整体竞争力。

3. 酒店职业素质养成的途径：（1）树立正确的职业理念；（2）积极开展有针对性的教育培训：①开展学生思想道德素质教育；②加强学生行为习惯与礼仪礼貌教育。

模块二　高尚的酒店职业道德素质

任务一　安身立命之本——职业道德

一、道德与职业道德

（一）道德概述

孔子说：“至于道，据于德。”将道喻为理想的人格和社会背景，德喻为人立身之依据、行为之准则。在我国当代社会，将道德一词解作“正确的行为”。道德是一种在社会生活实践中形成和发展，可以用善恶标准进行评价的个体意识、社会意识、人格品质规范；是调整人与人、人与自然关系的行为规范；是与这类意识和规范相联系的行为活动以及通过这些活动所结成的社会关系的体系。道德为社会意识形态之一，是人们共同生活及其行为的准则和规范。

（二）职业道德概念

职业道德是整个社会道德体系的重要组成部分，是指从事一定职业的人在工作中所应遵循的、与其特定职业活动相适应的道德行为规范，主要包括职业理想、职业态度、职业义务、职业技能、职业纪律、职业良心、职业声望和职业作风等内容。

（三）职业道德的特点

巴尔扎克说："行业尽管不同，天才的品德并无分别。"职业道德具有行业性、广泛性和时代性特点。每一种职业都因具体工作不同而要求其从业人员担负不同的职业责任和职业义务，从而形成其各自的职业道德规范。这既体现了职业道德的广泛性，又说明了职业道德的行业性。社会的不断发展，对劳动与职业的要求同样在不断发展与更新。无论是具体的劳动技术特征还是经营管理思想方法，都随着社会的发展进步而不断改进提升；每一时期的职业道德都反映了当时社会的现实状况，体现着当时社会道德的普遍要求，这是职业道德的时代特性。

二、酒店职业道德的基本内涵

（一）酒店职业道德的概念

酒店职业道德是指从事酒店接待服务的工作人员在从事职业活动时，应该遵循的道德规范以及与之相适应的道德观念、道德情操和道德品质等。职业道德是职业素质的灵魂。

（二）我国酒店业道德的基本原则

我国酒店职业道德的基本原则包括：热爱社会主义酒店事业、全心全意为中外酒店者服务，坚持集体主义、发扬爱国主义和国际主义精神，实行社会主义人道主义等。这些基本原则体现了酒店职业范围内各种道德关系的本质，是每个酒店从业人员道德品质的核心和道德行为的准则。

（三）酒店职业道德的基本行为规范

高尚的职业道德要求酒店行业从业人员应具备无私奉献、诚实守信；敬业爱岗、勤奋工作；遵纪守法、文明礼貌；办事公道、信誉第一等思想意识与行为规范。作为一名酒店行业员工，良好的职业道德是必须具备的职业素质，是对酒店从业人员最普遍、最基本的道德要求，也是做好酒店服务工作的前提和基础，更是扩展个人职业生涯发展空间的必备条件。

任务二　职场成败之关键——诚信

一、诚信的内涵

诚信是我国古已有之并为历朝历代所推崇的道德规范。孔子说："敬事而信，谨而信；人而无信，不知其可也。”我国将忠诚守信作为现代中国加强社会主义道德建设的指导思想。我国现代的诚信可以包含如下内容：它是真实无妄的本然之道，是道德之本、行为之源，是言行一致的具体体现。诚信作为现代国人社会生活的一把道德的标尺，既是社会道德规范，也是法律制度，还是社会经济发展的必然产物。诚信要求酒店从业人员能够依据事物原本的情况，处理工作中的各项事务，不受个人利益、个人好恶的影响，信守承诺，正确对待自己的工作以及缺点和错误。

二、诚信的价值

（一）忠诚可信是通往职场的第一张通行证

忠诚可信的职业道德是酒店从业人员事业成功的基石，是酒店职业生涯发展的必要条件。《哈佛商业评论》中将员工职业道德归纳为诚实、正直、守信、忠诚、公平、关心他人、尊重人、追求卓越、承担责任等条款。《Motorola员工行为准则》则明确指出“坚持高尚操守”和“对人保持不变的尊重”是摩托罗拉一贯的信念，也将是永恒的信念。无论是哪一类企业都将诚信看做是员工首先必备的第一重要素质。

（二）诚信胜于能力

现代社会是重视知识、重视能力的社会，评价一个员工是否优秀合格包含多重因素，但对于任何企业来讲至关重要的仍然是诚实可信。虽然有些员工能力超强，能够做到在经济战场上有效打击对手、为企业创造更多的经济效益，但是他如果不具备诚信品德，就有可能在因为某些原因离职后，给公司带来因“超强战斗力”导致的超级负面影响。可以说，对于酒店行业的从业人员来讲“有德有才是上品，有德无才是次品；有才无德是毒品，无德无才是废品”。作为酒店企业，有德有才的“上品”当然要重用，有德无才的“次品”可以锻炼使用，而对有才无德之人则是万万不能用也不敢用的。曾任微软公司全球副总裁的李开复先生在回答一位大学生关于公司为何要在招聘人才时涉及员工道德，为何会把诚信放在智慧之前时这样解释道：“这是为了公司的利益。公司企业在衡量员工上，的确是直接对工作目标进行的，并不会对诚信做直接衡量；但是作为核心价值，诚信是我们对员工的最基本要求。公司充分重视诚信，选择的员工也一定是最值得信赖的，唯此，员工才会发挥更多自身才能，员工才会对公司有更强的责任心、更高的工作热情。”由于酒店服务业的职业特殊性，员工更多地参与到与宾客（酒店者）的直接经营与服务中；因此，酒店企业员工的诚信力也必将极大影响酒店企业的信誉与产品质量，因此酒店企业也更加注重员工的诚信力。

【案例 2-1】

诚信就职

某一天，某高职学院在开展顶岗实习前的就职面试。在某知名酒店企业面试台，前来面试的学生络绎不绝。其中有十名学生在简历中写道：本人除拥有较高水平的英语知识能力外，还在校学习了日语，达到日语能力等级考试三级水平，可与宾客进行日语会话。另有两位学生在简历中如实记述了曾学习一年时间的日语，可进行简单的阅读与听说，但会话水平仍存在一定差距。恰好这家企业准备招聘几名会日语的学生进入日本部工作，临时添加了精通日语的工作人员参与面试。于是对这十二名学生进行了日语面试。在经过一周的等待后，那十位简历中描述日语程度较好的学生没有接到该企业的录用通知，反而是两位日语水平存在一定差距的学生收到了录用通知。该企业在对此进行的聘用说明中指出：这两位学生被录用是因为没有在简历中弄虚作假，对于所学知识水平进行了实事求是的描述；面试时表现诚恳，对于不明白的问题没有不懂装懂；虽然日语水平没有达到较高层次，但可以在今后的实际工作中加以培养锻炼成长。而另外十位学生因不具备简历所说的可与日本宾客交流的日语水平程度，企业认为这部分学生为了获得更多的机会、没有据实说明情况，反而粉饰夸大自身实力，没有做到诚实守信，因此不予录用。

（三）诚信有助于事业扩展

诚信是我们独特的人格魅力，是我们的职业形象，更是义务与责任。当我们为荣誉而工作时，工作就不仅是一份职业更是一份事业。对于企业来讲，员工的忠诚可信体现在对企业的归属感与荣誉感。忠诚可信的员工对待工作会严格履行

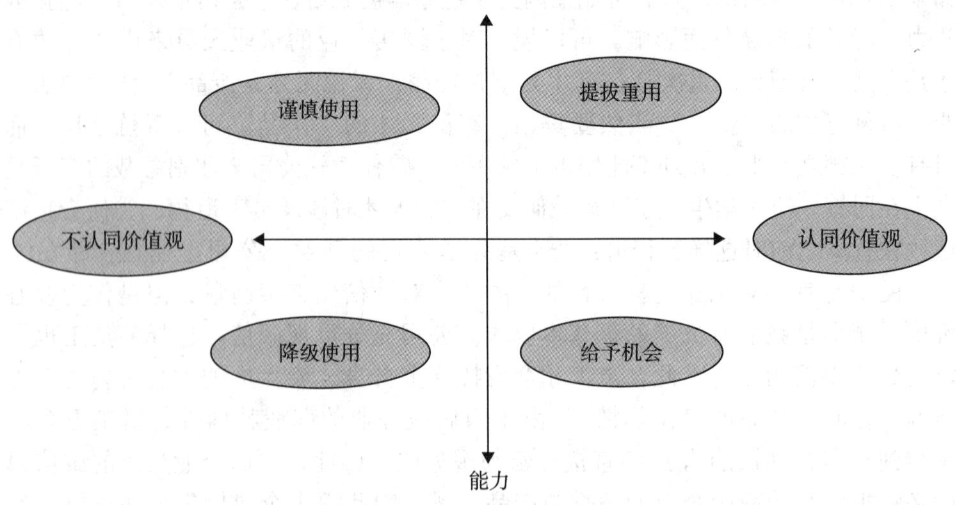

图 2-1 杰克·韦尔奇用人矩阵

自己的职责，它是对企业的最大忠诚。对待企业的忠诚不仅有利于企业，其最终和最大的受益者是拥有诚信的个人。杰克·韦尔奇这样描述其用人标准：要开诚布公、诚实地进行沟通，对于任何一家公司来说都是一个重要的素质。作为一个领导者，看到有任何人撒谎的话，就应该解雇他。以下是杰克·韦尔奇以能力和核心价值观为考评、选拔、辞退考核标准的杰克·韦尔奇用人矩阵。以能力为纵坐标，越往上能力越强；以核心价值观为横坐标，越往右其价值观认同度越高。

由于酒店服务的特性，独立工作的机会与时间较多，个人工作诚信与否直接关系国家与企业的荣誉与利益，因此更为酒店企业所重视。养成诚实可信的行为习惯，不仅在工作时可以独当一面，在遇到困难时勇气倍增；在面对诱惑时，不为所动。请记住也许你的能力不是最强的，但是你具备高尚优秀的诚信品质，对公司表现出足够的真诚，那么你的上司同样会关注你、增加对你的培训与投入、提高你的技能，因为你值得信任，而信任将得到重用。只有忠诚守信我们才能获得信任，实现人生价值，感受幸福与人生的意义。

盘古说："诚信是我开天的巨斧"。

智者说："诚信是人类闪光的金子"。

哲人说："诚信是世间万物的源泉"。

朋友说："诚信是交友的基础"。

三、提高诚信品德

（一）言而有信

在工作与学习等社会活动中，我们会经常遇到需要进行承诺的问题，比如这个工作我在下周一将完成并提交，我会在明天下午上课前交作业等。然而，有些时候我们信誓旦旦所作的承诺却没有兑现，有些人会找各种理由为自己没有兑现承诺而开脱。表面看来，这样的事情发生后，不会对自身产生负面影响；但实际上，如果不断发生类似的承诺不兑现的状况，这种负面积累会令在你身边工作的同事或你的同学、师长逐渐对你的诚信力产生怀疑，不再信任你、重用你，长此以往，你的信用将会被消耗减少直至归零。

（二）言行一致

酒店从业人员工作中单独上岗工作的时间较多，它要求我们对待宾客要"一切为了宾客"。每一位酒店从业人员都应对自己的言行后果负责，做到"言必信，行必果"；做到诚信工作、诚信待人。

拥有诚信，一片小小的绿叶，会带来广阔的绿茵。

拥有诚信，一滴小小的水滴，会带来广阔的大海。

任务三　放飞梦想之基础——爱岗敬业

一、爱岗敬业

爱岗敬业是每一个个体在职业生活中所应遵守的基本职业道德，是对个体工作态度的普遍要求，是衡量一个人是否具有职业道德的首要标志。宋朝的朱熹说“敬业”就是“专心致志以事其业”。即用恭敬严肃的态度对待自己的工作，认真负责、一心一意、任劳任怨、精益求精。现代社会要求我们对待工作要做到“爱岗敬业”。爱岗与敬业紧密相连，只有热爱自己的工作岗位才能做到敬业，爱岗是敬业的前提；敬业是爱岗的进一步升华，是对职业、职业责任、职业荣誉的正确认识。

（一）爱岗

爱岗即热爱自己的本职工作，热爱自己的岗位。它要求酒店从业人员对自己所从事的工作怀着热爱、珍惜之心，以正确的态度对待酒店职业活动，培养热爱酒店工作的幸福感、荣誉感，全身心地融入到酒店服务工作当中。

（二）敬业

敬业是个体以明确的目标选择、朴素的价值观、忘我投入的志趣、认真负责的态度，在从事自己的主导活动时表现出的个人品质。敬业要求酒店从业人员要以恭敬、严谨的态度专心对待工作，做到尽职尽责、忠于职守、对待工作一丝不苟，勤劳认真。敬业要求酒店从业人员对工作做到付出与奉献，对工作保持敬仰之心。

二、爱岗敬业是职场美德

（一）提高职业敬业度

职业敬业度是指员工在认知、情感和行为三方面对于组织的态度总和。认知是指员工相信组织愿景与价值观，并予以支持；情感是指员工对组织的归属感、自豪感和依赖；行为是指员工从行动上和意愿上愿意继续服务于组织，并愿意为组织的成功付出额外努力，见图 2－2。

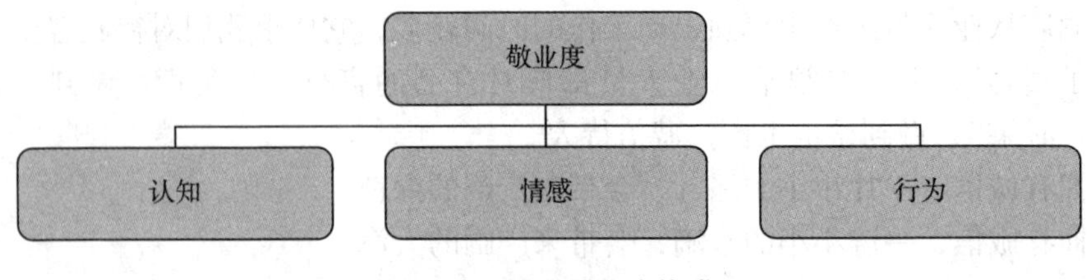

图 2－2　职业敬业度构成

哈罗德在《勤奋敬业》一书中提出："一个公司中，并非具有杰出才能的人就容易得到提升，只有那些勤奋、刻苦、敬业，并具有良好才能的人才会有更多发展机会，才会得到更多人的认可"。如果一个人对企业的认知情感不能转化为对企业工作的高度敬业精神，那么则无法胜任任何工作；他不仅难当大任，更会影响企业的经营发展。根据盖洛普咨询公司的调研发现，2006 年，不敬业的员工将英国经济的成本推高了 390 亿 ~480 亿英镑，而同期的美国数据则高达 3280 亿美元。调研还显示，员工的敬业度和创造力之间关系甚大。敬业的员工中有 59% 的人能够提出极具创新意义的见解，而怠工的员工这一比例仅有 3%。敬业度高的员工可为企业带来更高的效益，他们更加关注宾客，也更为可靠，不容易离职。韬睿咨询公司在研究了 50 家跨国公司的员工敬业度与财务绩效后发现：员工敬业度高的公司，其营业利润提高了 19%，每股收益提高了 28%；而员工敬业度低的公司，其营业利润下降了 32%，每股收益下降了 11%。只有爱岗敬业才能成为企业需要和欢迎的人、才能提升个人职业发展空间、才能成为企业所重视的核心员工，爱岗敬业是职场美德。

（二）尊崇敬畏工作

1. 尊重工作就是尊重自己

个人工作实际上是其人生态度的表现，职业是其志向的表现，理想的所在。了解一个人的工作态度，在某种程度上基本上也就了解了这个人。如果一个人以尊敬虔诚的心态对待自己的工作，甚至对所从事的职业怀有敬畏之心，那么，就能充满虔诚、全身心地投入自己的工作。反之，如果轻视自己所从事的工作，也就不会尊重自己，更不会尊重这份工作。因为轻视工作，自然也不会做好这份工作，自然也就不可能得到社会的认同与尊重。通过工作我们可以学到更多的知识，积累更多的经验，并从中找到快乐，实现人生的价值。在每个人的生活当中，有大部分时间是与工作联系在一起的。假如我们非常热爱自己的工作，那么我们的生活就是天堂；假如我们非常讨厌自己的工作，那么我们的生活将变成地狱。作为酒店从业人员，只有尊重工作，才会使我们热爱自己所从事的酒店职业，提高履行职责的自觉性，增强自己的服务技能，为宾客提供优质的服务，才能赢得宾客、同事、领导对我们的尊重。

2. 职业与事业相连

职业只是人们谋生的手段，而事业则是可以继承并延续的。如果我们仅仅将自己的工作视为获取生存的物质手段，那么就不可能将工作作为自己毕生的事业去完成。酒店从业人员在开展服务时，如果将这份工作视为一份自己值得为之付出和献身的工作，就会在酒店服务工作过程中处处为宾客着想、时时为宾客服务。如果我们将职业视为一项事业来对待，那么在工作中我们将不仅得到金钱与物质的回报，我们更会获得内心的满足与自我价值的实现。酒店从业人员所从事的工作大多是平凡与细致的普通工作，但每一个岗位都是我们实现人生价值的舞台，都可以从中找到独特的乐趣与满足。请记住尊重工作是我们事业成功的开始，做好职业工作就是在培养和开拓我们自己的事业！

（三）敬业度测试

下面的测试可以帮助我们了解自己对待工作的态度，让我们从现在就开始培养爱岗敬业的工作态度。

1. 你觉得酒店服务员的工作辛苦吗？（　　）

A. 不辛苦　　B. 一般　　C. 辛苦

2. 你在学习期间是否经常出现迟到、早退现象？（　　）

A. 经常出现　　B. 偶尔出现　　C. 基本没有

3. 如果开始在酒店工作，你在上班时通常会与相遇到的每一位同事亲切问好吗？

A. 不会　　B. 偶尔　　C. 经常

4. 你在工作中看到别人违反规定和制度，你会（　　）。

A. 装作没看见　　B. 立即上报领导　　C. 给他做思想工作

5. 你在工作中会与你的直接领导进行主动沟通，并向他汇报工作吗？（　　）

A. 从来没有　　B. 偶尔　　C. 经常

6. 你会经常对工作做改革或向领导提建议吗？（　　）

A. 从来没有　　B. 偶尔出现　　C. 经常

7. 如果一个企业聘用你，你准备为企业工作多少年？（　　）

A. 3~5 年　　B. 5~10 年　　C. 不确定

8. 你如何看待工作超时、周末节假日加班现象？（　　）

A. 赞成　　B. 不赞成　　C. 具体情况具体分析

9. 你认为一个人在事业上的成功，主要取决于（　　）。

A. 命运与机遇　　B. 自身奋斗　　C. 前两者的综合

10. 当你在工作中遇到困难，你会（　　）。

A. 选择逃避　　B. 求助他人　　C. 想办法自己解决

11. 对于失败，你的理解是（　　）。

A. 挫折羞辱　　B. 不巧，偏没选中　　C. 是个教训

12. 以下哪种工作是你最向往的？（　　）

A. 轻轻松松、准点下班

B. 有权有势、做领导

C. 新奇刺激、充满挑战

评分参考：A 得 0 分，B 得 1 分，C 得 2 分。

★ 16 ~ 20 分：你有正确的工作态度。你会成为一个优秀的工作者。

★ 10 ~ 15 分：你的工作态度一般。对待工作你没有做到尽心尽力。

★ 10 分以下：你的工作态度实在不好。如果继续下去，你将失掉你的工作。

（资料来源：根据马培培：《谁偷走了你的敬业度》，华文出版社 2008 年版整理）

三、爱岗敬业的基本要求

（一）责任至上

一位企业家曾经这样说道："如果你能真正钉好一粒纽扣，这应该比你缝制出一件粗制滥造的衣服更有价值"。这说明我们在工作中应努力尽职尽责地对待自己的工作，无论这份工作的具体内容是什么，最重要的是真正做好你的工作。作为酒店从业人员，我们对待自己的工作要认真负责，才能在平凡而具体的服务工作中，做到处处为宾客着想，为宾客、为企业负责。

【案例 2 -2】

责任第一

一天凌晨，某酒店一位客人在醉酒状态下沐浴后忘记关淋浴开关，发生房间及楼层走廊大量积水，不仅影响了该楼层其他宾客的入住及休息，而且酒店损失严重。

大家想想，如何才能避免此类问题发生？责任第一在此事件中可以起到哪些作用？

（二）主动工作

阿尔伯特 · 哈伯德在《把信送给加西亚》一书中这样解释关于主动工作："世界会给你以厚报，既有金钱也有荣誉，只要你具备这样一种品质，那就是主动。"主动反映了一个人对待工作的行为趋向和价值取向。主动工作需要酒店从业人员随时关注工作动态、把握机会，展现与他人有别的超前工作意识与工作能力。在工作中，不用上级督促，主动出击为企业排忧解难，自觉为公司创造辉煌业绩，那么你就是具有高尚职业道德的自信而敬业的优秀员工。

1. 主动工作会获得赏识

每一个企业的领导都希望自己的员工能够自觉主动地工作。掌握上级领导下达的指令，运用自己的智慧与才干，将指令工作内容做得尽善尽美。了解企业及领导的期望，认真完成每一个工作目标；主动学习与工作相关的知识，以便工作时随时应用；主动工作还增加了领导认识你的机会，企业老板更赏识那些积极主动工作的员工。

2. 主动工作才能成功

如果你想登上成功的阶梯，你就要以积极主动的精神面对那些极具挑战或者毫无乐趣的工作。工作中主动为自己设定更高的目标，并积极主动、一往无前地去完成它。即使遇到问题，也会积极主动想办法解决；即使自己的办法不能解决现有问题，也会主动向别人请教来帮助你解决这个问题。天上不会掉下“馅饼”，即使有也只会落在主动跳一跳，能够抢得到这个“馅饼”的人手里。请谨记：积极主动永远是工作成功的基石。

【案例2-3】

雅各布的服务

一个阳光明媚的中午、在一家喧嚷繁忙的餐厅。

“先生，有人招呼你吗?”一个端着满满一托盘脏碟子的小伙子匆匆从一个商人身边走过。

“还没有，我赶时间，给我一份沙拉和面包圈”商人说。

“好的，这就给你拿来。你喝点什么?”

“健怡可乐，谢谢!”

“对不起，我们只卖百事可乐，行吗?”

“那就柠檬水吧。”商人点的餐很快就送来了。小伙子依然匆忙地在餐厅中穿梭。

过了一会儿，突然在商人的左边有人直冲过来，长长的手臂越过了商人的右肩。商人的眼前出现了一罐冰凉的健怡可乐!

“哇! 谢谢你”!

“不客气!”小伙子又到别处去忙了。

商人的第一个念头是:“把这家伙挖到我这里，要让他成为我的雇员!”商人越想到小伙子刚刚做的那些额外的服务，就越想找他聊聊。趁着小伙子注意到自己的时候、商人招手示意请他过来:“抱歉，我以为你们不卖健怡可乐。”

“没错，先生，我们不卖。”

“那这是从哪儿来的?”

“街角的杂货店，先生。”

商人惊讶:“谁付的钱?”

“是我，才两元钱而已。”

听到这里，商人不禁为他的积极主动服务所折服。“但是我还有一个疑问，你忙得不可开交，哪有时间去买呢?”

小伙子雅各布面带笑容:“不是我买的，先生，我请我的经理去买的。”（资料来源：王

琦:《入职——快速带入企业的52个选择》,中国计量出版社2007年版)

从上述案例中我们可以看到这个餐厅服务员所表现的积极主动服务的敬业态度。面对繁忙的餐厅服务工作，他没有抱怨人手不够，也没有指责领导的管理不力；如果换做是你，会怎么想？又会做哪些工作呢？

3. 工作主动性测试

你是如何看待工作的。下面的测试也许可以帮助你更加了解自己对待工作的态度。

（1）在工作中，对于你力所能及的事情，你愿意（　　）。

A. 与别人合作　　B. 说不准　　C. 自己单独行事

（2）在接受困难任务时，你会（　　）。

A. 有信心独立完成

B. 拿不准

C. 希望能力强的人与自己一起进行

（3）你对自己的工作能力（　　）。

A. 充分相信　　B. 很不相信　　C. 介于两者之间

（4）解决问题时你总是（　　）。

A. 独立思考　　B. 与别人讨论　　C. 介于两者之间

（5）对领导布置的任务，你一般会（　　）。

A. 为保证质量需反复检查

B. 在规定时间内完成，并保证质量

C. 常能提前完成，并能得到上司赞赏

（6）在社团活动中，你是否是积极分子（　　）。

A. 是　　B. 看兴趣　　C. 不是

（7）领导指派你一些简单的工作，你会（　　）。

A. 认为领导看不起你

B. 心中有抱怨，仍会把工作做好

C. 不管工作怎样，始终尽心尽力

（8）对于一件许多人都不愿去做的工作，你会（　　）。

A. 主动请缨，相信自己的能力

B. 如果领导指派，自己会尽力做好

C. 不显露自己，更不自寻烦恼

（9）在工作上，你是否喜欢独自筹划或不愿别人干涉？（　　）

A. 是　　B. 不好说　　C. 喜欢与人共事

（10）你的学习多依赖于（　　）。

A. 阅读书刊　　B. 参加集会讨论　　C. 介于两者之间

评分估值

题号 得分 选项	1	2	3	4	5	6	7	8	9	10
A	0	2	2	2	0	2	0	0	2	2
B	1	1	1	0	0	1	1	2	1	0
C	2	0	1	1	2	0	3	1	0	1

估值说明：

★15~20分：自主性很强。你是上满发条的钟表。对你而言，懒惰、拖延是你最痛恨的恶习。在工作中，你不论自己分内的工作是多少，你都会尽心尽力地完成。对工作中遇到的问题不会徒劳的抱怨，对于艰难的工作你会主动请缨。自动自发是你的习惯，坚持下去，你的职业生涯会是一片光明。

★11~14分：自主性一般。你不是最出类拔萃的但也没有落后于人。工作中，你不会有很高的效率，但一般你都会按时完成自己分内的工作。如果企业裁员，你并不特别担心，因为有比你更差的；同样在选拔提升时，你也不在其中，因为有比你更优秀的员工。

★11分以下：自主性很差。你认为工作仅仅是谋生的手段。你对工作少有激情、缺乏耐心、信心不足、缺乏目标。你在工作中表现更多的是附和、随群、不努力，这样的表现很有可能会让你明天就失去这份工作。

（资料来源：根据张其金：《敬业为魂》，中国华侨出版社2009年版整理）

（三）精益求精

精益求精要求酒店从业人员对自己所从事的酒店服务工作做到精通业务，服务技能过硬。在工作中，不仅要勤奋、刻苦，还要在工作中多观察、多归纳、多总结。

【案例2-4】

小沈的细心

陈先生是某酒店的忠诚客户，每次来都喜欢入住商务楼层，且总习惯去商务酒吧坐坐，约见几位好友聊聊天。第一次来，陈先生点了一壶红茶，第二次来依然点了红茶，第三次来的时候，有心的服务员小沈微笑地征询陈先生道：“请问陈先生今天还是喝红茶吗?”陈先生开心地对朋友说：“这儿的服务就是不错，服务员很用心哦，我来过两次，就已经知道我爱喝红茶了，但是今天我想换换口味改喝咖啡了。”

本案例中的服务员小沈很细心，捕捉到了陈先生的喜好信息，但是没有擅自决定为客人泡上红茶，因为客人的喜好也会改变，所以我们在服务中要处处做个有心人，熟悉客人并牢记要尊重客人。

任务四　恪守行规

一、坚持公平正义原则

酒店业属于综合性产业，具有服务过程复杂、劳动强度大、不确定性大、面临的诱惑大等特征。酒店从业人员在职业活动中做到公平、公正，不以权损公，不以私害民，不假公济私。

二、公私分明、不谋私利原则

酒店从业人员的一言一行，都会给宾客留下印象。对于有些问题，宾客可能不会像从业人员那样了解问题的所有“门道”，然而它所产生的影响则会引起社会对整个行业的评价。基督徒说“上帝是公正的”。作为酒店从业人员、对待宾客要像对待“上帝”，因为你自身的言行也是由“上帝”来评判的。真正为宾客服务就要公正严明，不谋小利、不谋私利。

【案例 2－5】

不谋私利的典范

某酒店管家部领班张泉在其当班的某一天早上进行退房检查，发现客人遗留下的 9 万元现金后及时报上级主管并上交，从而在宾客返回寻找时能立即返还客人，不仅为酒店树立了良好的形象，而且在员工中树立了积极的榜样。

酒店从业人员的具体工作大多需要独立完成，这不仅要求从业人员提高履行职责的自觉性，为宾客提供高质量的服务，更需要具有像张泉这种不为一己谋私利的高尚职业道德。

任务五　积厚成器

一、从日常生活中培养

良好的行为习惯来源于我们每一天的日常生活。在我们平时的学习、生活当中，有意识地培养自己良好的行为习惯，天长日久，习惯就成为自然而自觉的行为。为此，要养成从小事做起，勿以善小而不为的意识与习惯。古语说“滴水石穿”，说明长期的、坚持不懈地努力会带来意想不到的惊喜结果。做好每一件日常生活与学习当中的小事，形成良好日常行为规范，是酒店职业道德规范的基础。

二、在专业学习中训练

专业理论知识与专业服务技能是形成酒店职业道德素质的前提与基础。通过专业知识的学习，我们可以亲身感受和体验酒店工作特定的服务规范、服务理念，酒店行业丰富的职业道德内涵。培养良好的酒店职业服务意识，需要开展专业的服务技能训练，从而提高专业职业素质。此项内容将在本书的相关章节中进行具体说明。

三、在自我修养中提高

注重自我调节，是提升职业道德的必由之路。我们通过陶冶自我、锻炼身心、学习知识，才能不断提高酒店职业道德。为此，在平时我们要不断进行“内省”。在开展酒店职业服务活动时，会因为某些因素，出现职业道德与个人的情感、欲求、兴趣之间产生偏差与冲突；解决这些问题，将主要依靠酒店从业人员自身不断地“内省”行为。它需要我们酒店从业人员客观地看待自己、正视自身的缺点错误，勇于承认错误、自我检讨，不断自我修正、完善提高酒店职业道德品质。《礼记·中庸》记载：“道者不可须臾离也，可离非道也，是故君子慎重其独也”。酒店从业人员经常独自完成酒店服务工作，更需要我们自觉遵守酒店职业道德，不做有损国家、有损社会、有损企业、有损宾客的事。“慎独”会帮助我们提高自我修养。

四、在职业活动中强化

任何职业道德都需要在具体的工作中检验与强化。酒店从业人员在开展酒店服务工作时，只有将酒店职业道德转化为自身的信念，才能将酒店职业道德化为具体的职业行为；才能对工作产生巨大的热情，才能以坚忍不拔的精神克服重重困难，促进酒店职业工作发展。

【要点提示】

1. 职业道德是整个社会道德体系的重要组成部分，是指从事一定职业的人在工作中所应遵循的、与其特定职业活动相适应的道德行为规范，主要包括职业理想、职业态度、职业义务、职业技能、职业纪律、职业良心、职业声望和职业作风等内容。

2. 职业道德具有行业性、广泛性和时代性特点。

3. 酒店职业道德是指从事酒店接待服务的工作人员在从事职业活动时，应该遵循的道德规范以及与之相适应的道德观念、道德情操和道德品质等。酒店职业道德是职业素质的灵魂。

4. 我国酒店职业道德的基本原则包括：热爱社会主义酒店事业、全心全意为中外酒店者服务，坚持集体主义、发扬爱国主义和国际主义精神，实行社会主义、人道主义等。

5. 酒店职业道德的基本行为规范包括：无私奉献、诚实守信；敬业爱岗、勤奋工作；遵纪守法、文明礼貌；办事公道、信誉第一等思想意识与行为规范。

6. 诚信要求酒店从业人员能够依据事物原本的情况，处理工作中的各项事务，不受个人利益、个人好恶的影响，信守承诺，正确对待自己的工作以及缺点和错误。

7. 诚信价值：忠诚可信是通往职场的第一张通行证，诚信胜于能力，诚信有助于事业扩展。

8. 提高诚信品德应做到：言而有信，言行一致，勿以“诚”小而不为。

9. 爱岗敬业：爱岗即热爱自己的本职工作，热爱自己的岗位。敬业是个体以明确的目标选择、朴素的价值观、忘我投入的志趣、认真负责的态度，在从事自己的主导活动时表现出的个人品质。

10. 职业敬业度是指员工在认知、情感和行为三方面对于组织的态度总和。

11. 爱岗敬业的基本要求：责任至上，主动工作，精益求精。

12. 酒店职业道德养成的途径与方法：从日常生活中培养，在专业学习中训练，在自我修养中提高，在职业活动中强化。

模块三　做职场的主人

任务一　历练职业心理素质

一、职业心理素质

（一）心理素质

心理素质是人的整体素质的组成部分。一个人的心理素质是在先天素质的基础上，经过后天的环境与教育的影响而逐步形成的。从心理学角度讲，心理素质包括人的认识能力、情绪和情感品质、意志品质、气质和性格等个性品质诸方面。对于心理素质，各个学派与学者都有不同的解释，我们将其归纳为以下几种：

1. 教育心理学家张大均教授认为：心理素质是以生理条件为基础的，将外在获得的东西内化成稳定的、基本的、衍生性的，并与人的社会适应行为和创造行为密切联系的心理品质，它由认知因素、个性因素和适应性因素三方面构成。

2. 邢根溪认为：心理素质是指个体在心理过程、个性心理等方面所具有的基本特征和品质。它是人类在长期社会生活中形成的心理活动在个体身上的积淀，是一个人在思想和行为上表现出来的比较稳定的心理倾向、特征和能动性。

3. 肖汉仕教授这样解释：心理素质是指人的心理过程及个性心理结构中所具有的状态、品质与能力之总和。这其中包括智力因素与非智力因素，在智力方面是指获得知识的多少，也指先天遗传的智力潜能，但我们主要强调心理潜能的自我开发与有效的利用；在非智力方面，主要指心理健康状况的好坏，个性心理品质的优劣，心理能力的大小以及所体现出的行为习惯与社会适应状况。

4. 王希永等认为，所谓心理素质是指在先天与后天共同作用下形成的人的心理倾向和心理发展水平。心理素质就其内涵而言，所反映的是人在某一时期内的心理倾向和达到的心理发展水平，是人进一步发展和从事活动的心理条件和心理保证。就其外延而言，它包括人们所有的心理活动过程和心理活动结果。

（二）良好心理素质的标准

1. 美国著名心理学家马斯洛认为良好的心理素质表现在以下几个方面 ：

（1）具有充分的适应力；

（2）能充分地了解自己，并对自己的能力作出适度的评价；

（3）生活的目标切合实际；

（4）不脱离现实环境；

（5）能保持人格的完整与和谐；

（6）善于从经验中学习；

（7）能保持良好的人际关系；

（8）能适度地发泄情绪和控制情绪；

（9）在不违背集体利益的前提下，能有限度地发挥个性；

（10）在不违背社会规范的前提下，能恰当地满足个人的基本需求。

2. 心理素质测试

以下心理素质测试题，每题只能选择一个选项。依此对自己的心理素质有大致了解。

（1）你骑车闯红灯，被警察叫住；后者知道你急着要赶路，却故意拖延时间，这时你会（　　）。

A. 急得满头大汗，不知怎么办才好

B. 十分友好地、平静地向警察道歉

C. 听之任之，不作任何解释

（2）在朋友的婚礼上，你未料到会被邀请发言，在毫无准备的情况下，你会（　　）。

A. 双手发抖，结结巴巴说不出话来

B. 感到很荣幸，简短地讲几句

C. 很平淡地谢绝了

（3）你在餐馆刚用过餐，服务员来结账，你忽然发现身上带的钱不够，此刻，你会（　　）。

A. 感到很窘迫，脸发红

B. 自嘲一下，马上对服务员实话实说

C. 在身上东摸西摸，拖延时间

（4）假如你乘坐公共汽车时忘了买票，被人查到，你的反应是（　　）。

A. 尴尬，出冷汗

B. 冷静，不慌不忙，接受处理

C. 强作微笑

（5）你独自一人被关在电梯内出不来，你会（　　）。

A. 脸色发白，恐慌不安

B. 想方设法自己出去

C. 耐心地等待救援

（6）有人像老朋友似的向你打招呼，但你一点也记不起他（她）是谁，此时你会（　　）。

A. 装作没听见似的不答理

B. 直率地承认自己记不起来了

C. 朝他瞪瞪眼，一言不发

（7）你从超市里走出来，忽然意识到你拿着忘记付款的商品，此时一个很像保安人员的人朝你走过来，你会怎么办？（　　）

A. 心怦怦跳，惊慌失措

B. 诚实、友好地主动向他解释

C. 迅速回转身去补付款

（8）假设你从国外回来，行李中携带了超过规定的烟酒数量，海关官员要求你打开提箱检查，这时你会（　　）。

A. 感到害怕，两手发抖

B. 泰然自若，听凭检查

C. 与海关官员争辩，拒绝检查

★ 测试选择标准：选 A 得 0 分，选 B 得 5 分，选 C 得 2 分 。

0 ~25 分：你承受压力的心理素质比较差，很容易失去心理平衡，变得窘促不安甚至惊慌失措。

26 ~32 分：你的心理素质比较强，性情还算比较稳定，遇事一般不会十分惊慌，但有时往往采取消极应付的态度。

33 ~40 分：你的心理素质很好，几乎没有令你感到尴尬的事，尽管偶尔会失去控制，但总的来说，你的应变能力很强，是一个能经常保持镇静、从容不迫的人。

（资料来源：根据杨秀君：《心理素质训练》，上海交通大学出版社 2010 年版整理）

（三）职业心理素质

职业心理素质是指职业从业人员完成特定职业所必须具备的心理品质。我们无论从事何种职业，都必须具备一定的智力性和非智力性心理素质。它主要包括认知、感知、记忆、想象、情感、意志、态度、个性特征（兴趣、能力、气质、性格、习惯）等方面的内容。心理学研究表明，一个人能否成功，知识和智力方面的因素占 30%，非智力因素（主要是心理素质）占 70%。不同岗位与职业的从业人员，其心理素质要求侧重有所不同。职业心理素质是职业素质的一种，是职业素质中的关键因素，是不容忽视的一种职业素质。从业人员是否具有与其职业相符的良好职业心理素质，直接影响其工作态度、工作成效及对社会的贡献。

二、酒店职业心理素质

（一）酒店职业心理素质概述

21 世纪是我国酒店业蓬勃发展的时期，为此必须培养一大批具有较高心理素质的酒店从业人员，才能更好地为我国酒店业的发展服务。培养酒店职业心理素质是提高酒店服务人才质量的关键。酒店管理专业学生毕业后是否具有与他们所从事的职业相符的心理素质，关系到能否顺利实现就业和个人价值，关系到服务质量的提高。

由于酒店从业人员在工作中单独面对宾客的时间与机会较多，因此，他们将随时处于面临解决宾客的各种问题、处理各种矛盾的状态。酒店从业人员遭遇宾客误会或呵斥的机会较多，心理压力也相对较大，这就要求酒店工作者在各种环境中都能保持一种积极的、良好的心理状态，要学会释放心理压力，不仅能控制自我情绪不受外界环境影响，还能换位思考、化解矛盾，真正做到为宾客提供服务。

（二）酒店职业心理素质内容

1. 积极的心态

心态是指人们对事物发展的反应和理解所表现出的不同的思想状态和观点。作为酒店从业人员在对待酒店服务工作中的各项任务时，你可用两种观念去看它：一个是正向的、积极的；另一个是负向的、消极的。积极的心态可使人快乐、进取、有朝气、有精神；消极的心态则使人沮丧、难过、没有主动性。烦恼与欢喜，成功和失败，一正一反，该如何看待，仅系于我们一念之间，它完全决定于我们自己的心态。我们在工作中会面临许多我们无法预料的事情、许多我们无法掌控的事物，在我们的酒店职业生涯当中同样也有很多不尽如人意的问题；如何去看待它们，如何去适应并面对它们，将是对我们酒店职业心理素质的考验；当我们能够用积极的、乐观的、豁达的心态去迎接挑战、去解决问题时，我们才能在今后的职业生涯中不断发展进步。

2. 坚强的意志

意志是人们决定达到某种目的而产生的心理状态，常以语言或行动表现出来。人们对于自身行为关系的主观反应就是意志的本质。酒店服务工作涉及各个部门，是一项复杂的工作。它需要我们酒店从业人员不断克服主观方面的困难与障碍，不断增强意志力才能做好酒店服务工作。当我们在酒店服务工作中面临自然灾害、突发事件时，我们如何践行高尚的酒店职业素质，保障游宾客身安全不受伤害、利益不受侵害？这时的我们不仅要依靠娴熟的职业技能、积极的心态，更要依靠我们坚强的职业意志才能帮助宾客脱离险境，转危为安，顺利完成酒店服务任务，这时坚强的意志将是我们战胜困难与挫折的有力武器。

3. 合理的自控能力

作为酒店从业人员，每天会与来自各个不同地域的宾客打交道，这些宾客的背景、身份、性格各不相同，宗教信仰、民族习惯也有所差异；在为宾客服务的过程中，可能会遇到被宾客误解、不为宾客认同甚至受到伤害的情况；面对这些，学会以职业自控能力控制自己，才会在自己的人生路上少一些失言、失手、失足，多一份珍重；才会在职业生涯发展中立于不败之地。没有职业自控力，就没有良好的职业习惯；没有良好的职业习惯，就没有良好的职业人生；职业自控力是一个人成熟度的体现，能够掌控自己的人才能成就大事业。

4. 适度的自信

自信是个人对自己所做各种准备的感性评估。自信是人对自身力量的一种确信，深信自己一定能做成某件事，实现所追求的目标。广义地讲，自信本身就是一种积极性，自信就是在自我评价上的积极态度。面对宾客，酒店从业人员每一个自信的表情、自信的手势、自信的言语都能真正影响宾客的心理感受。但是，自信不是盲目的自大，而是正确地认知自我，自信是既不盲目的自负也不盲目的自卑。有了自信才能产生勇气、力量和毅力。自信是对自己充分肯定时的心理态度，是战胜困难取得成功的积极力量，是在人生的发展中人们赖以生存的个性品质和自身价值得以实现的关键因素。

5. 优秀的性格

性格是指人对现实的态度和相应的行为方式中的比较稳定的、具有核心意义的个性心理特征，是一种与社会相关最密切的人格特征。性格表现了人们对现实和周围世界的态度，并表现在他的行为举止中。性格是在社会生活中逐渐形成的，古语云："积行成习，积习成性，积性成命"。

酒店服务业是一个"情绪行业"，酒店服务工作依靠从业人员热情、周到的服务来赢得宾客，为企业带来经济效益与社会效益。良好的职业性格对酒店从业人员的身心健康有着重要的影响，它有助于我们自身更好地胜任和完成本职工作，同时获取更多的发展机会。酒店从业人员在长期的酒店服务活动中应形成同职业密切相连的、稳定的性格，这主要包括对宾客充满热情，服务具有亲和力，善于语言表达（沟通），宽容、细心、灵活、自信，乐于助人，吃苦耐劳，团结协作等内容。

任务二　职业发展的坚强后盾

一、培养正确的心态

（一）空杯心态

【案例2-6】

一杯茶的故事

南隐是日本明治时代著名的禅师。有一天，一位大学教授特地来向南隐问禅，南隐以茶水招待，他将茶水注入这个访客的杯中，杯满之后他还继续注入，这位教授眼睁睁地看着茶水不停地溢出杯外，直到再也不能沉默下去，终于说道："已经满出来了，不要倒了。""你的心就像这只杯子一样，里面装满了你自己的看法和主张，你不先把你自己的杯子倒空，叫我如何对你说禅?"南隐意味深长地说。

空杯心态也称为学习心态，是开启成功之门的金钥匙。《心灵鸡汤》的作者格伦·范·艾克伦说：“要是没有终生学习的心态，不断追寻各个领域的新知以及创造力，你终将丧失自己的生存能力”。学习是为我们自己补充能量，只有先输入，才能再输出。我们要想学到更多知识、更多技能，首先要拥有的就是学习心态。骄傲自满、故步自封都是学习心态的绊脚石。拥有正确的学习心态则会给我们带来积极的未来，在职业工作与职业发展过程中我们要勇于学习、勤于学习、善于学习，它将为我们开拓更宽广的职业道路。学历代表我们曾经的经历，过去的学历只代表我们曾经学习过哪些知识。我们只有在工作中学会不断学习，才能不断汲取营养，为工作所用、为己所用。在知识与技能的更新周期越来越短的知识经济时代，适时地将自己所学过的知识与技能进行整合与更新、培养空杯心态，就像计算机需要时不时进行升级一样，我们也需要足够大的“内存”才能保证正常、快速运转。

1. 学会自我扬弃

“自我扬弃”就是不断否定自己、不断完善自己的过程。客观事物的复杂性，人们认识能力的有限性，致使人们难免做出错误的判断，犯下错误；决定了人类实践只能是接近真理的过程。曾子曰：“吾将日三省吾身”。认识自己很重要，认识自己很困难，否定自己则难上加难；否定自我才能超越自我，在“自我扬弃”中求生存和发展。

2. 学会改变与开放

过去的成功、不菲的收入、安稳的生活等使我们逐渐安于现状。当我们在某个行业里工作了很多年，积累了很多的经验，认为自己掌握了足够的知识与技能，认为已经是这个行业里的行家里手时，我们应该提醒自我：学会改变，学会应对新的环境、新的政策、新的对手；敞开自己的胸怀，向新知识开放，向新资讯开放，向精彩的未来开放。将“满杯”变成“空杯”，倒掉杯中的“残渣”，装进为不断成长不可缺少的“养料”！

3. 不断学习

亨利·福特说“任何停止学习的人都已经进入老年，无论他在 20 岁还是 80 岁；坚持学习的人则永葆青春。”学习可以使人进步，使人改变，使人成长！我们每一个人的成功，20% 靠专业知识，40% 靠人际关系，还有 40% 靠观念！世界球王贝利在 20 多年的足球生涯里，参加过 1364 场比赛，共踢进 1282 个球。他超凡的足球技艺不仅令万千观众心醉，而且常使球场上的对手拍手称绝。当他个人进球记录满 1000 个时，有人问他：“您哪个球踢得最好？”贝利笑了，意味深长地说：“下一个。”这才是真正的学习。在学习中我们要学会善于思考，善于分析，善于整合，学会创新，通过学习掌握相关的酒店服务知识与技能。

4. 学习的方法与技巧

(1) 学习自己和别人的成功，学习自己和别人的失败。

(2) 重视学习交流。与朋友分享学习体会和思想。学会既读书，也读人，更读事。

(3) 平时可多浏览相关网站，阅读杂志，每月尽可能翻阅几本书。

(4) 学会多交善友。向成功的职业经理人、行业专家、教授学者学习。

(5) 充电学习。有条件的话，参加专题充电学习培训班。

(二) 积极的心态

1. 积极心态

【案例 2-7】

拿破仑·希尔讲过的故事

塞尔玛陪伴丈夫驻扎在一个沙漠的陆军基地里。她丈夫奉命到沙漠里去演习，她一个人留在陆军的小铁皮房子里，天气热得受不了——在仙人掌的阴影下也有华氏 125℃。她没有人可谈天，只有墨西哥人和印第安人，而他们不会说英语。她非常难过，于是就写信给父母，说要丢开一切回家去。她父亲的回信只有两行：两个人从牢中的铁窗望出去，一个看到泥土，另一个却看到了星星。这两行信却永远留在她心中，完全改变了她的生活：塞尔玛一再读这封信，觉得非常惭愧，她决定要在沙漠中找到星星。塞尔玛开始和当地人交朋友，他们的反应使她非常惊奇，她对他们的纺织、陶器表示兴趣，他们就把最喜欢但舍不得卖给观光宾客的纺织品和陶器送给了她。塞尔玛研究那些引人入迷的仙人掌和各种沙漠植物、物态，又学习有关土拨鼠的知识。她观看沙漠日落，还寻找海螺壳，这些海螺壳是几万年前，这沙漠还是海洋时留下来的——原来难以忍受的环境变成了令人兴奋、流连忘返的奇景。想想看，是什么使这位女士有这么大的转变?

成功学的始祖拿破仑·希尔说，一个人能否成功，关键在于他的心态。成功人士与失败人士的差别在于成功人士有积极的心态，即 PMA（Positive Mental Attitude)。而失败人士则运用消极的心态去面对人生。消极的心态，即 NMA (Negative Mental Attitude)。成功人士运用 PMA 黄金定律支配自己的人生，他们始终用积极的思考、乐观的精神和辉煌的经验支配和控制自己的人生。失败人士受过去的种种失败与疑虑所引导和支配，他们空虚、猥琐、悲观失望、消极颓废，最终走向了失败。学会运用 PMA 支配自己人生的人，我们会拥有积极奋发、进取乐观的心态，我们就能乐观向上地正确处理人生遇到的各种困难、矛盾和问题。积极的心态可使我们快乐、进取，有朝气、有精神；消极的心态则使人沮丧、难过、没有主动性。积极的心态令我们看到的永远是事物美好的一面，而消极的心态则只会看到不好的一面。积极的心态能把坏的事情变好，消极的心态能把好的事情变坏。

2. 积极心态的养成

（1）拒绝拖延

积极行动会促使我们积极思维，并导致积极的人生心态。许多人总是等到自己有了积极的感受，再去付诸行动。实际上心态与行动密切相关，如果一个人以一种消极的心态一直等待，并期望感觉能够把自己带向积极行动，那他就永远成不了他想做的积极心态者。

（2）积极主动

美国富翁卡耐基说过："一个对自己的内心有完全支配能力的人对他自己有权获得的任何其他东西也会有支配能力。"当我们开始用积极的心态把自己看做成功者时，我们就开始成功了。谁想收获成功的人生，谁就要当个好农民。我们绝不能仅仅播下几粒积极乐观的种子，然后指望不劳而获。如果我们稍有疏忽，消极心态的野草就会夺去土壤的养分，直至"庄稼"枯死。我们积极主动就是要照看好生机勃勃的"庄稼"。

（3）影响他人

拥有健康积极的心态，你会获得一种人生美满感。不仅如此，它还会给你带来惊喜。因为积极心态，他人会被你吸引——人们总是喜欢与积极乐观者共处。合理运用这种积极响应，发展工作与生活的积极关系，同时影响并帮助他人获得这种积极态度。

（4）积极尝试

有积极心态的人时刻在寻找新的观念与机遇。这些新观念能增加积极心态者的成功潜力。正如法国作家维克多·雨果说的："没有任何东西的威力比得上一个适时的主意。"有些人认为，只有聪明的人才会有好主意。事实上，要找到好主意，靠的是态度，而不是能力。思想开放、有创造性的人，他的行动是哪里有好主意就往哪里去。在寻找的过程中，他不轻易扔掉一个主意，直到他对这个主意可能产生的优点与缺点都彻底弄清楚为止。

要成为酒店从业人员中的佼佼者，重要一点就是积极心态。如果我们的心态是积极的，能够乐观地面对人生，乐观地接受挑战和应付困难，那我们就成功了一半。我们必须面对这样一个事实，在这个世界上成功卓越者少，失败平庸者多。事实上生活中的失败平庸者遇到困难时只会挑选容易的倒退之路。"我不行了，我还是退缩吧。"结果陷入失败的深渊。成功者遇到困难时，仍然会用"我要！我能！""一定有办法"等积极的意念鼓励自己，于是便能想出办法，不断前进，直至成功。我们都熟知的爱迪生成功地创造了照亮世界的电灯——而这实际上是在试验失败几千次之后才得到的最终结果。

（三）付出的心态

付出的心态是一种舍得因果关系。舍就是付出，是为自己做事的心态。舍本身就是得，小舍小得，大舍大得，不舍不得。不愿付出的人，总是想省钱、省力、省事，最后把成功也省了。

【案例2-8】

地狱与天堂

一个学生问智者：什么是地狱？什么是天堂？

智者回答：地狱就好像一群人围坐在一口锅周围，每个人手里都有一双很长的筷子，都想把肉夹到自己嘴里，结果谁也无法办到，最后大家都骨瘦如柴，彼此诅咒谩骂。那么天堂呢？天堂也是同样的锅与筷子，不同的是大家夹起肉彼此喂食，所有人都可以吃饱，最后大家都满面红光、谈笑风生。

随时随地地愿意为别人付出，任何地方都会是幸福的天堂。生活就像一面镜子，你对生活微笑，生活也会还你微笑；你给别人机会，别人也会给你机会；你帮助了别人，别人也会在需要的时候帮你一把。感谢并快乐的付出，也是另外一种形式的收获。酒店行业是一个以人为本、人人互助的行业；主动去帮助别人其实也就是帮助了自己，因为“人”字的结构就是相互的支撑，而“众”人的事业需要每个人的参与和付出。

（四）感恩的心态

“鸦有反哺之义，羊有跪乳之恩”。尽管中国人没有感恩节，但我们中国人对于感恩的态度却不比外国人逊色。在生活中我们常把“受人滴水之恩，必将涌泉相报”当做高尚的做人准则。作为酒店从业人员，我们应该感恩我们的宾客、感恩我们的企业、感恩我们的同事、感恩周围的一切，包括坎坷、困难。

感恩心态为我们事业的发展提供动力。酒店行业是一个复杂的系统行业，它需要各个不同部门的所有人员全力合作才能顺利完成一次服务工作。正是由于有其他从业人员全力支持、全面配合我们的工作，我们才会在遇到困难的时候，能够同舟共济，共渡难关。正是全体从业人员的努力，带来了我们酒店事业的成功。因为有了这份感动，我们才会更加努力，才会更愿意付出，才会有所获得。我们的付出感动着宾客、感动着我们事业的伙伴、感动着企业、感动着世界。知道感恩的人，你的一切也自会得到社会的公平评价。

满怀感恩去工作。清华大学赵玉平教授对感恩做出了如下总结："感恩是人们保持前进的态势；感恩推动自己也推动别人；感恩将在流动中清洁自己；感恩将令你遇到困难时激起百倍勇气；感恩令人们胸中澄澈映照万物。"当你满怀感恩之心去工作时，你就很容易成为一个品德高尚的人，一个更有亲和力和影响力的人，一个有着独特的个人魅力的人。感恩将为我们开启一扇神奇的力量之门，发掘出我们无穷的潜力，迎接我们的也将是更多、更好的工作机会和成功机会！感恩使我们浮躁的心态得以平静下来，感恩也使我们能够换一种角度来看待身边的问题，感恩是一个彼此的付出和信任。

二、培养坚强的意志

（一）坚强意志是成功的利剑

人的行为分为意志行为和非意志行为。人的意志都是通过行为表现出来的。除了特殊情况外，人的行为大多属于意志行为；随着年龄的增长和知识的增加，人的意志行为所占的比例越来越大。可见人的意志行为是和目的分不开的。美国心理学家曾对1000多名智力超常的儿童进行了长达50年的追踪调查研究，发现其中有些人后来在事业上取得了巨大的成功，但也有人却一事无成。心理学家们发现：他们最大的差别是在意志品质方面。那些成功的人都是意志坚强的人，而那些默默无闻的人，都是一些意志薄弱的人。坚强的意志是我们战胜困难、取得事业成功的必要条件。所以，有人把意志称为成功的利剑。一个人在事业中的任何成功，都需要坚强意志的支持。意志激励我们进行符合目的的行动；另外，意志克制我们的不合目的的行动。

（二）自觉磨砺意志

1. 战胜自己

日本著名排球教练大松博文说："对人来说，最苦的莫过于自己战胜自己。"战胜自己指的是什么？就是战胜自己的惰性和不良习惯，因为惰性是摧毁毅力、消磨意志的蛀虫，是培养意志的天敌。在酒店服务工作中放松对自我的要求，就会出现做事拖拉，未提供标准化、规范化服务，服务技能不过硬等现象；而要克服这些缺点，养成良好的行为习惯，就要通过不断自我检查、自我督促、自我命令、自我鼓励等办法战胜自己，才能磨砺坚强的意志力。

2. 从小事做起

俗话说"千里之行，始于足下"。无论是中国的万里长城还是埃及的金字塔都是一块块砖瓦砌成的。世界上的大事都是由小事积累而成，我们应该把远大的志向与日常的学习、工作联系起来，从小事做起。

3. 持之以恒

意志力的锻炼需要持之以恒。如果你询问成功的人士他们成功的秘诀，大多数人会说：成功的秘诀就是坚持。一位成功的推销员这样总结他的成功经验：我只不过每天坚持比别人多拜访五位客户而已……取得成功的人都是多年如一日、专心致志、锲而不舍、坚忍不拔的人。我们要养成目标专一、持之以恒的良好职业习惯。任何工作都不可能像游戏一样充满乐趣，在单调的工作中，用韧性与耐心、坚持不懈才是获得成功的可靠保证。

4. 正确对待失败、挫折、逆境和困难

意志品质是衡量一个人意志坚定与否的尺度。在漫长的人生中，我们不时会遇上逆境和困难，会遭受失败和挫折。可以这样说，再伟大的人也遇到过失败和挫折。没有失败和挫折，就不会有人成功。奥斯特洛夫斯基在双目失明、全身瘫痪的情况下，靠着坚强的意志，克服了重重困难，完成巨著《钢铁是怎样炼成的》。他的坚强意志、顽强精神给后人留下了一笔宝贵的精神财富。酒店从业人员面对各种复杂的环境和各种不同的服务对象，要做好服务和基层管理工作，在事业发展和追求的过程中必须具有吃苦耐劳的精神，具有克服各种困难的坚强的意志品质。

（三）意志力关联测试

意志力自测训练。请根据自己的实际情况选择最适合自己的答案。

1. 我坚持长跑、爬山等体育运动。是因为（　　）。

   A. 能锻炼我的意志　　B. 我的身体条件适合

   C. 我很少参加这类运动　　D. 是父母督促的

2. 我给自己订的学习、锻炼、个人修养等计划，常常不能实现（　　）。

   A. 这种情况很多　　B. 没有

   C. 不多不少　　D. 较少

3. 周末和节假日，如果没有特殊原因，我会按时起床，不睡懒觉（　　）。

   A. 完全是这样　　B. 经常是

   C. 有时是　　D. 不是

4. 当学习和娱乐发生冲突时，我会选择学习（　　）。

   A. 经常如此　　B. 时有时无

   C. 较少如此　　D. 没有过

5. 学习或工作中遇到困难的时候，最好的办法是立即向师长或同学求教（　　）。

   A. 很同意　　B. 比较同意

   C. 说不准　　D. 不同意

6. 我常因读一本引人入胜的书而无法按时睡眠（　　）。

A. 经常　　B. 有半数这样

C. 偶尔如此　　D. 没有

7. 自习课上，我能不受别人的干扰，始终目标明确地学习（　　）。

A. 经常如此　　B. 多半如此

C. 较少如此　　D. 没有过

8. 如果对一件事情不感兴趣，那么不管有多重要的意义，我的兴趣都不高（　　）。

A. 是　　B. 多半是

C. 有时是　　D. 不是

9. 有时我躺在床上，下决心要做一件重要的事情，但第二天这种劲头就消失了（　　）。

A. 常有　　B. 时有时无

C. 较少　　D. 没有

10. 学习或生活中遇到问题，我总是一个人去解决，从不找人做伴（　　）。

A. 完全是这样　　B. 经常是

C. 有时是　　D. 不是

11. 我遇到困难时，常常希望别人帮我拿主意（　　）。

A. 是　　B. 是与非之间

C. 很少是　　D. 没有

12. 我相信机遇，很多事实证明，机遇的作用有时大大超过人的作用(　　)。

A. 是　　B. 是与非之间

C. 很少是　　D. 不是

（资料来源：根据闫燕：《意志力》，中国画报出版社 2010 年版整理）

三、培养自控能力

自控能力包括两层含义：一方面是个体欲望的自控；另一方面是个体情绪的自控。酒店服务行业的从业人员，在实际工作中既会面临很多困难也会面对很多诱惑，这些困难与诱惑有些是物质层面的，也有些是精神领域的。我们需要具备驾驭和接纳事件与局面的能力，需要拥有稳定自我、消除紧张与压力的能力。

（一）学会接纳

自控真正的改变来自于接纳，而非排斥和控制。也就是说我们要接纳需要改变的内容，它也许是我们工作中的困难，也许是我们面对的宾客，或者我们工作中的伙伴。学会接纳就是要把它当成朋友而非敌人来看待。在酒店服务工作中出现的任何环节与内容或过程，只要它存在，就肯定有存在的价值；学会接纳，要求我们正确认识酒店服务工作中的每一部分都是对我们有帮助的；认识到任何部分的存在都是为了让我们的酒店服务工作更好地为宾客服务。

（二）合理控制欲望

哲人说过：“知足常足，终身不辱；知止常止，终身不耻。”其实这里的“知足常足”和“知止常止”就是一种自控。有这样一则寓言，讲的是从前有一只狗，嘴里衔着一块肉兴冲冲准备跑回家去吃，谁知过河时看到河水里也有只狗衔着一块更大的肉，于是便放下自己的这块肉，冲过去抢那更大的一块。结果，自然是一块也没捞到。这则寓言故事中的小狗其实就是说动物（当然也包括我们人类）面对物质诱惑不会控制欲望！明明自己嘴里有肉的，可就是觉得“另外的那块”更大。

当然控制欲望并不等同于“清心寡欲”、“与世无争”，更不是没有欲望。控制欲望的前提条件是分清什么欲望是正当的，什么欲望是不恰当的。比如有的人有着成名成家的欲望，几年如一日坚持不懈地努力，最终功夫不负有心人，一举成名了，这样的欲望就是正当的。诱惑是迷人的、多彩的，它具有令人不可抗拒的吸引力，往往会以它特有的魅力来迷惑我们，使意志不坚者或贪图小利者上钩，结果自然掉进身败名裂的陷阱之中，造成无法弥补的损失。酒店从业人员学会合理控制欲望，才能面对不当的诱惑时，方寸不乱、抗拒诱惑。

（三）有效控制情绪

我们现实生活中的一切行为都只是在追求一种情绪感觉。而情绪是行为的推动力，一切行为的改变都必须先从自己的感受开始改变。情绪是通往心灵的大门，它是我们内在世界的外在反映。情绪并没有好坏之分，有的只是我们想要的情绪和不想要的情绪之分。如果把这些不想要的情绪视为敌人来对待，想要击败它，却无法击败时我们可能选择逃避或忘记。但事实上情绪是不会被真正忘记的，它永远隐藏在我们的潜意识里；日后只要有机会存在，它会被再次引爆，而且影响更加深远。因此，请不要将“不想要的情绪”视为敌人，而是要将它当做朋友、老师，让它帮助我们迈向成功。酒店从业人员面对的宾客是千差万别的，有温和、礼貌型的，也有脾气火急、易怒易躁的。当我们因为某种原因被宾客误解时，我们需要学会控制自己的情绪，用积极的情感品质达成良好的服务行为和结果。

1. 心理暗示法

这一方法是运用含蓄、间接的手段、方式、方法对自我的心理和行为产生影响，从而使自我按照一定的方式行动或接受一定的事物现状。暗示包括他人暗示、自我暗示、行为暗示、环境暗示、语言暗示等。

2. 拓展训练法

这是现代社会经常使用的一种培训方法。其目的是通过训练、游戏产生的体验，获得相关的知识或使参与者产生心理、行为等方面的变化，是寓教于乐的方法。

3. 角色模拟法

这种方法是将职业岗位中的现实问题引入到我们所设置的情境中，使受训者通过模拟真实情景获得对问题或角色的解决和理解。

4. 注意转移法

这种方法是指把注意力从产生消极否定情绪的活动或事物上转移到能产生积极肯定情绪的活动或事物上来。当我们遇到逆境时，一味地沉湎于否定情绪中，会使身心受到伤害，这时运用该种方法会把受挫后否定情绪集中的注意力转移到愉快的、有意义的活动上来。

5. 合理宣泄法

这种方法是指人们为了避免精神上的痛苦和不快，避免遭受挫折后可能产生的负面现象，去寻找一个恰当的对象将个人的消极情绪予以宣泄，使心中积压的负性情绪得以稀释，从而摆脱这种负性情绪的干扰，保持心理的平衡。

四、保持适度自信

（一）客观认识自我

1. 发现自我与认识自我

发现自己的长处，是建立自信的基础。在工作或学习时对自我充满信心，容易走向成功、实现目标；反之如果对自己没有信心，即使能力范围以内的事也可能无法完成。在现实职业活动环境里，优点显露的机会并不均等。因此，学会在适当的场合展示并发挥自我优势，是保持职业自信并实现自信的有效方法之一。拥有适度的自信才能拓展自己的职业生涯，才能成为优秀的员工。看了下述案例，同学们有什么样的想法呢？

【案例2－9】

小文的工作

小文是一家广告策划公司的文案，她在学校的专业是平面设计。小文对色彩和构图的感觉极为准确和到位，可遗憾的是，她是个个性比较腼腆的人，既不愿去主动地参与公司的设计工作，也不好意思向老板提出自己的想法和期望从事的工作。小文进公司半年后，还是在做试工期时的文字工作。每天面对着计算机，在拼音和英文输入法的相互切换中度过一个又一个工作日。其实小文心里真的很想从事设计工作。看着同事们完成一个又一个广告创意与平面企划后的那份欣喜与满足，小文的内心真不是滋味，因为她觉得自己完全可以做得比他们更好。可是小文又不知该如何向老板说明她的想法，她相信老板终有一天会看到她、注意她的。于是小文仍然一直在从事文案工作，至今也没有完成过一个设计……

2. 适度自信有利于职业生涯扩展

华盛顿特区刊登于《人格与社会心理学》杂志的一项研究显示，一个组织的领导者自信特别高或者特别低，都会被习惯认为效率低下。在一系列研究中，哥伦比亚商学院教授丹尼尔·艾姆斯（Daniel Ames）博士和斯坦福商学研究所教授弗朗西斯·弗林（Francis Flynn）博士发现，领导的自信问题是被提及最多的，有时候甚至超过感召力、智慧和自我约束三者的组合。他们研究发现，最好的领导者是那些自信程度恰到好处的人。自信是成功的保证，是相信自己有力量克服困难，实现一定愿望的一种情感。

（二）主动建立自信

1. 养成自信的人格特征

拿破仑·希尔指出，有很多思路敏锐、天资高的人，却无法发挥他们的长处参与讨论。并不是他们不想参与，而是因为他们缺少信心。所以首先我们应该养成自信的人格。自信的人格特征包括活泼、开朗、坦诚、虚心、大度、轻松、言行一致、幽默、勇敢、果断等。

2. 使用自信的工作方式

自信的工作方式包括强烈的事业心，勇于承担工作，积极主动工作，有很强的进取心，同时勇于开拓创新，坚忍不拔，执著追求，不畏困难。

3. 使用自信的表达方式

我们要学会在工作当中使用恰当的自信语言，这会给我们带来意想不到的惊喜效果。坚定、适中的声音，口齿清楚，语言流畅，表情坦诚，这些不仅会明确阐述你的愿望，还会令对方对我们的建议产生积极的影响。在表达时我们可以采用如下言语："我相信……，你是怎样认为的?""对解决这个问题，看看我们能做些什么?""我打算用这种方式完成工作，不会对你有影响吧?"

4. 克服恐惧

学会使用如下方法培养自己克服恐惧心理，建立良好自信。例如我们可进行自我确认，并积极言辞化："我喜欢我自己，我是负责的，我很有能力"。学会专注于自己所负责的工作，学会使用心理预演技巧，将事物进行美好想象，重温过去的成功经验。

5. 乐观与人相处

我们的酒店职业生活存在于某个酒店组织中。在工作中宾客、同事、领导等他人的赞许是获得自信的途径之一。要想给对方留下好印象，首先要学会对对方拥有好印象。我们乐观地对待工作中宾客、同事、领导，那么，对方也会以同样的姿态回报我们。如果用言语冲撞对方，实际上就是用言语在冲撞自己；自己对对方的态度同时也是对自己的态度。乐观与人相处就是要让我们像盖楼房一样，用一点一滴的乐观情绪之砖瓦一块一块地砌起我们对人生积极自信的大厦。

6. 自信会培养自信

只有做自己能够做得到的事时，自信才会显现出来。学会记下我们马上就可以做的事，然后加以实践。这类事也许并不是伟大的、不平凡的行动，但是请记住只要是我们自己能力所及的事这就足够了。事实上，一次小小的成就，就会为我们带来自信。并且会令我们今后在面对其他工作时，因这次小小的成功所带来的自信，而带给我们继续完成更艰巨任务时更大的自信。自信是良好的人际关系显示，是正确价值观与积极生活目的的表现，是成功欲望的正确表达。酒店从业人员的职业特征需要我们在工作中拥有自信，有了自信才能产生勇气、力量和毅力；才能克服困难，目标才可能达到。

五、优秀的性格

爱因斯坦说："优秀的性格和钢铁的意志，比智慧和博学更重要；智力的成熟，很大程度上是依靠性格的，这点往往超出人们通常的认识。"性格反映个人的胸襟、度量、意志、脾气和性情，影响着个人的精神状态，决定着个人的行为特征。良好的性格对酒店从业人员的职业发展与成长有着积极意义。在酒店服务工作中，酒店从业人员是否具备优秀职业性格品质既影响着酒店服务工作的质量，又影响从业人员自身在酒店行业的发展。酒店服务工作的特殊性要求从业人员具有善于同各种类型宾客沟通服务的优秀性格。

（一）热诚开朗

酒店从业人员在为宾客服务及沟通时，真诚热忱的表现可以引起宾客的共鸣，从而更加相信我们、乐于接受我们。坦率、爽直的开朗性格促使我们积极主动地与宾客交往，并能提高工作成功的可能性。在酒店服务工作中我们真心实意的热忱可以产生难以抗拒的魅力。

（二）明察秋毫

酒店从业人员需要敏锐的洞察力。我们不仅需要工作中细心、细致，还要善于捕捉服务工作中的细节；做到认真倾听宾客谈话，从谈话中找到宾客的潜在需求；细心观察宾客的肢体语言，洞察宾客细微的心理变化。

1. 言语观察

古人云：言为心声。酒店从业人员在与宾客沟通交流时，应注意分析宾客的语言用词，从而了解宾客真正的需求。这可以从宾客选择的话题、措辞等方面入手，了解宾客潜意识中想表达的需求与目的。

2. 动作观察

酒店从业人员通过在服务过程中留心观察宾客的一举一动，寻找其中最适宜提供服务的时机。比如当发现宾客在餐厅就餐途中举目四望，可能是他临时有其他需要，这时及时的询问，就是提供了适当的服务。

3. 表情观察

作为酒店从业人员要学会“察言观色”。宾客的脸色、表情都是我们寻找服务时机、提供及时服务的依据。同学们阅读下列案例，会有什么启发呢?

【案例 2－10】

细心的服务

某晚，餐厅包间内一席普通的家宴正在祥和的用餐气氛中进行。服务员小李看到老先生不停地用小勺翻搅着碗中的稀饭，对着鸡鸭鱼肉直摇头。这是怎么回事呢？是我们饭菜做得不合口味？不对呀，其他人不正吃得津津有味吗？小李灵机一动……

（三）灵活应变

【案例 2－11】

烛光晚餐

一天，某餐厅服务员正在忙碌着，突然电灯灭了，房间内一片漆黑，宾客议论纷纷。服务员小杨迅速拿来西餐烛台，并取来了西洋风情画摆放在恰当位置。对大家说：感谢上帝，给我们准备了一个别致的烛光晚餐。一看这温馨浪漫的气氛，宾客非常高兴，纷纷赞不绝口。过了一会儿来电了，小杨想吹灭蜡烛，宾客忙拦住，说不要吹灭蜡烛，还是烛光晚餐好。

酒店从业人员在服务过程中会遇到各种各样的问题，因此要学会对拥有不同习惯和不同要求的宾客进行服务；这就要求我们不仅要按照要求开展服务，还应学会采取灵活多变的方式开展服务。

（四）在逆境中性格决定一切

著名的心理学家贝佛斯齐说得好：“人们最出色的成绩是在处于逆境的情况

下做出的”。“葛布拉行星远行三法则”的发现者约哈内·葛布拉就是一位逆境中的成功者，身体虚弱的他以坚强的毅力，几十年如一日地坚持研究。经过多年夜以继日不间断地研究计算，他终于绘制出有1000颗星球的正确图。谁能相信，发现了“葛布拉行星运行三法则”的人，竟是一个病人；他虽被种种困难苦恼着，但还是给新的微积分学构筑了基础。

（五）优化性格发挥潜能

日本京都大学的田口英子曾对有创造能力的科学家的性格特征专门进行过一次征询调查。被列入调查对象的共有288人，其中个人持有30个以上专利和受到过国家表彰的科学家、发明家有110人，从事电气实验研究而获有特殊成绩和作出贡献的研究员有50人。征询结果显示，这些人都具有不同常人的性格特征。他们在儿童时代就具有顽强追求知识的欲望，具有鲜明的自立、自主的独立倾向和独创性格，具有恒心、韧劲儿和能力的持续性。优良的性格是保证我们智力、才能得到充分发挥的必不可少的条件。让我们学会用优良的性格来支配我们自己，再加上我们拥有的智力和才能，那么我们就一定会获得成功。

（六）学会宽容

宽容是一种美德，是美好心灵的代表。有这样一则寓言故事：北风和南风打赌，看谁的力量更强大。它们决定比试谁能让行人把大衣脱掉。北风鼓起劲，呼呼地吹着，直吹得寒风刺骨。可是越刮，行人越冷，为了抵御北风的侵袭，行人把大衣裹得紧紧的。接下来是南风。南风徐徐吹动，顿时风和日丽；行人觉得暖意上身，渐觉有点热，于是开始解开纽扣，继而脱掉大衣，南风获得了胜利。人们把这种以启发自我反省、满足自我需要而达到目的的做法称为“南风效应”。“南风效应”给我们的启示是：在处理人与人之间的关系时，宽容比惩戒更有效。北风和南风都想使行人脱掉大衣，但由于方法不同，结果大相径庭。

宽容是一种智慧和力量，宽容不仅是一种文明胸怀，更是一种人生的境界，宽容了别人就等于宽容了自己。宽容是对别人的释怀，也是对自己的善待，一个人的胸怀能容得下多少人，才能够赢得多少人的尊敬。当我们受到不公正的批评时该怎么办？罗宾逊告诉我们一个办法：“当你因为觉得自己受到不公正的批评而生气的时候，先停下来说‘等一等’。我离所谓完美的程度还差多远呢？如果爱因斯坦承认99%的时候他都是错的，也许我至少有80%的时候是错的，也许我该受到这样的批评。如果确实是这样的话，我倒应该表示感谢，并想办法由这里得到益处。”

（七）克服性格的弱点

世界上没有任何事物是绝对完美的，人的性格也一样，每个人的性格当中都有或多或少的缺陷。如果我们能够善于正确认知自己的性格缺陷，并自觉主动地加以纠正，将会给我们的酒店职业服务工作带来积极效果。我们可以采用认知提高法，交友训练法，自省法等方法改善偏执型性格。通过培养多种兴趣爱好，克服分裂性格的缺陷。通过主动增强自控能力，破除习惯性依赖，远离依赖型性格。性格决定我们职业生涯的发展，性格对一个人取得成功的过程无时无刻不在施加正面或负面的影响，进而会影响最终的结果。每个人的性格都是可以完善的，而不是固定不变的，只有不断修正自己的性格弱点，才能为我们酒店服务工作的成功提供坚实的内在基础。

任务三　开展职业心理训练

酒店从业人员在工作中会因为主观或客观因素导致宾客对我们产生误会甚至呵斥，由此产生较大的心理压力，这就要求酒店从业人员在各种工作环境中都能保持一种积极的、良好的心理状态。我们要学会释放心理压力，控制自我情绪不受外界环境影响。此外，酒店从业人员还要具备处理意外情况和突发事件的心理应变能力，在酒店接待中，一旦遇到意外事故，除及时汇报外，酒店从业人员要做到沉着冷静，以积极的态度，客观分析情况，准确做出判断，及时采取有效措施，使问题得到妥善解决。为此，我们应该加强对酒店从业人员心理素质的培训。

一、情绪调整训练

（一）情绪分类

情绪是人类体验的外在表现，它包括生理的反应，感觉，认知评价，行为及表达反应。在我们的情绪当中有幸福、喜悦、快乐、生气、抑郁、焦虑等。这其实就包括所谓“正向”情绪与“负向”情绪。人有各种不同的情绪。每一个人对事情的感受、情绪不同，表达方式也不同。我们要尽量增进有益的情绪，减少过度负向的情绪，见图2－3和图2－4。

（二）影响情绪的因素

我们常对自己说一些话，这些话就是我们的想法，我们怎么想，就怎么感觉；怎么感觉，就怎么去做。事实上我们的想法、情绪会对我们的行为产生影响，导致对自我有益或自我贬损的行为。我们可通过改变我们的想法来改变我们的情绪。对待同一事件可以有各种不同的想法，而不同的想法则会引起不同的情绪。作为酒店从业人员我们应谨记不是别人使我快乐，也不是别人使我生气，是“我们自己”使我们快乐、悲伤或者生气。虽然我们四周的事情会在某些方面影响我们，让我们容易觉得快乐或者悲伤，但事实上，只有我们的“想法”即我们对事情的解释才能使我们快乐或者悲伤，只有我们自己才能决定自己的情绪。

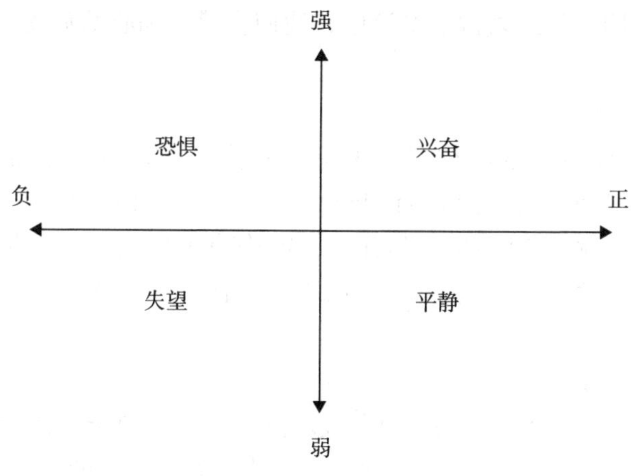

图 2－3　情绪分类 1

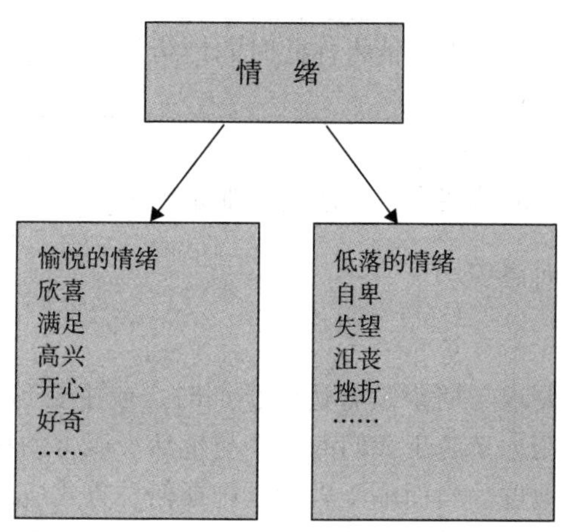

图 2－4　情绪分类 2

（三）调节情绪

1. 对自我正确要求

合理制定正确的自我目标。这样可以有效避免我们因无法达成目标而导致的情绪低落。正确对待自己，每个人都应该有自知之明，所以不要强迫自己去做力不从心的事情，过高的目标只会给自己带来更大的压力和失望。

2. 敞开心扉

当人遇到压力时，不要试图仅仅依靠一己之力去抗衡它，请寻找能够帮助我们的朋友。在与朋友的坦诚沟通交流中，我们会感觉到心情放松，压力也在不知不觉中减轻了。

3. 换位思考

学会站在他人的角度和位置去考虑，感受他人的欢乐、痛苦、烦恼和失望。如果过分苛求他人，必然会使自己和他人陷入冲突和对立中。当我们烦恼、忧愁时，应分析此时的想法是什么，或许换个角度来看事情，就会豁然开朗。不要只局限在某种想法上，要使想法多元化、弹性化，才不会为某一情绪所困扰。

4. 情绪调节训练

假若你双手拿着去公司要交的模型经过公园时，看到椅子旁有100元钱，于是你便将模型放在椅子上去捡钱；这时一个人走过来坐在放模型的椅子上，把模型坐坏了。请把你此时的情绪写下来。这时你是怎么想的？也把你的想法写下来。

我的情绪：______________________________。

我的想法：______________________________。

后来，你发现这是个盲人，请将你此时的情绪与想法再次写下来。

我的情绪：______________________________。

我的想法：______________________________。

总结：为何我自己的情绪发生了改变？那是因为______________________________。

二、压力应对训练

（一）压力强度

当我们感到自我要求与期望没有达到预期时，或主要预期没有得到满足时，我们都会感到压力。压力来源于我们的工作与生活。压力的存在，证明一个人在这个世界上的责任和地位。当面临压力时，选择何种方式应对直接取决于个体自身。压力可以分为良性压力和恶性压力。良性压力，让我们更努力积极地去工作，而恶性压力则会导致我们精神的崩溃。

（二）压力强度自我测试

1. 你是否经常感觉到精疲力尽以及体力和精力消耗很大？（　　）
2. 你是否经常会有对工作和自己处境产生消极的想法？（　　）
3. 你是否觉得自己很难对其他人产生同情感，尽管他们的结果有时是应得的。（　　）
4. 你是否觉得自己很容易被一些小事或你的同学、团队所激怒？（　　）

5. 你是否觉得自己经常被同学误解并不被他们接受？(　　)
6. 你是否觉得没有可以倾诉的人？(　　)
7. 你是否觉得你取得的成绩和你的付出不成正比？(　　)
8. 你是否觉得自己太想成功并承受了很大压力？(　　)
9. 除了学习外，你是否觉得自己得到的不是你想要的？(　　)
10. 你是否觉得自己所在的公司并不适合自己或自己的职业规划不合理？(　　)
11. 你会不会对有的学科很头疼？(　　)
12. 你是否觉得没有时间按自己的想法去规划自己的生活？(　　)
13. 你是否觉得自己的能力不足以处理所有的事情？(　　)
14. 你是否觉得自己没有时间去做一些事情，而这些事情对于成功又是必需的？(　　)

在上述问题中选出你认为最合适的答案。

★说明：

评价标准：从来不 =1 分，很少 =2 分，有时 =3 分，经常 = 4 分，非常多 = 5 分。

18 分以下：没有精力憔悴的迹象；

19 ~ 32 分：有很少的精力憔悴倾向，除非一些问题很严重；

33 ~ 49 分：你得注意了——你可能有这方面的迹象；

50 ~ 59 分：你的问题有点严重；

60 分以上：你的问题非常严重。

(资料来源：根据赵国秋：《心理压力与应对策略》，浙江大学出版社 2007 年版整理)

(三) 有效应对压力

1. 开展整体性压力管理

我们对压力下的身体反应有清楚的把握即开展压力管理，对与压力有关的心理、生理、情绪、精神方面的因素有清晰的认识有助于我们使用多种有效应对技术来缓解压力，如使用定期训练放松技术，以维持身体的和谐平衡，定期测查应对技术和放松技术的效果。

2. 学会缓解压力

(1) 运用放松技术

当我们感到压力时，可以采用横隔膜呼吸法：进行深呼吸，反复多次，想象我们内心的紧张在逐渐减少，使自我逐渐安静、放松；也可使用渐进式肌肉放松法：尝试从局部肌肉放松开始逐渐到全身各个部分放松，充分体验这种感觉，帮助我们减少压力感。

(2) 营养计划与体育锻炼

适当合理的饮食可以帮助我们减轻压力。研究表明有的食物有直接减轻心理压力的作用。当人承受巨大的心理压力时，身体会大量消耗维生素 C，因此适量摄取如草莓、洋葱、菜花、菠菜、水果等富含维生素 C 的食品具有减轻心理压力的作用。

积极的体育锻炼也是去除压力的好方法。运动之所以能缓解压力，让人保持平和的心态，与腓肽（“快乐因子”）效应有关。当有氧运动能使身体产生的腓肽效应能愉悦神经，甚至可以把压力和不愉快带走。

★介绍一种放松的方法

在一间安静、灯光柔和的房间里躺下，掌心向上，两腿伸直，脚尖向外。闭上眼睛，轻柔地按照自己的节奏呼吸。绷紧脸部肌肉约 10 秒钟，放松；缓慢地向上抬头，放下；提肩 10 秒钟，放松；伸展手臂及手指，握拳 10 秒钟，放松；提臀，然后缓缓地放下；脚后跟并拢，向外伸展腿和脚趾，然后完全放松。可以在睡前练习。

（3）其他方法

① 冥想。

冥想是传承自远古的自然疗法的核心技术。其最显而易见的功效就是纾解压力。纾解是对压力的控制和转化，即不仅可以化压力为动力，甚至可以自行主动调节压力的大小。

② 幽默。

据医学生理学研究，笑对人体各部分器官都有好处，特别是心理情绪的调整。有专家认为幽默能帮助人们忘掉烦恼，或者至少把烦恼降低到最小程度。我国有句谚语“笑一笑，十年少。”欧美医学界发明的“幽默疗法”可缓和厌烦、紧张、内疚、沮丧的情绪，减轻头疼和腰背酸痛的程度。

③ 培养业余爱好。

当一个人在做自己感兴趣的事情的时候，无论如何也不会感到压力、疲惫。因为喜欢，所以克服这些困难的过程才不会觉得辛苦，始终能够保持幸福而快乐的心理体验。兴趣爱好能给我们情感上带来最大的愉悦，使我们精神饱满，感情充沛，心情愉快。

④积极自我暗示。

心理学家认为，一个人的意识或潜意识就像一片肥沃的土地，如果自己不在上面播种成功意识的良种，那么“野草”就会丛生。心理学的最新研究表明，一个人老是想象自己进入某种情境，感受某种情绪，结果这种情绪十之八九会到来。当积极的心理暗示成为习惯时，你会发现自己的生活其实真的没有那么多令我们烦闷发愁的事情。让我们依靠思想、语言，自己向自己发出积极的刺激，影响我们自己的情绪、情感和意志吧。自我暗示就是撒播什么样种子的控制媒介。积极的自我暗示要求我们要时刻提醒自己：“我能胜任！我可能会失败，但是失败是成功之母！别人能办到的，我也能办到！”

【要点提示】

1. 心理素质是人的整体素质的组成部分。心理素质包括人的认识能力、情绪和情感品质、意志品质、气质和性格等个性品质诸方面。

2. 良好心理素质的标准：(1) 具有充分的适应力；(2) 能充分地了解自己，并对自己的能力做出适度的评价；(3) 生活的目标切合实际；(4) 不脱离现实环境；(5) 能保持人格的完整与和谐；(6) 善于从经验中学习；(7) 能保持良好的人际关系；(8) 能适度地发泄情绪和控制情绪；(9) 在不违背集体利益的前提下，能有限度地发挥个性；(10) 在不违背社会规范的前提下，能恰当地满足个人的基本需求。

3. 职业心理素质是指职业从业人员完成特定职业所必须具备的心理品质。我们无论从事何种职业，都必须具备一定的智力性和非智力性心理素质。它主要包括认知、感知、记忆、想象、情感、意志、态度、个性特征（兴趣、能力、气质、性格、习惯）等方面的内容。

4. 提高心理素质的作用：提高生理素质及开发潜能，心理素质制约着社会文化素质，心理素质教育是素质教育的重要内容。

5. 酒店职业心理素质主要内容：积极的心态，坚强的意志，合理的自控能力，适度的自信，优秀的性格。

6. (1) 正确的心态包括：空杯心态，积极的心态，付出的心态，感恩的心态。(2) 培养坚强的意志：战胜自己，从小事做起，持之以恒，正确对待失败、挫折、逆境和困难。

7. 自控能力包括：一是欲望的自控；二是情绪的自控。培养自控能力途径：学会接纳，欲望控制，情绪控制。

8. 情绪控制方法：心理暗示法，拓展训练法，角色模拟法，注意转移法，合理宣泄法。

9. 建立自信方法：养成自信的人格特征，使用自信的工作方式，使用自信的表达方式，克服恐惧，乐观与人相处。

10. 优秀性格主要内容：热诚开朗，明察秋毫，灵活应变，尝试改变自己，优化性格发挥潜能，学会宽容，克服性格的弱点。

11. 情绪调整训练途径：对自我有正确要求，敞开心扉，换位思考。

12. 压力应对训练：开展整体性压力管理，掌握应对压力的原则，学会缓解压力。

13. 缓解压力方法：运用放松技术、营养计划与体育锻炼、冥想、幽默、培养业余爱好。

模块四 优质服务是力量的源泉

任务一 为什么要服务

一、服务意识

服务意识是指企业员工在与企业利益相关的人或企业的交往中所体现的为其提供热情、周到、主动服务的欲望和意识。它发自服务人员的内心，是自觉主动做好服务工作的一种观念和愿望，见图2－5。

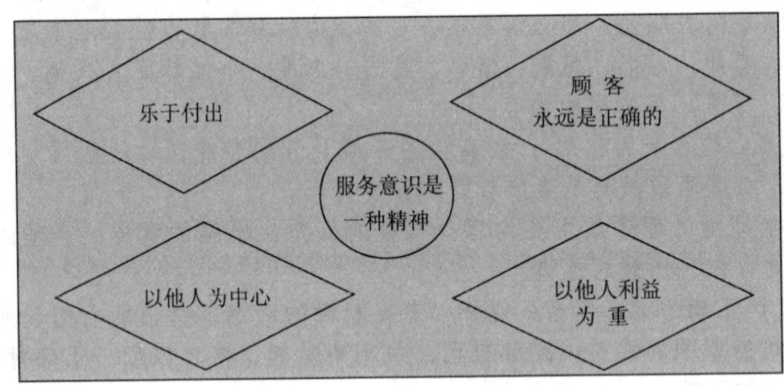

图2－5 服务意识

二、服务意识的重要性

在竞争愈加激烈、产品愈加丰富，商品供过于求、商品本身的差异越来越小的市场环境中，我们唯有增强服务，提供更加多样化、个性化的服务，增加产品的附加值、满足宾客的多种需求，才能吸引宾客、留住宾客。酒店业是服务性行业，服务是酒店产品的灵魂与精华；为宾客服务是酒店从业人员真正的和全部的工作内容。在酒店服务工作中，因为工作任务与工作内容的不同，酒店企业会划分很多不同的部门，虽然其工作内容与职责有所差异，但每个部门完成工作的目的是清晰的，那就是服务宾客！曾有一位著名酒店经营人士说，出售美好服务的酒店是一家好酒店，出售糟糕服务的酒店便是糟糕的酒店，完全将酒店的硬件设施排除在外。服务是企业一切利润的源泉，服务决定企业经营的成败。缺乏服务意识的员工不会给企业增加效益，缺乏服务意识的团队是没有竞争力的团队，见图2－6。

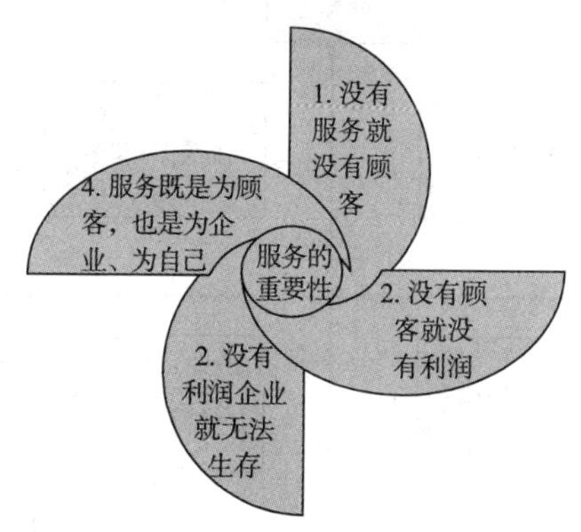

图 2－6　服务的重要性

三、培养优质服务意识

（一）正确认知宾客

1. 什么是宾客

宾客是接受我们服务或商品的人，是日常生活中我们的工作对象或合作伙伴，是真正发给我们薪水的人，宾客是我们的衣食父母。

2. 宾客的种类

在今天的竞争时代，宾客对产品与服务的期望越来越高。宾客更加注意自己所得到的服务与产品的价值是否相符，对服务有了更多的要求。

管理经验告诉我们，一个满意的宾客会告诉 1～5 个人，100 个满意宾客会带来 25 位新宾客；而维持一个老宾客的成本只是开发新宾客的 1/5。一个投诉的宾客，其身后有 25 位不满的宾客；一位不满的宾客会把他的糟糕经历告诉 10～20 个人。投诉者的问题如果得到解决，会有 60% 的人愿意与企业保持关系；如果投诉得到迅速圆满解决，90%～95% 的人愿意与企业保持关系。依据图 2－7 的宾客基本分类，酒店从业人员只有通过真诚服务，才能使宾客最终成为酒店企业的忠诚宾客。

（二）了解宾客需求

酒店服务的关键因素是酒店企业或员工的行为，以及造成这些行为的原因。为此，我们首先要了解哪些是宾客的真正需求，即宾客最重视的是什么。只有真正了解宾客的需求，我们才能提供令宾客满意的服务，见表 2－1 和表 2－2。

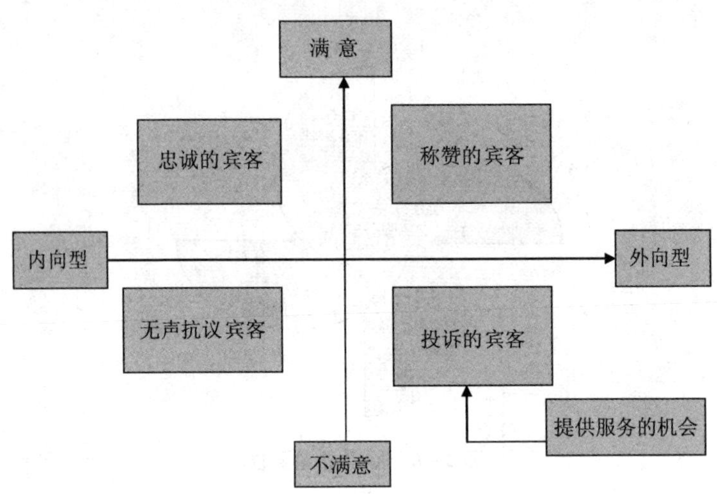

图 2－7　宾客的种类

表 2－1　宾客需求：宾客最重视的内容

1	物美价廉的感觉	11	站在宾客的角度看待问题
2	礼貌	12	耐心倾听
3	清洁的环境	13	效率与安全保障
4	愉悦的感觉	14	显示自我尊严
5	让宾客得到满足	15	受到重视
6	方便	16	专业的服务与员工
7	提供满意的售前售后服务	17	前后一致的对客态度
8	认识并熟悉宾客	18	微笑与问候
9	产品具有吸引力	19	迅速处理宾客抱怨
10	提供完整的选择	20	兴趣

表 2－2　观察宾客的角度

肢体语言	衣着服饰	动作行为
交通工具	通讯工具	表情
语言	态度	其他
神态	语气	眼神
年龄	气质	神态

宾客购买酒店产品的目的是为了满足其需要。让宾客在酒店环境中拥有轻松

感；创造令宾客愿意接近的亲切感；关注宾客对尊重、理解、关怀的需求，让宾客获得自豪的满足感，是我们服务的终极目标。

（三）提供优质服务

关注宾客的需要，注意服务过程中的情感交流，使宾客感到服务人员的每一个微笑，每一次问候，每一次服务都是发自肺腑的。现在就尝试学会用 Service 开展优质服务吧。

1. S-smile。人类的全部信息表达 = 7% 语言 + 38% 语气 + 55% 体态语。学会对每位宾客提供微笑服务。“没有面带微笑，就不能说有完整的工作状态。真诚的微笑来自于传递内心真实感觉的眼睛”。有关微笑训练我们会在相关项目中进行。

2. E-excellent。酒店从业人员应将每一个服务程序、每一项微小服务都做得非常出色。

3. R-ready。酒店从业人员应随时准备好为宾客服务。细小的事情可以赢得巨大的竞争优势。对细节的注意，体现的是认真负责的职业态度。

4. V-viewing。酒店从业人员应将每位宾客都看作需要提供优质服务的贵宾。

5. I-inviting。酒店从业人员在每一次接待服务时，都应显示出诚意和敬意。

6. C-creating。酒店从业人员应精心创造出使宾客能享受其热情服务的氛围。

7. E-eye。旅酒店从业人员应始终以热情友好的目光关注宾客。通过眼神接触，我们可以表达愿意为宾客提供服务的信息。通过眼神交流与宾客之间产生一种默契。研究交流的专家贝尔特·得克（Bert Decker）说：“眼神交流的含义可以用三个‘I’表示，即亲切、敌意、投入（Intimacy、Intimidation、Involvement）。相关内容将在后面的项目中作详细讲述。”

任务二　你具备酒店服务素质吗

一、标准化服务

（一）标准化服务内涵

标准化服务是指按照标准以有序的服务来满足宾客各种常规需要的服务。酒店标准化服务即酒店企业向宾客提供的服务项目和服务程序按标准（包括国际标准、国家标准、行业标准）进行生产从而满足宾客合理的各种常规需要。标准化服务包括服务的时间、服务工作量、服务质量、服务价格、质量保证、服务管理、服务监督、服务投诉等内容。标准化服务是酒店企业生存的基石。酒店企业的标准化服务是一项系统工程，需要服务人员把良好的服务技能、服务技巧不折不扣地体现在整个接待服务的全过程之中。

（二）标准化服务意义

1. 标准化服务有利于酒店企业有序运营

酒店服务的无形性要求酒店企业管理者为服务制定一系列标准，从而方便酒店从业人员开展工作。服务的标准化使整个酒店企业井然有序地运转，保证接待工作环环相扣，正常进行。由于酒店服务的无形性特征，在整个服务中都需要服务员在各岗位各项目上通过标准规范操作，为宾客提供优质服务。如酒店不同部门的员工按照岗位规范和程序进行操作，从宾客预订房间、机场迎接，到达酒店后的迎宾、行李送达、房间服务、餐饮服务，直至宾客离店的各环节，一环扣一环，使宾客感受到规范周到、连贯完整的服务。

2. 标准化服务有利于酒店宾客进行选择

酒店服务产品具有生产和消费同时性特征。由于酒店企业员工行为本身就构成了酒店产品的组成部分，因此，消费者与生产者存在着消费与服务的联动关系，酒店企业员工的服务行为会对宾客的心理产生影响，宾客的消费行为也会对酒店企业员工的进一步行为产生影响，宾客只有从具体的服务中才能感知酒店企业的产品与价值。标准化的服务具有高效、可靠的特点，可以方便宾客选择、购买并接受服务，同时减少宾客的购买风险。

3. 标准化服务有利于酒店企业的市场扩张

标准化可以增加宾客对产品质量和酒店效用确定性的预期，所以实行标准化供给的企业更容易占有更多地市场份额，并向更为遥远的市场扩大。国际品牌如喜来登集团、香格里拉集团等都是因为有完善的标准化管理服务体系，才能保持始终如一的服务品质。宾客只要认准这个品牌，无论在世界任何地方，获得的服务品质都会是一致的。

4. 标准化服务可以降低人力资源成本

随着工业化进程的加快和人力资源价值的上升，酒店企业人力资源成本会相应提高。而为降低培训成本，酒店企业将更多地参与到酒店服务标准化的进程中来。

（三）开展标准化服务

1. 建立标准化服务规章制度

建立一套严谨的酒店标准化服务管理规章制度。制度是酒店服务人员开展经营管理、服务质量管理的核心准则，是保障酒店企业良好运营，提供宾客优质服务的法宝。许多知名酒店企业，在筹建之初就着手制定了完善而严密的标准化服务质量管理规章制度，它保证了企业良好运行和服务工作的顺利落实。

2. 实施标准化服务

酒店企业的每个岗位都有相应的工作程序，唯有遵守相关的标准，才能使复杂的工作明确化，服务保持持续化与程序化，才能使琐碎的工作制度化。在开展酒店服务工作时，酒店从业人员应按照行业规范与标准开展服务。每位员工要熟悉本岗职责，按照规定认真负责本岗位工作。在服务过程中涉及服务语言标准化、服务动作标准化、服务技能标准化等内容。有关内容在之后的项目进行介绍。

3. 积极学习与培训

标准化的操作和娴熟的服务技能可以赢得宾客的欢迎。科学规范的服务，是保证优质服务的前提。为此，要不断参加培训与自我学习，才能掌握相关岗位的标准化知识体系与标准化服务技能，才能真正从内心理解宾客、关心宾客，才能让宾客从中体会到酒店服务的水准。

4. 开展监督检查

在某星级酒店，客房服务员正在楼道清洗地毯，有位宾客从房间走出来，领班见到宾客，微笑着问好！而服务员则低头工作。宾客走后，领班对服务员说："小王，你为什么不向宾客问好？你已是来酒店工作四个多月的员工了，记住见到宾客一定要问好！"酒店企业标准化服务的优劣，与酒店从业人员的工作自觉性、企业管理者的工作力度、督导检查等密不可分。"个性化服务"、"超常服务"、"满意加惊喜服务"等都需要建立在标准化服务的基础上，标准化是保证服务品质的先决条件。

二、主动服务

主动服务是根据宾客的需求心理，采取有针对性的、积极的、超前的、有预见性的服务。宾客在陌生的地方心理上处于特殊状态，渴望得到热情、主动、周到的照顾。酒店从业人员应该具有强烈的换位意识，学会站在宾客的位置替宾客着想，学会在服务环境中淡化自我，强化服务的服从意识，为宾客提供尽善尽美的服务。

1. 预先提供服务

在宾客尚未表明需要之前就预先提供服务。需要注意的是，这类服务仅限于简单明了的服务，并且服务的过程要自然，没有强加于人的意思；否则会让宾客觉得过分殷勤而手足无措，在提供预先服务时可主动征询宾客的意见。例如酒店前厅部的接待员在见到宾客走来时，应先放下手头的工作，目光迎向宾客，作好接待的准备。当宾客来到服务台前，应提前询问宾客："先生/小姐，您是要住宿吗?""请问您预订了吗?"等等。

2. 学会眼神沟通

酒店从业人员应善于利用目光捕捉对宾客服务的时机。当服务员的目光与宾客的目光相交时，服务员应主动打招呼。标准的沟通注视比例应该为40% ~60%

之间。通过目光沟通，服务员在宾客开口之前提供主动服务，会使宾客获得心理上的满足与受到尊重的愉悦。

3. 灵活运用言语艺术

用恰当的语言探求宾客的潜在需求。语言是人与人之间思想交流的重要工具，酒店服务工作中的宾客的消费需求有的显而易见，有的则不明显，酒店从业人员应良好把握服务与营销的时机。在酒店服务工作中，要掌握如下语言技巧：即急事，慢慢地说；小事，幽默地说；没把握的事，不说；没发生的事，不胡说；做不到的事，不轻易答应；宾客的事，不乱说；私人的事，工作场合不说。关于语言艺术的应用我们会在后面的相关项目中进一步说明。

4. 熟悉宾客的消费心理

酒店从业人员要熟悉宾客的消费心理模式，进而预测宾客的需求。根据马斯洛的需求理论，人的需要包括生理需要、安全需要、社会需要、尊重需要和自我实现需要。酒店、餐饮、娱乐设施以及相关的服务项目不仅要满足宾客的生理需要和安全需要，还应认真分析宾客的消费心理，从多角度、多层次满足宾客的社会需要、尊重需要和自我需要等更高层次的需要。

三、个性化服务

（一）个性化服务的内涵

1. 个性化服务

个性化服务是指以宾客需求为中心，在满足宾客共性需求的基础上，针对宾客的个性特点和特殊需要，主动积极地为宾客提供差异性的服务。酒店业竞争异常激烈，要想在竞争中处于不败之地，仅仅提供规范化、标准化的服务是远远不够的。开发和提供个性化服务，不仅使宾客高兴而来，更要给宾客以惊喜，才能使宾客“流连忘返”。

2. 个性化服务的作用

（1）有利于培养宾客忠诚度

个性化服务是建立在充分了解宾客个性的基础上的。通过个性化服务，使宾客找到了“知己”，当宾客的个性化需要得到某一企业很好的满足时，这位宾客无疑能成为该酒店企业的回头客或忠实宾客。酒店企业通过优质个性化服务与宾客建立稳定关系，形成宾客对酒店企业的忠诚，并利用良好口碑不断为酒店企业招徕新宾客，增加竞争优势，见图 2－8。

（2）有利于提高经济效益

酒店企业通过对宾客消费需求变化的调查，了解市场的变化，制定出有利于市场营销的策略，从而提高经济效益。酒店企业的个性化服务满足了消费者不同

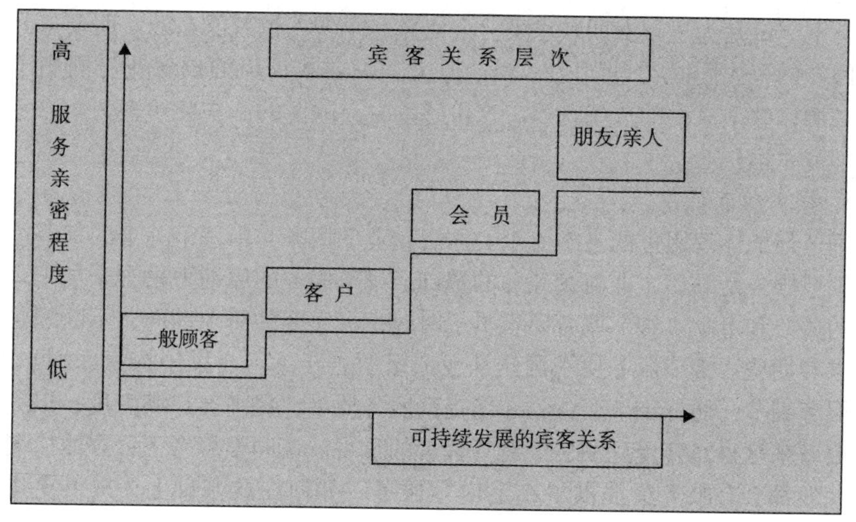

图 2－8　宾客关系发展递进

的个性化需求，提高了宾客的满意度和忠诚度，从而增加酒店企业经济效益。

（3）有利于增强酒店竞争力

目前酒店企业之间竞争日趋激烈，产品同质性增强，宾客可选择空间加大。通过鲜明的特色和个性化服务，增强差异化竞争，才能在竞争激烈的众多酒店企业中脱颖而出。

（二）开展个性化服务

1. 强化客户关系管理

酒店企业应建立宾客数据库，存储每位宾客，尤其是重要宾客和常客的信息档案。把宾客的爱好、习惯、消费活动、酒店目的等信息储存并进行处理、分析以方便指导服务人员为客户提供更贴心的个性化服务。例如，在青岛的××酒店、客房服务员随意点开一个客户信息栏里，上面记录着该宾客习惯左开床，吸烟，打扫要迅速，怕吵闹，爱吃零食，喜欢在床上上网，爱看体育频道，外出时带两瓶水，忌讳靠大厅的房间，爱喝××品牌的啤酒等。当这位宾客再次入住时，这些信息会被张贴在楼层的客户信息栏目中，楼层服务员就会有针对性地提供服务：如在床边放上比较长的网线方便他在床上上网，晚上开夜床时会在床左边摆上垫毯和拖鞋，在门口的桌台上会放两瓶水以方便其外出携带等。

2. 提供感动服务

对宾客多一分关爱，我们的个性化服务就会给宾客留下难忘的印象，促使一般宾客成为“忠诚宾客”。在××餐厅曾经发生过这样的故事：一位年轻人打电话给××餐厅预订晚餐，接线员顺便问了一句，晚餐的主题是什么？男士略微迟疑了一下，说是为了跟女朋友求婚。七点整，年轻人携着漂亮的女朋友来到预订的包间。两个人同时“哇”了一声。原来，一层水灵灵的玫瑰花瓣洒满了整个桌面！洒满整个桌面的玫瑰花瓣。这份感动会在顾客的心中驻留多久？一年？十年？抑或永远！

3. 提供细节服务

细节最能体现服务的基本要求。酒店企业的服务是由一个一个的细节组合成的，细节服务是酒店企业持续经营的基础。细节服务的原动力来自于员工对宾客真挚的关心和奉献。细节服务要求员工时时把握宾客的需求动向，不断满足宾客的需求和期望。细节服务要求酒店从业人员要善于学习、勤于探索、细心观察。关注服务细节、做好细节服务，才能提高服务质量、提高客户满意度；以完善的细节服务来赢得宾客受到酒店经营管理者的重视。请同学思考下：在酒店餐厅就餐，一般都会有服务员提供“小毛巾”服务，如何在此基础上，提供更进一步的温馨和贴心服务？

4. 提供惊喜服务

标准化服务给宾客带来满意；及时地提供宾客的所需，给宾客带来满足；而满足宾客潜意识中的服务需求可以给宾客带来惊喜。一位女士在巴黎希尔顿酒店预订了一个豪华套间，抵达酒店后宾客就出门会客去了。这位女士身上穿的，头上戴的皆是大红色。细心的经理觉察到她对红色的偏爱，立即令服务员重新布置套间。女士回来发现整个套间的地毯、壁毯、灯罩、床罩、沙发、窗帘都被换成了协调又富于变化的大红色，顿时欣喜万分。酒店从业人员与宾客的每一次接触都是服务的关键时刻。通过酒店从业人员通过深入细致地、恰到好处地、和谐自然地个性化服务，用超出常规的方式满足宾客偶然的、个别的、特殊的需求，就会带给宾客“满意加惊喜”，就会产生意想不到的效果。

【要点提示】

1. 服务意识是指企业员工在与企业利益相关的人或企业的交往中所体现的为其提供热情、周到、主动服务的欲望和意识。

2. 培养优质服务意识途径：正确认知宾客，了解宾客需求，提供优质服务。

3. 酒店标准化服务即酒店企业向宾客提供的服务项目和服务程序按标准（包括国际标准，国家标准，行业标准）进行生产从而满足宾客合理的各种常规需要。

4. 酒店标准化服务意义：有利于酒店企业有序运营，有利于宾客进行选择，有利于酒店企业的市场扩张，可以降低人力资源成本。

5. 开展标准化服务：建立标准化服务规章制度，实施标准化服务，积极学习与培训，开展监督检查。

6. 主动服务是根据宾客的需求心理，进行有针对性的、积极的、超前的、有预见性的服务。

7. 开展主动服务：预先提供服务，学会眼神沟通，熟悉宾客的消费心理，灵活运用言语艺术，熟悉宾客的消费心理。

8. 个性化服务的内涵。个性化服务是指以宾客需求为中心，在满足宾客共性需求的基础上，针对宾客的个性特点和特殊需要，主动积极地为宾客提供差异性的服务。

9. 个性化服务有利于培养宾客忠诚度，有利于提高经济效益，有利于增强竞争力。

10. 开展个性化服务：强化客户关系管理，提供感动服务，提供细节服务，提供惊喜服务。

模块五　酒店兴旺　员工有责

任务一　将职业责任牢记于心

一、责任内涵

责任是指个人分内应该做好的事，如履行职责、完成任务等；同时责任还包括如果没有做好自己工作，所应承担的不利后果或强制性义务，如担负责任等。责任伴随着人类社会的出现而出现，有社会就有责任。责任是身处社会的个体成员必须遵守的规则和条文，是必须去履行的职责。责任文化研究专家唐渊在《责任决定一切》中说：责任的基本内涵包含责任意识、责任能力、责任行为、责任制度和责任成果。

二、酒店职业责任

职业责任是企业对员工的基本要求，与能力相比，企业更看重员工对待工作的责任。可以说能力是可以慢慢培养的，但责任却是长期养成的。酒店职业责任要求从业人员对自己的工作做到积极主动做好本职工作，严格遵守职业规章制度，主动提升业务能力和水平，不推卸责任、勇于承担工作职责。

任务二　责任与蛋糕

一、责任与惊喜

酒店服务工作成败与否不仅关系着经营活动的质量高低，同时还影响宾客的权益，关系着企业的信誉与利益，也影响着一个国家或地区的酒店形象。酒店服务工作涉及多个部门、多个群体，只有拥有强烈的责任心才能以认真负责的工作态度，及时向宾客提供满意的服务。

【案例2－12】

惊喜服务

某日晚上12点左右，某酒店接到2615房美国客人Mr. Lerro的来电，希望能为他提供鲜花、提子和香槟。因为明天是他太太30岁生日。从电话中听出Mr. Lerro真的很渴望他的要求得到满足，他把唯一的希望寄托在酒店上。挂线以后，服务员马上通知西餐厅准备提子和香槟，但毕竟已是晚上12点，香槟和提子酒店可以提供，但鲜花就必须到店外去买，虽然找到酒店附近5家花店的电话。但大部分已经打烊了，有的在营业，但没有客人需要的花种。经过1个多小时的努力，几经周转终于买到客人需要的鲜花。当把所有东西准备妥当，已经到了清晨。早上5点45分服务员用餐车把鲜花、提子、香槟放置好，准时送到Mr. Lerro手上，当他紧紧握住服务员的手时，那种眼神就像已相识很久的老朋友。轻轻的一声“thank you”千言万语尽在其中。从这件事之后，服务员就成了Mr. Lerro值得信赖的好朋友，每次到江城来都会入住该酒店，因为该酒店带给他的不仅是良好的服务，还有满意和惊喜。

二、责任通往成功

梁启超说：“人生须知负责任的苦处，才能知道尽责任的乐趣”。当我们遇到问题、出现失误或错误时，我们首先想到的是什么？是急于解释原因？还是抓紧时间查找失误的根源、尽力弥补损失，将事情转向成功？正确答案肯定是后者。但是在实际工作中、很多的人会选择解释与辩解，而这种辩解又往往是苍白无力的无意义的解释，似乎这样就可以把失误的缘由从自己身上撇清。勇敢的承认错误、坦诚地面对失误，不仅能弥补错误所带来的不良结果，更会向组织清楚展示出我们对待工作勇于承担责任的态度，是可以信赖、可以委以重任的人。

【案例2－13】

小徐的故事

2008年，25岁的小徐在前厅做服务工作。与他一同来酒店的服务生因为耐不住这份工作的枯燥和琐碎，而相继转行干别的了，只有小徐，在这个岗位上一干就是7年。7年来，他以比对待亲人还亲的感情，对待每一位求助的客人，赢得了客人的称赞。下面是他服务宾客的小故事：

2008年7月的一天中午，天气热得让人难受。一位住店客人反映护照不知何时丢失，希望小徐帮助查找。在酒店找了半天没有结果。小徐请客人回忆了一下曾经去过什么地方，告诉客人，你放心吧，我会尽力帮你找到护照。整整一下午，他顶着烈日，骑着自行车，逐一到客人曾经去过的地方查找，终于在一家酒吧找到了客人的护照……

小徐在酒店前厅服务中努力成为一个客人旅途中可以信赖的朋友，一个可以帮助解决麻烦问题的知己，一个个性化服务专家。7年如一日，兢兢业业、用负责任的努力工作得到了宾客的肯定，同样，也得到了国际饭店金钥匙组织的认同：2008年的某日上午，国际饭店金钥匙组织负责人将一把象征酒店服务最高荣誉的"金钥匙"，交到了该酒店前厅主管小徐的手中……

德国大众汽车公司告诫自己的员工："没有人能够想当然的'保有'一份好工作，要靠自己的责任去争取一份好工作"。职责就像我们面前摆放的蛋糕，每一位员工面前蛋糕的大小、美味与否的决定权在我们自己手中。每一个人分责任都将决定它在职场当中的地位，承担更多的责任才会被赋予更多的使命，才有可能获得更多的荣誉与回报。只有负责任的员工才值得企业信任，领导信赖；拥有责任就是拥有进取心，就是拥有工作的动力，做一个主动肩负责任的员工不仅为企业创造价值，也在为自己的成功添砖加瓦。

【要点提示】

1. 责任是指个人分内应该做好的事，如履行职责、完成任务等；同时责任还包括如果没有做好自己工作，所应承担的不利后果或强制性义务，如担负责任等。

2. 酒店职业责任要求酒店从业人员对自己的工作做到积极主动做好本职工作，严格遵守职业规章制度，主动提升业务能力和水平，不推卸责任、勇于承担工作职责。

【思考训练】

1. 酒店职业素质的构成包括哪些内容？

2. 养成正确酒店职业素质可以在我们的职业工作中起到哪些帮助作用？
3. 如何才能养成正确的酒店职业素质？
4. 在酒店工作中如何才能做到爱岗敬业？
5. 良好的职业心理素质包括哪些内容？
6. 怎样才能培养优质的服务意识？
7. 为什么要在酒店职业服务中合理的开展个性化服务？

项目三　现代酒店职业能力素质

【主要内容】

本项目由“提升酒店职业能力素质”、“战略化生存的法宝”两个模块构成。模块一“提升酒店职业能力素质”的主要内容包括揭开酒店职业能力的面纱，你具备多少酒店职业能力；模块二“战略化生存法宝”的主要内容包括近在咫尺的团队，优秀团队角色成长之路和团队能力培养实训等。

【学习目标】

1. 学习并养成学习能力、适应能力、语言表达能力、沟通协调能力、创新能力等现代酒店职业能力。

2. 培养优秀的团队职业素质能力，学会如何在酒店正确开展团队合作。

【案例导入】

某市的一家五星级酒店，前台服务员查理遇到了这样一位客人—— 王先生，四天前入住于本酒店一商务客房，房租为686元/夜·间，预计入住的天数为两天，入住时缴纳了1400元的预付款。根据宾客的相关信息，在王先生入住于酒店两天后的上午，查理打电话到王先生的房间询问其具体离店时间，可王先生告诉查理，他的事情没有办完，因此要延迟离店。于是，查理要求王先生方便时到酒店前台续缴费以保证他能够继续顺利地住在该房间，王先生很痛快地答应了。然而，两天过去了，尽管查理Cherry又催了王先生两次，但仍未见其前来续费，但又不能过于生硬直白地催王先生缴费……

如果你是Cherry，你会怎么办?

模块一　提升酒店职业能力素质

【能力培养】

任务一　揭开酒店职业能力的面纱

酒店职业能力是指从事酒店职业活动的人们顺利完成其职业活动所必需的并

影响活动效率的个性心理特征。酒店行业要求从业人员在从事工作时，具备一定的职业能力。这些能力包括酒店职业核心能力与酒店职业特定能力。根据酒店职业的要求，酒店特定能力一般是指从事酒店服务活动所具体需要的专业能力。酒店职业核心能力包括从事酒店工作各种岗位时都需要的具有普遍适用性的能力，它包括语言能力、创新能力、适应能力、信息处理能力等，见图 3 – 1。

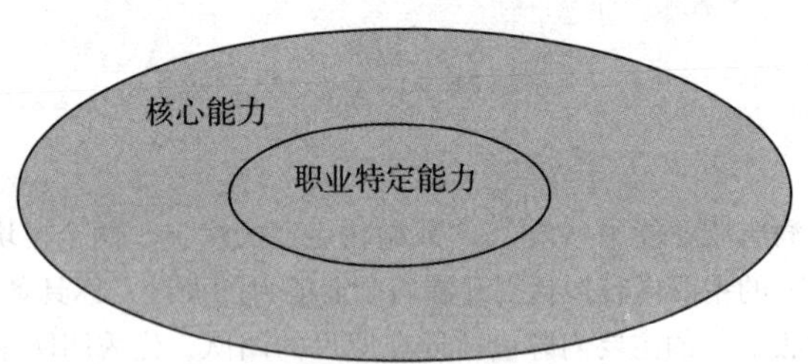

图 3 – 1　职业能力构成

任务二　你具备多少酒店职业能力

弗朗西斯·培根说："各种学问并不把它们本身的用途交给我们，如何应用这些学问乃是学问上的智慧。"弗朗西斯·培根所说的这种智慧就是我们在从事酒店职业工作时运用所学的知识解决问题的能力，是我们应该具备的职业能力。知识是基础，而将知识转化为职业能力则是职业成长的关键。无论是职业特定能力还是职业核心能力都不是孤立的个体，只有二者发挥综合作用我们才能迅速融入酒店服务工作中，掌握酒店服务行业的职业要求与职业规范，为宾客提供标准化服务与个性化服务。

酒店行业是综合性的产业，从业人员除了具备本专业的基本知识和技能之外，还要求酒店从业人员对人文历史、地理宗教、民俗文化、园林建筑等知识有所涉猎。酒店职业特定能力在我们开始从事酒店工作时起着关键作用，有关这方面的内容我们将在后面另列专项讨论，在此我们主要讨论酒店职业核心能力内容。

一、学习能力

（一）学习能力概述

孔子说："学而时习之，不亦悦乎？学而不思则罔，思而不学则殆。"联合国教科文组织在《学习，财富蕴藏其中》报告中指出："学习是指个体终身发展终身教育的理念。”从广义上讲，学习是人和动物在生活过程中通过实践训练而获得的由经验引起的相对持久的、适应性的心理变化，即有机体以经验方式引起的对环境相对持久的适应性的心理变化。

学习能力一般是指人们在正式学习或非正式学习环境下自我求知、做事、发展的能力。学习能力为其他能力之基础。学习能力是学习的方法与技巧，有了这样的方法与技巧，学习到知识后，就形成专业知识；学习到如何执行的方法与技巧，就形成执行能力。可以说学习能力是个人能力的基础源头。根据中国教育家协会、中华教育研究交流中心联合广州市特级教师协会最新研究结果表明，学习能力表现可以分为知识整合能力、社交能力、心理素质、团队合作、理财能力、策划与决策能力六项“多元才能”和注意力、观察力、记忆力、思维力、想象力、创造力、理解力、语言表达、操作能力、运算能力、听/视知觉能力十一种“核心能力”。

（二）提升学习能力

1. 树立正确的学习目标

在学习中我们首先要知道为什么学习，现在该做什么，改变缺乏前瞻性、整体性的功利性学习心态。

2. 形成多元化学习方式

信息时代，学习获取知识的多元化要求我们学习方式有所改变。我们不仅在学校的课堂上接受教师的理论知识讲授型学习，还需要开展模拟实训学习、课程设计学习、科研训练学习以及专家讲授、学术报告等形式的学习。此外，为了将理论知识与实践紧密结合，顶岗实习也是不可或缺的学习方式。

3. 提升学习自主性

在学习过程中，无论是学习内容、学习时间还是学习方式，学习个体都是学习活动中的主动角色。为此，我们更要注重学习的自觉性与能动性。在学习过程中学会控制自己的学习时间、学习方法与学习内容，培养自学能力、增强拓展能力，提出自己的独到见解，活化所学知识，形成学习的创造性。

4. 培养学习兴趣

兴趣是情感的凝聚，是求知的动力、行为的指向、成功的起点。但是我们的学习兴趣不是天生就有的，而是通过培养逐步养成的。兴趣促使我们提出：这是什么？为什么会是这样？这是我们学习动机的起点。在学习中我们要善于发现、激发自己的兴趣，努力培养这种学习兴趣，达到预期学习目的。

二、适应能力

（一）适应是生存的基本

我们对生活的社会有充分的了解，并顺应和充分利用这些赖以生存的外部条件，才能够很好地生存，即“适应”。同时，我们生存的外部环境条件处在时刻不停的变化发展中，需要我们经常洞察社会的变化规律，时刻调整自己的认知和行动，以顺应和利用这些发展变化，帮助自己更好地生存。

（二）培养酒店职业适应能力

作为酒店从业人员，掌握赖以安身立命、服务社会、实现自身价值的知识、技能，完备酒店从业人员所应具备的综合素质，才能实现自己的人生理想、奋斗目标。

1. 职业工作中的审时度势

中国有句古训叫“审时度势”。它是指当某人能对其所处的社会环境、所拥有的职业背景、今后职业发展的趋势等有清醒的、正确的认识，并能依此指导自己的行动。我们需要学会根据自身职业的需要不断调整自我，确立职业发展的目标，调整自己职业发展行为，才会有备无患、从容应付来自职业生涯中的各种挑战，实现人生的理想。这是我们适应职业社会的前提条件。

2. 适应是成功的基础

知识经济时代要求酒店从业人员主动迎接知识经济的挑战，学会按照知识经济时代的要求去规划自我成长的目标。酒店从业人员服务的对象是宾客，是具有丰富感情和各种各样心理需要的人，他们的处事态度、个性特征往往具有很大差异性；为了做好酒店服务工作，我们应学会具备职业环境适应能力、拓展职业素质能力，迅速实现从大学生到酒店从业人员的社会职业角色转换。

3. 建立职业适应能力体系

（1）拥有适应时代的能力包括：适应知识经济的能力、适应市场经济的能力、适应高等教育培养的能力。

（2）培养适应职业的能力包括：适应环境变化的能力、增进心理健康的能力和实现角色转换的能力。适应环境变化能力主要包括正确认识环境的新变化，充分利用环境变化的有利因素；树立主动适应新环境的良好心态，正确认识和悦纳自我，锻炼和培养自我管理能力。增进心理健康能力包括全面把握心理健康的标准，掌握增进心理健康的方法，学会自我心理调适。实现角色转换能力包括正确认识角色转换，正确认识学生角色与酒店服务职业角色的区别。

三、语言表达能力

（一）语言表达能力是基本素质

现代社会从事各行各业的从业人员都需要良好的语言表达能力。对政治家和外交家来说，口齿伶俐、能言善辩是基本的素质；商业工作者推销商品、招徕宾客，企业家经营管理企业，都需要优秀的语言表达能力。在我们的日常交往中，具有语言天赋的人能把平淡的话题讲得引人入胜；口笨嘴拙的人即使其选择的话题内容很好，人们听起来也会索然无味。语言表达能力是酒店从业人员必备的基本素质之一。随着酒店业发展，人们之间的交往日益频繁，语言能力作为酒店从业人员的基本素质，越来越为酒店企业所重视。语言表达能力要求我们在运用语言时做到词语得体，清晰、连贯；语句概括，简洁、精炼；用词准确，贴切、犀利；观点鲜明，是非清晰。酒店从业人员依靠良好的语言表达能力不仅可以与宾客进行良好的沟通与服务，更可以用自己的语言去感染、说服、影响宾客。

（二）提高语言表达能力的方法

语言表达能力并不是与生俱来的，而是人们通过后天学习获得的技能。虽然有遗传基因等因素影响，但由于每个人的主客观条件、花费时间和学习需求的不同，我们获得语言表达能力的快慢和高低也是不同的。因此，语言表达能力主要还是依赖在后天的语言训练和语言交流中得到强化和提升。

1. 多听。在与他人或宾客交流的时候多听他人的说话方式，从中学习良好的说话技巧。

2. 多读。培养良好的阅读习惯，从中形成语言表达的方式方法和技巧，丰富语言词汇与语言的素材。

3. 多说。通过培养尽量使语言生动，说服力更强。

作为酒店业从业人员的基本技能，首先要讲好普通话。做到普通话语音要准，语调要好，词汇要丰富，表达要准确。其次，要具有较高的外语水平。有调查显示，目前酒店服务行业员工最欠缺的是流利的外语口语能力和酒店专业外语知识。为此，酒店服务行业员工应加强外语应用能力培养，掌握本行业或本部门各个主要岗位常用服务外语。

四、沟通协调能力

（一）沟通与协调

沟通是人与人之间交往的重要形式，是个人超越自身，与他人建立联系，并通过这种联系丰富和扩展自身的主要途径。提高沟通协调能力是履行职业能力，提高工作效率的需要。一般的沟通是指通过语言、文字、图片、行为等方式，交流思想、观念、意见、情感等信息的行为。协调是指个人与他人、个人与组织的建设性关系的保持。沟通是方法，协调是目的；相对静态的关系必须通过动态的沟通来实现。当我们在工作中遇上困难时，积极沟通可以得到上级正常的支持、帮助，可以争取同事的支持与配合，迅速高效地完成任务。

（二）提高沟通协调能力

1. 主动沟通

主动沟通更容易建立并维持广泛的人际关系，更可能在人际交往中获得成功。沟通时我们需要保持高度的专注力，没有人喜欢自己的谈话对象总是左顾右盼、心不在焉。沟通时我们要努力了解对方的心理状态，并根据反馈来及时调节我们的沟通过程。酒店从业人员在整个酒店服务过程中担当着组织者和协调人的角色。以酒店前厅部员工的工作为例，为更加方便、快捷、准确地为宾客提供优质服务，需要酒店各个部门紧密合作，才能保证服务接待工作顺利实施：无论是客房种类的选择、设备设施的提供、宾客个性化的需求、餐饮活动等都需要前厅部员工通过有效的沟通协调来完成一次入住服务。

2. 善于倾听、充分表达

倾听时我们要做到静心、虚心、专心、诚心、留心、耐心。在表达自己意图时，充分、明确的运用言语、动作等信息，使被沟通者充分理解我们的意图。

3. 恰当运用态势语言

首先，要善于理解他人的态势语言。我们可以从沟通者的目光、表情、身姿以及彼此之间的距离等内容中感知对方的心理状态，了解对方的喜怒哀乐，从而有的放矢地调整我们的沟通协调行为。其次，恰当使用自己的态势语言。我们不仅要有意识地运用态势语言，更要注意态势语言的使用情境、注意角色与态势语言的关系。此项内容在稍后项目详细叙述。

4. 有效化解对抗冲突

在我们的酒店服务工作中会遇到一些突发事件，希望通过以下方式得以有效化解。首先，我们应该认识到每个宾客的价值观、需求期望以及对问题的看法往往存在差异。其次，我们要不断提醒自己尽量用足够的时间和精力与我们的沟通对象进行交流，更好地了解他们的价值观、信仰等。最后，要正确认识我们的失误，主动为我们的沟通对象表达个人看法和意见提供适当的渠道。

五、创新能力

（一）创新能力概述

管理大师彼得·德鲁克则指出："创新的行动就是赋予资源以创造财富的新能力。"国内学者对创新能力的阐述基本上可以划分为三种：第一种观点以张宝臣、张鹏等为代表，认为创新能力是个体运用一切已知信息，包括已有的知识和经验等，产生某种独特、新颖、有社会或个人价值的产品的能力。它包括创新意识、创新思维和创新技能三部分，核心是创新思维。第二种观点以安江英、田慧云等为代表，认为创新能力表现为两个相互关联的部分，一部分是对已有知识的获取、改组和运用；另一部分是对新思想、新技术、新产品的研究与发明。第三种观点从创新能力应具备的知识结构着手，以宋彬、殷石龙等为代表，认为创新能力应具备的知识结构包括基础知识、专业知识、工具性知识或方法论知识以及综合性知识四类。创新能力是运用知识和理论，在科学、艺术、技术和各种实践活动领域中不断提供具有经济价值、社会价值、生态价值的新思想、新理论、新方法和新发明的能力。创新能力是民族进步的灵魂、竞争的核心；社会的竞争，与其说是人才的竞争，不如说是人的创新能力的竞争。

（二）提升创新能力

1. 建立知识储备

创新需要有科学的依据与坚实的知识做基础。没有知识做基础，创新就像在沙滩上盖房子。积累宽厚的知识，才能充分理解与掌握前人的知识与方法，才能提出切实可行的创新。

2. 善于发现问题

在日常工作中学会多问几个“为什么”。因为成功者总是透过所有的表面现象去寻找真正的问题。那些不明确的，看来似乎是一时冲动之中提出来的问题，往往包含更多创新火花。

3. 及时记录创新想法

在工作中，通过沟通和思考我们常会出现许多新想法。如果能及时地将自己的想法记录下来，那么当我们需要创新时，这些想法就会给我们带来帮助。几年前的某个想法也许不合时宜，而几年后却可以成为创新的主要源泉。

4. 培养创新品质

如果我们满足于现状，就不会渴望创造。如果没有乐观的期待，就会妨碍我们创新的发挥。发明家总是希望有更好的方法，系鞋带时他们希望有更简便的方法，于是便创新发明了带扣、按扣、橡皮带和磁铁代替鞋带；煮饭时他们希望省去擦洗锅底的烦恼，于是便有了不粘锅的涂料。创新的个性品质是创新能力的基础，也是培养创新能力的重点。创新能力的很大部分来自非智力因素，有具备创新个性品质，才能克服困难、创造性地去学习和工作，才能运用创新思维，创新技法，开展创新。

（三）创新能力测试

1. 寻找创新优势

对生活最有持续作用的动力来源于我们对未来的追求和远大的理想。设定我们的追求目标，它包括近期目标、中期目标、一生目标，那么我们就有动力和毅力去克服各种困难。在寻找创新优势时，我们可以从以下方面入手：

（1）分析并思考：我最擅长的事情是什么？

（2）我最感兴趣的是什么？

（3）我最想成为什么样的人？

（4）回想一下：最近最令自己得意的事是什么？

（5）哪些是阻碍我进步的障碍？

（6）我在哪些方面有必要进行改进和完善？

2. 创新能力测试训练

在下面的题目中，对符合自己情况的在（ ）画“√”，不符合的在（ ）内画“×”。

（1）你总能专心地倾听他人说话。（ ）

（2）完成上级布置的某项工作后你总有一种兴奋感。（ ）

（3）对事物的观察总是非常细致。（ ）

（4）在说话和写文章时经常采用类比法。（ ）

（5）从来不迷信权威。（ ）

（6）对事物的各种原因喜欢刨根问底。（ ）

（7）看书或做事时总是聚精会神。（ ）

（8）喜欢学习或琢磨问题。（ ）

（9）经常思考事物的新答案或新结果。（ ）

（10）能够经常从他人的谈话中发现新问题。（ ）

（11）从事带有创造性的工作时，经常忘记时间的推移。（ ）

（12）总是对周围的事物保持好奇心。（ ）

（13）能够主动发现问题以及和问题相关的各种联系。（ ）

（14）总有些新设想在脑子里涌现。（ ）

（15）有敏感的观察力和提出问题的能力。（ ）

（16）能够经常预测事情的结果，并正确的验证这一结果。（ ）

（17）遇到困难和挫折时很少气馁。（ ）

（18）遇到困难时经常能采用自己独特的方法去解决。（ ）

（19）在解决问题的过程中有了新发现时，总会感到十分兴奋。（ ）

（20）遇到问题能从多方面、多途径探索解决的可能性。（ ）

★ 评价标准：如果上述所有题目都画“√”，说明你有超强的创新能力；画“√”的题目在 15～19 个说明你的创新能力良好；画“√”的题目在 10～13 个说明你的创新能力一般；画“√”的题目低于 10 个说明你的创新能力需要进一步加强。（资料来源：刘兰明：《职业基本素养》，高等教育出版社）

【要点提示】

1. 职业能力是指从事某种职业活动的人们顺利完成其职业活动所必需的并影响活动效率的个性心理特征。这些能力包括酒店职业核心能力与酒店职业特定能力。

2. 酒店职业核心能力包括从事酒店服务的各种岗位时都需要的具有普遍适用性的能力，酒店职业核心能力中的学习能力、适应能力、语言表达能力、沟通协调能力、创新能力等。

3. 学习能力一般是指人们在正式学习或非正式学习环境下自我求知、做事、发展的能力。学习能力是个人能力的基础源头。

4. 提升学习能力途径：树立正确的学习目的，形成多元化学习方式，提升学习自主性，培养学习兴趣，树立学习自信心。

5. 培养适应职业的能力包括适应环境变化的能力，增进心理健康的能力和实现角色转换的能力。

6. 语言表达能力要求：词语得体，清晰、连贯；语句概括，简洁、精炼；用词准确，贴切、犀利；观点鲜明，是非清晰、褒贬明确。

7. 提高语言表达能力的方法：多听、多读、多说。

8. 沟通协调能力指通过语言、文字、图片、行为等方式，交流思想、观念、意见、情感等信息的行为。提高沟通协调能力。(1) 主动沟通；(2) 善于倾听、充分表达；(3) 恰当运用态势语言；(4) 有效化解对抗冲突。

9. 创新能力是运用知识和理论，在科学、艺术、技术和各种实践活动领域中不断提供具有经济价值、社会价值、生态价值的新思想、新理论、新方法和新发明的能力。

10. 提升创新能力途径：建立知识储备，善于发现问题，及时记录创新想法，培养创新品质。

模块二　战略化生存的法宝

【能力培养】

任务一　近在咫尺的团队

一、团队的概述

(一) 团队构成的要素

团队构成的要素也称5P要素，即目标（Purpose）、人员（People）、定位（Place）、职权（Power）、计划（Plan）。

1. 目标，团队要设定一个既定的目标。没有目标，团队就没有存在的价值。

2. 人员，人员是构成团队最核心的力量。两个（包含两个）以上的人就可以构成团队。

3. 团队定位，团队定位包含两层意思。第一，团队的定位。团队在企业中处于什么位置，由谁选择和决定团队的成员，团队最终应对谁负责，团队采取什么方式激励成员。第二，个体的定位。作为成员在团队中扮演什么角色，是制订计划还是具体实施或评估。

4. 权限，它包括整个团队在组织中拥有什么样的决定权以及该组织的基本特征。基本特征包括组织的规模、团队的数量、组织对于团队的授权等。

5. 计划，一是指目标最终的实现，需要一系列具体的行动方案，这里我们可以把计划理解成目标的具体工作的程序；二是说提前按计划进行可以保证团队的顺利进度。只有在计划的操作下团队才会一步一步地贴近目标，从而最终实现目标。

（二）团队的特征

1. 清晰的目标

团队成员清楚地知道团队希望他们做什么工作，并坚信这一目标包含重大的意义和价值。这种目标激励着团队成员把个人目标升华到群体目标。

2. 相互信任

团队成员间相互信任是团队的显著特征，每个团队成员对其他团队成员的品行和能力确信不疑。

3. 相关的技能

团队成员具备为实现目标所必需的技术和能力，从而能出色地完成任务。

4. 一致的承诺

团队成员对团队表现出高度的忠诚和承诺。为了能使团队获得成功，团队成员愿意去做任何事情，我们把这种忠诚和奉献称为一致承诺。团队成员对他们的群体具有认同感，他们把自己属于该群体的身份看做是自我的一个重要体现。

5. 良好的沟通

团队成员通过畅通的渠道开展信息交流。此外，管理层与团队成员之间健康的信息反馈也是良好沟通的重要特征，它有助于管理者指导团队成员的行动，消除误解。

6. 谈判技能

对高效的团队来说，团队成员角色具有灵活多变性，总能够不断进行调整。由于团队中的问题和关系时常变换，成员必须能面对和应付这种情况，这需要团队成员具备充分的谈判技能。

7. 恰当的领导

有效的团队领导者能够让团队跟随自己共同渡过最艰难的时期，因为他能为团队指明前途所在，向成员阐明变革的可能性，鼓舞团队成员的自信心，帮助他们更充分地了解自己的潜力。优秀的团队领导者往往担任的是教练和后盾的角色，他们对团队提供指导和支持，但并不试图去控制它。

8. 内部和外部的支持

二、团队精神

（一）团队精神

所谓团队精神，是大局意识、协作精神和服务精神的集中体现。团队精神的基础是尊重个人的兴趣和成就，核心是协同合作，最高境界是全体成员的向心力、凝聚力。如果没有团队合作精神，个人的计划即使再精彩，也可能难以得到完美演绎。酒店服务的顺利开展有赖于各相关部门的密切配合和精诚合作，因此酒店从业人员的团队合作精神显得尤为重要。联想总裁柳传志说："中国有很多优秀的人才，这些人才好比一颗颗珍珠，需要一根线把它们连接起来，组成一串美丽的珍珠项链。我们现在缺乏的就是这根线，所以我们的珍珠都散落着。"想想看，柳传志说的这根"线"指的是什么？

（二）团队精神的主要功能

1. 目标导向功能

团队精神的培养，使团队成员齐心协力，朝着一个目标努力，形成团队要达到的目标即是自己所努力的方向的正确认知。

2. 凝聚功能

任何组织群体都需要一种凝聚力，团队精神通过对群体意识的培养，通过团队成员在长期的实践中形成的习惯、信仰、动机、兴趣等文化心理，来达到沟通思想，引导团队成员产生共同的使命感、归属感和认同感，从而逐渐强化团队精神，产生强大的凝聚力。

3. 控制功能

团队成员的个体行为需要控制，群体行为也需要协调。团队精神所产生的控制功能，是通过团队内部所形成的一种观念的力量、氛围的影响，去约束、规范、控制团队成员的个体行为。这种控制是由硬性控制转化为软性内化控制；由控制团队成员个体行为，转向控制团队成员的意识；由控制团队成员的短期行为，转向对其价值观和长期目标的控制。因此，这种控制更为持久，更有意义，更容易深入人心。

任务二　优秀团队角色成长之路

一、团队角色认知

（一）团队角色理论

团队角色理论也称贝尔宾团队角色理论，它是英国学者贝尔宾在《团队管理：他们为什么成功或失败》一书中提出的理论。贝尔宾的基本思想是：没有完美的个人，只有完美的团队。在不同的时间、地点，同一个体拥有不同的角色。在工作职场，你既会成为一般员工也会成为领导、下属与同事。在企业的团队中，需要对自我具有良好的角色认知。首先，组织化是角色定位的基础，它是培养角色定位的土壤。培养团队成员养成角色责任与角色原则，认识到团队角色是团队整体不可或缺的一部分，但不能取代组织；在团队中组织利益高于个体利益。其次，制度化是团队角色定位的保证。建立具有职业特色的管理制度体系、标准化服务体系、信息沟通体系将有助于提高团队的组织建设。

（二）团队角色特点与作用

在团队中，每一角色的典型特点、优势、弱势以及在团队中的作用各有不同。以下是根据贝尔宾博士的理论进行的归纳。见表3－1。

表3－1　团队角色特点与作用

角色	典型特点	优　势	弱　势	在团队中的作用
实干家	保守，顺从，可靠，务实	具组织能力，实践经验，工作勤奋、自我约束力强	缺乏灵活性，应变能力弱，对无把握的建议不感兴趣	1. 将谈话转化为实际步骤 2. 考虑哪些是可行的 3. 整理建议，使之与现有的一致意见、计划相匹配 4. 良好的执行者
协调员	沉着自信，拥有控制局面能力	理性地看待各种意见，做到兼容并蓄	并不具备超常的创造力	1. 明确团队的目标、方向 2. 对需决策的问题可按照先后顺序进行选择 3. 帮主团队确认角色分工、责任 4. 综合团队建议
推进者	思维敏捷，主动探索，坦荡	积极主动，随时向各种不足发起挑战追求高效率，视成功为目标	冲动，急躁，易对他人造成压力	1. 寻找和发现团队讨论中的可能方案 2. 大力推荐给团队成员 3. 促成团队目标与任务成型 4. 推动成员达成一致意见

续表

角色	典型特点	优　势	弱　势	在团队中的作用
智多星	思维深刻，不拘形式	才华横溢，富有想象力，广泛的知识涉猎	不重细节，不拘形式，易形成误解	1. 提供建议 2. 提出批评
外交家	热情外向，好奇心强，联系广泛，消息灵通	有广泛联系能力，勇于迎接新的挑战	事过境迁，见异思迁	1. 提出建议并引入外部信息 2. 接触持有其他观点的个体 3. 参加磋商性质的活动
监督员	清醒、理智、谨慎	判断力强，分辨力强，讲求实际	缺乏鼓励和激发他人的能力，缺乏想象力与热情	1. 分析问题和情景 2. 澄清模糊问题 3. 对他人的判断作出评价
凝聚者	擅长人际交往、温和敏感	适应周围环境，促进团队合作，倾听能力强	优柔寡断	1. 帮主支持他人 2. 分歧采取行动扭转团队
完美主义者	勤奋有序认真	理想主义，完美主义，持之以恒	拘泥于细节，不够洒脱	1. 强调任务的目标要求和活动日程 2. 寻找方案的错误遗漏与疏忽 3. 促使团队成员有紧迫感

资料来源：根据贝尔宾团队角色理论整理。

二、适时融入团队

克里斯托弗·艾弗里在其书中写道："无论你的权威级别是什么，学会熟练地与别人一起完成更多的工作，都应该是你为提升自身价值所应做的最重要的事情"。它说明我们融入团队是多么的重要，如果在工作时将自己游离于团队之外，将自己当做局外人来对待工作，那么工作迟早会将你抛弃。

【案例3－1】

小张的实习经历

某高职学院酒店管理专业的小张与同学一起于2009年年初开始在北京某五星级酒店实习。与他同时参加实习的还有该学校的十余名学生，他们分别在不同的工作岗位，小张的实习岗位是该酒店的咖啡厅。近半年的实习很快就要结束了，与他同时进入该酒店实习的其他学生都在为能否留在该酒店成为正式员工而忐忑不安，只有小张早早地就得到了所在部门经理的肯定，预先拿到了该酒店的正式录用通知。原来这一切并不是偶然的。在实习期间，小张从来不将自己作为实习生看待。小张积极加入自己的班组（工作团队），工作中不明白的地方主动向同一班组（团队）的其他员工请教；对工作中的困难与问题不推脱、不躲避，积极与班组（团队）成员一起努力解决问题。小张认真细致、积极合作的工作态度与工作能力，部门经理都看在眼里。逐渐，经理开始有意识地把一些需要承担一定责任的工作交给他来完成。小张对待这些任务，总是与他的团队成员认真研究问题，仔细安排工作内容与人员，顺利圆满完成经理交给的任务。由于小张工作努力积极，在实习结束时他得到了该酒店颁发的荣誉奖状，这也是该酒店多年来首次将优秀服务奖状颁发给实习员工。小张在经过半年的正式员工工作后，由于善于融入团队并与团队人员共同协作进而带领团队成员多次成功完成酒店的多项重要接待服务工作，已经从该酒店的咖啡厅员工升职为咖啡厅领班。

请大家总结：案例中的小张为何能在较短的时间内，脱颖而出迅速成长？

三、成为优秀团队成员

（一）把握时机

优秀的团队成员总能够找到最佳时机介入团队事务，他们知道应该在什么时候以自己最适合的团队角色出现，也知道什么时候应该保持沉默。

（二）积极参与

优秀的团队成员应该是积极的参与者。他们会为团队做好各项准备，并在讨论时倾听和发言。他们完全融入团队工作中，而不是作为旁观者站在一边。那些积极参与的团队成员他们会自愿承担任务，总是会以“我能为团队取得成功贡献什么”来不断要求自己。

（三）灵活适应

优秀的团队成员总能够在不同的团队角色之间灵活地转换。团队会经常根据工作变化来处理问题，优秀的团队成员能够因势利导，适应不同的形式。他们乐于体验新鲜事物也不会因为团队设定了一个新的努力方向而感到压力。

（四）自我克制

优秀的团队成员总能够控制自己的团队角色，给团队中的其他成员创造更大的发展空间，从而充分发挥所有成员的潜力。

（五）建立信任

优秀的团队成员是值得信任的可靠的人。他们会完成所分担的那部分工作以及履行的承诺，无论面临多么巨大的困难与阻碍。

（六）建设性沟通

优秀的团队成员能把自己的想法、观点明确直接而且坦诚地表达，即建设性的交流。

（七）合作与帮助

作为优秀的团队成员，即使他们有着不同的观点和兴趣，仍然可以想方设法共同努力合作解决问题，完成工作；他们对于他人的请求总是积极地提供帮助。

（八）维护团队利益

优秀的团队成员关注他们自己的工作以及整个团队的工作。他们希望贡献自己最大的努力，也希望团队其他成员做到这一点。为了维护团队的利益，他们可以牺牲自身的利益。

任务三　团队能力培养实训

一、团队协作能力

（一）团队协作

乐于合作，善于合作是现代社会人文精神的主要基石。酒店服务工作需要各部门以及所有员工的密切合作才能实现优质服务。酒店服务业员工只有具备良好的合作能力，与上下级、同事相互支持、密切配合，相互协作、相互尊重，团结合作，顾全大局、彼此信任，才能获得良好的整体利益。

（二）团队协作能力测试

1. 你如何看待团队成员之间的协作？（　　）

A. 三个臭皮匠顶个诸葛亮

B. 可以提高团队绩效

C. 有时阻碍个人才能发展

2. 你如何看待团队成员的缺点？（　　）

A. 缺点也可以转化

B. 缺点不影响优点的发挥

C. 缺点需要改正

3. 你听到他人被认为能力不强时，你如何认为？（　　）

A. 也许没有发现他的特长

B. 他也许没有展现他的特长

C. 他应该学习提高

4. 在团队中，管理者如何为团队成员分配工作？（　　）

A. 根据其特长

B. 根据其性格

C. 根据其资历

5. 如何评估团队中的每一个成员的价值？（　　）
   A. 都有价值
   B. 能力不同价值不同
   C. 能力就是价值
6. 如果你的团队中，有成员确实影响了团队的绩效，你该如何办？（　　）
   A. 加强沟通
   B. 用替补成员进行替换
   C. 限期改正，否则清除
7. 如何让你的团队成员间保持良好的协作关系？（　　）
   A. 建立适合发挥特长的协作机制
   B. 通过流程加以约束
   C. 通过硬性规定实现
8. 当你成为团队中主要的成员时，你如何看待自己？（　　）
   A. 我离不开团队
   B. 继续发挥自己的作用
   C. 团队离不开我
9. 你如何理解“人多力量大”这句话？（　　）
   A. 只有协作好，才能力量大
   B. 可能不是个人力量的简单相加
   C. 未必如此
10. 7 个和尚分粥，你认为哪种方式能够长期协作下去？（　　）
   A. 轮流分粥，分粥者最后取
   B. 一个和尚分，一个和尚监督
   C. 对分粥者进行教育

★ 测试结果评价：选 A 得 12 分，选 B 得 8 分，选 C 得 4 分。

如果得分在 95 分或以上，说明你的团队协作能力很强；请继续保持；

如果得分在 60 ~95 分，说明你的团队协作能力较好，请努力；

如果得分在 60 分以下，说明你的团队协作能力很差，急需提升。

（资料来源：李慧波：《团队力量》，清华大学出版社 2010 年版）

二、团队信任能力

（一）团队信任

信任是合作的开始，是团队管理的基石。团队信任是酒店企业极为提倡的一项员工优良素质。只有信任我们的服务团队，增加对组织的情感认可，才能更好地为宾客提供优质服务。

（二）团队信任训练

1. 在团队中你如何看待诚信问题？（　　）
   A. 诚信是信任的基础
   B. 诚信影响信任关系
   C. 诚信是个人品德
2. 管理者如何赢得团队成员的信任？（　　）
   A. 做事先做人，言行一致
   B. 按制度办事，一视同仁
   C. 保持行为的一贯性
3. 你如何看待团队成员间的信任对团队的影响？（　　）
   A. 信任会提高工作效率
   B. 信任会增进团结和沟通
   C. 信任会减少误会
4. 当团队某一成员的行为被其他成员怀疑时，你如何看待？（　　）
   A. 通过沟通了解真相
   B. 应继续相信他们
   C. 根据品行来决定是否信任
5. 管理者应如何看待团队成员的作用？（　　）
   A. 激发团队成员的斗志
   B. 让团队成员顺利完成任务
   C. 增进双方的感情
6. 你认为团队成员间如何才能保持充分的信任？（　　）
   A. 建立信息共享机制
   B. 定期沟通、消除疑问
   C. 遇到疑问及时沟通
7. 是什么让你信任团队中的其他成员？（　　）
   A. 团队成员的品德
   B. 团队成员的能力
   C. 团队成员的经验
8. 管理者应该通过何种途径使团队成员之间相互信任？（　　）
   A. 用同一目标增强凝聚力
   B. 团队成员间加强沟通

C. 提高成员能力和道德水平

9. 管理者对自己看到的状况和现象应该怎样认识？（　　）

A. 自己看到的未必是真实的

B. 自己只看到一部分

C. 眼见为实

10. 管理者如何才能避免团队瓦解？（　　）

A. 让团队成员充分信任

B. 定期协调成员利益关系

C. 跟进团队成员需求

★ 测评结果参考：选 A 得 12 分，选 B 得 8 分，选 C 得 4 分。

如果你得分在 95 分或 95 分以上，说明你的团队信任能力很强，请继续保持；

如果你得分在 60 ~ 95 分，说明你的团队信任能力较好，请努力；

如果你得分在 60 分以下，说明你的团队信任能力很差，急需提升。

（资料来源：邓靖松：《团队信任与管理》，清华大学出版社 2012 年版）

三、团队沟通能力

（一）团队沟通

酒店服务从业人员需要处理好个人与宾客、同事、上下级之间的关系，这需要我们具有较强的交流沟通意识。及时化解误会与矛盾；有效地开展工作。

（二）团队沟通测试

1. 你一般如何得知他人的真实想法？（　　）

A. 直接沟通

B. 根据他的行为直接做出判断

C. 我总是能猜得很准

2. 你如何向团队成员下达行动指令？（　　）

A. 双向沟通，确定目标

B. 根据成员能力进行分配

C. 直接规定并要求按期完成

3. 你如何看待沟通在团队中的作用？（　　）

A. 沟通能够达成目标

B. 沟通能够协调行动

C. 沟通能够达成共识

4. 作为管理者，你一般与团队成员进行怎样的沟通？（　　）

A. 以非正式沟通为主
B. 非正式沟通与正式沟通各一半
C. 以正式沟通为主
5. 你如何避免团队沟通中的信息失真？（　　）
A. 对信息进行反馈和确认
B. 通过书面方式进行沟通
C. 清晰表达自己
6. 你如何避免语言表达时产生歧义？（　　）
A. 对表达内容进行确认
B. 换种表达方法
C. 对容易产生歧义的词语进行解释
7. 你如何看待你与他人的沟通对第三人产生的影响？（　　）
A. 有可能使第三人产生误解
B. 有比较微弱的影响
C. 和第三人没有关系
8. 你如何理解团队协作过程中的沟通？（　　）
A. 沟通促进协作
B. 沟通是协作的
C. 沟通未必促进协作
9. 作为管理者，如何对下属进行批评？（　　）
A. 用含蓄的方式提醒
B. 先表扬后批评
C. 直接告知其错误，要求其改正
10. 作为管理者，如何提高团队沟通效率？（　　）
A. 建立沟通机制
B. 时沟通
C. 定期沟通

★ 测评结果参考：选 A 得 12 分，选 B 得 8 分，选 C 得 4 分。
如果你得分在 95 分或 95 分以上，说明你的团队信任能力很强，请继续保持；
如果你得分在 60 ~ 95 分，说明你的团队信任能力较好，请努力；
如果你得分在 60 分以下，说明你的团队信任能力很差，急需提升。

（资料来源：易钟：《做最好的酒店领班》，广东省出版集团图书发行有限公司 2011 年版）

四、团队执行能力

（一）团队执行能力

团队执行能力就是将战略与决策转化为实施结果的能力。中国著名企业家柳传志先生认为，团队执行能力就是“用合适的人，干合适的事”。酒店服务工作中的团队执行能力就是要对负责的工作迅速做出反应，将其贯彻或者执行下去。

（二）团队执行能力测试

1. 团队成员执行不到位时，如何应对？（　　）

   A. 及时纠正和指导

   B. 帮助并一起完成

   C. 代替团队成员完成

2. 你一般如何执行上级的任务？（　　）

   A. 边执行边思考

   B. 遇到问题再说

   C. 埋头苦干，尽量执行

3. 在执行过程中，你如何发挥主观能动性？（　　）

   A. 不断改进和创新

   B. 对部分缓解进行改善

   C. 按照原有经验执行

4. 在执行过程中，你如何区分轻重缓急？（　　）

   A. 先做重要而紧急的

   B. 自己做重要的，紧急地向别人求助

   C. 先做紧急的

5. 当计划完成后，你如何开始行动？（　　）

   A. 边准备边行动

   B. 限定时间做好准备

   C. 只有准备充分才行动

6. 你如何理解绝对服从？（　　）

   A. 可以提高工作效率

   B. 限制了主观能动性的发挥

   C. 可能会得到领导的信任

7. 在执行过程中你如何进行沟通？（　　）

   A. 围绕目标时时进行沟通

   B. 建立定期沟通机制

C. 遇到问题进行沟通

8. 在执行的过程中、你如何进行反馈？（　　）

A. 定期汇报

B. 遇到问题及时沟通

C. 领导询问时给予反馈

9. 在执行的过程中，你如何看待最初的计划？（　　）

A. 根据情况适时修改和改变

B. 发现问题及时沟通

C. 始终按照原计划进行

10. 你如何在执行过程中有效地进行控制？（　　）

A. 建立及时反馈机制

B. 建立监督机制

C. 发现偏差及时调整

★测评结果参考：选 A 得 12 分，选 B 得 8 分，选 C 得 4 分。

如果你得分在 95 分或 95 分以上，说明你的团队信任能力很强，请继续保持；

如果你得分在 60 ~95 分，说明你的团队信任能力较好，请努力；

如果你得分在 60 分以下，说明你的团队信任能力很差，急需提升。

（资料来源：易钟：《做最好的酒店领班》，广东省出版集团发行有限公司 2011 年版）

【要点提示】

1. 团队是由两个人或更多的人组成的，为实现共同的目标，共同协作、相互支持而组成的工作群体。

2. 团队构成的要素也称 5P 要素，包括目标、人员、定位、职权、计划。

3. 团队的特征：目标清晰，相互信任，相关的技能，一致承诺，沟通良好，谈判技能，恰当地领导，内外部的支持。

4. 团队精神的基础是尊重个人的兴趣和成就，核心是协同合作，最高境界是全体成员的向心力、凝聚力。

5. 团队精神的主要功能：目标导向功能，凝聚功能，控制功能。

6. 团队角色理论也称贝尔宾团队角色理论。一个结构合理的团队应该有八种角色，即实干家、协调员、推进者、智多星、外交家、监督员、凝聚者、完美主义者。

7. 成为优秀团队成员途径与方法：把握时机，积极参与，具有灵活性，自我克制，值得信赖，建设性地沟通，合作与帮助，维护团队利益。

8. 团队职业素质能力包括：团队协作能力，团队信任能力，团队沟通能力，团队执行能力。

【思考训练】

1. 酒店职业能力的内涵是什么？
2. 试举例说明沟通协调能力在酒店职业活动中的重要性。
3. 团队构成的要素包括哪些？团队的特征是什么？
4. 如何成为优秀的团队成员？

项目四　酒店职业礼仪

【主要内容】

本项目由“酒店礼仪认知”、“职业形象礼仪”、“服务沟通礼仪”和“仪姿仪态礼仪”四个模块构成。模块一“酒店礼仪认知”，主要内容包括什么是酒店礼仪，为什么酒店服务需要礼仪；模块二“职业形象礼仪”，主要内容包括塑造完美仪容仪表，仪容礼仪巧修饰，服饰礼仪妙搭配；模块三“沟通礼仪”，主要内容包括语言沟通的秘密，礼貌用语——服务沟通的灵魂，见面沟通礼仪——贴近你我，电话礼仪——远程沟通好帮手，肢体语言礼仪——无声胜有声；模块四“仪姿仪态礼仪”，主要内容包括站姿、行姿、坐姿、蹲姿以及目光微笑等礼仪规范与训练。

【学习目标】

1. 掌握酒店职业礼仪的基本内容，认识酒店职业礼仪的重要性。

2. 了解酒店职业仪容仪表美的构成，熟悉服饰着装礼仪，发型妆容的修饰与搭配。

3. 认识礼貌用语的特点、基本内容和分类，掌握服务忌讳用语、电话礼仪、交谈礼仪以及肢体语言礼仪。

4. 通过仪姿仪态礼仪的规范和训练来掌握站、行、走、蹲等服务基本姿势的礼仪，以及目光、微笑等服务动作礼仪。

模块一　酒店礼仪认知

任务一　什么是酒店礼仪

酒店属于服务行业，礼仪礼貌贯穿于酒店接待服务活动的全过程。酒店员工在接待过程中如果能做到待人接物知书达理，着装得体，举止文明，彬彬有礼，谈吐高雅，不光能展示出个人优良的职业素质和服务水平，而且有助于酒店树立良好的企业形象，提高信誉，增强竞争力。反之，如果酒店员工在服务岗位上表现出衣冠不整、举止失度、行为失礼、言语不雅，那么个人和企业形象都会受到极大的损害。

酒店礼仪属于职业礼仪，它是指在酒店工作中形成的，要求酒店服务人员在岗位上应严格遵守的礼节行为规范和仪式程序。酒店礼仪是一般礼仪在酒店活动中的具体运用和体现，其内容主要包括仪容仪表礼仪、仪姿仪态礼仪、服务用语礼仪、职业岗位礼仪等，这些礼仪都有不同的具体规范和操作程序，同时它们也会受到传统的道德习俗和不同国家、民族、宗教文化的影响。

围绕“宾客满意，宾客至上”的服务核心，酒店职业礼仪渗透于服务人员的仪容仪表，及待人接物的言行举止之中，其遵循的目的是为了在服务中表示对宾客的尊重，令其满意，使之有宾至如归的感觉，从而更好地树立个人和酒店的形象，并实现企业和个体的利益。

任务二 为什么酒店工作需要礼仪

一、酒店礼仪直接影响酒店的形象

待人以诚、礼貌服务是酒店提供优质服务最基本的要求。是否讲究礼仪礼貌，既是体现一个国家、一个民族的社会风貌、道德标准的重要标志之一，又是反映酒店员工思想觉悟、文化修养和道德风尚的重要指标之一。酒店的接待服务对象能够通过酒店员工的一言一行、一举一动体验酒店企业所带来的服务，以此树立对企业良好形象的认识。酒店服务人员重视礼仪，尊重宾客，周到服务，既能充分体现酒店优质服务的形象，又使宾客在得到舒适享受体验的同时加深对酒店的好印象。

二、酒店礼仪是酒店服务的重要表现形式

酒店服务是酒店员工的具体劳动创造的，服务质量通过服务人员的服务态度、服务方式、清洁卫生、语言动作、安全工作和劳动纪律等体现出来，这些方面都离不开礼仪礼貌的要求。服务态度是酒店员工内在的心理过程，它以尊重宾客、热爱服务工作为基础，如遇见宾客主动问好；热情接待到店宾客；谦虚礼让，热情友好；尊重宾客的宗教信仰和风俗习惯，这些都是服务态度的基本要求。从宾客进入酒店、办理住宿手续、行李服务、客房服务、餐饮服务到委托代办等各个环节都要从宾客的需求出发，这些是注重礼仪礼貌的具体表现。重视礼仪礼貌，才能真正提供优质服务。

三、酒店礼仪是满足宾客心理需求的客观要求

酒店宾客来到一个陌生的地方，不管他们来自哪个国家或地区，不管他们的地位和消费水平如何，宗教信仰如何，肤色如何，都希望受到尊重，受到礼貌地

接待。就酒店员工来说，所有的宾客都是我们的接待对象。因此，接待服务过程中，我们必须坚守尊重宾客，讲究礼仪的职业素质。这就要求酒店员工要从宾客的活动规律出发研究宾客心理需求，并注意礼仪礼貌在各个服务环节的表现形式，从而做到有针对性地提供优质服务。

四、酒店礼仪是评价酒店等级的重要标准

在酒店等级的评价中，除了酒店的硬件设施以外，酒店从业人员职业素质和服务质量等软实力也成为评价的重要标准。现代酒店业提出了“拥有一流的服务员，提供一流服务”的服务理念，这反映出以礼仪礼貌为基础的优质服务已成为酒店赢得宾客的重要途径。完美的礼仪礼貌服务，意味着较高的酒店管理水平，同时也是酒店品牌形象和口碑的具体体现，并为酒店带来良好的经济效益和社会效益。也正因为如此，在国家制定的酒店星级评定标准中，礼仪礼貌成为软件考核的重要项目之一。

【要点提示】

1. 酒店礼仪是指在酒店服务工作中形成的，要求酒店服务人员在服务岗位上应严格遵守的礼节行为规范和仪式程序。
2. 酒店礼仪内容主要包括仪容仪表礼仪、仪姿仪态礼仪、服务用语礼仪、职业岗位礼仪等，这些礼仪都有不同的具体规范和操作程序。

模块二　职业形象礼仪

任务一　塑造完美仪容仪表

讲究仪表仪容是设计美、创造美的过程，仪表仪容是人际交往中人们都必须遵守的礼仪规范。在长期的实践中，人们对酒店仪表仪容的要求有了一些共识，并渐渐成为一种规范。

一、讲究个人卫生，树立整齐利落的形象

个人卫生可以反映社会的文明程度，体现社会风尚。酒店员工因工作性质所决定，要特别注意个人卫生清洁。员工个人卫生是酒店向宾客提供优质服务的基础和前提，个人卫生也是良好个人仪容所必须具备的基本要求。

在工作岗位上，注意保持身体清洁，服装要保持整洁、合体，服务上岗时必须穿工作服。做到勤洗头、勤洗澡、勤修指甲、勤修面，忌讳身体有异味、皮肤表层或指甲内有污垢。注意保持口腔清洁，防止口腔异味。注意勤换衣袜，尤其要注意保持领口、袖口、上衣前襟等易脏处的清洁；不洁净的袜子容易发出异味，尤其在炎热的夏天，更应当注意。

二、穿着打扮合体、合适、合度

衣着是人们审美的一个重要方面。现代服装除了御寒、遮羞外，还具有一系列功能，如体形展现、性别识别、职业区别、情感表达等。服装是人际交往中的一种无声语言，它能反映一个人的社会生活、文化水平和修养。在社交活动中根据自身特点和特定场合，选择得体的服装，并穿出一定的品位，能使人增添几分魅力。穿着打扮应考虑容貌、身材，只有合体的穿着打扮，才能展现美感，否则只会令人看着别扭。例如，丧事中不可浓妆艳抹，而盛大宴会也不可随便着装。此外，穿着打扮还要注意适度。每个人在社交中都充当特定的社会角色，如果仪表仪容与身份、场合不符，就有损个人形象。衣着打扮合适是一项基本要求，需要根据特定场合、地点、情绪和气候来决定如何装扮。酒店员工工作时必须穿统一的工作服。女员工上班要淡妆打扮，男员工不化妆，但要经常修面、剪鼻毛。

三、强调和谐自然美

仪表仪容美是一种整体的美，也是一种与周围环境相协调的美。真正懂得美的人，会综合考虑自身的相貌、身材、职业、环境等因素，用色彩、线条、款式等协调统一的展现和塑造美的形象。“清水出芙蓉，天然去雕饰”，人们最注重自然美。自然大方的装扮，能使人产生平易近人、亲切友好的感觉；装扮过于华美或修饰过度，不仅会使人觉得刺眼，产生反感，也会破坏人的自然美。

四、注重培养个人修养

仪表仪容美是人的内在美与外在美的统一，同一种穿着打扮在不同的人身上会产生“形似神不似”的感觉。真正的美，应该是个人良好内在素质的自然流露。要想有好的仪表仪容，要想在人际交往中给人以良好的印象，就必须从文明礼貌、文化修养、道德情操、知识才能等各方面来不断提高个人修养。如果只有外表的华美，而没有内在的涵养作为基础，一切都会使人感到矫揉造作，使人感到“金玉其外，败絮其中”。

任务二　仪容礼仪巧修饰

仪容是指个人的容貌，它由发式、面容以及所有未被服饰遮掩、暴露在外的肌肤构成。在个人仪表美中，仪容起到举足轻重的作用。“爱美之心，人皆有之”。酒店服务人员相貌端庄，精神饱满，会使宾客感到服务人员充满活力，从而平添几分好感。

一、头发修饰

头发是仪容修饰的重中之重，一位资深的形象设计专家曾经指出：“在一个人身上，正常情况下最引人注意的地方，往往首先是他对自己头发所进行的修饰。”酒店服务人员头发修饰的要求有以下几个方面：

（一）保持清洁

头发要适时梳理，不可有头皮屑。应养成定期洗头发的习惯，一般每周洗1～2次。应定期修剪头发，一般一个月修剪一次，并使用发油保护头发，使其富有弹性和活力。不可染黑色、棕色以外的颜色。头发是每个人身体的“制高点”，也是被人注视第一眼时，很难“错过”的地方。因此，要维护服务人员的形象，自然要从“头”做起。

（二）发型与体型相配

1. 高瘦型

这种体型的人容易给人细长、单薄、头部小的感觉。比较适宜留长发、直发。头发长至下巴与锁骨之间较理想，且要使头发显得厚实、有分量。

2. 矮小型

个子矮小的人发型应以秀气、精致为主，避免粗犷、蓬松，否则会使人产生头大身小的感觉。也不适宜留长发，因为长发会使头显得大，破坏人体比例的协调。烫发时应将花式、做得小巧、精致；盘头也会给人以身材增高的感觉。

3. 高大型

该体型缺少苗条、纤细的美感。为适当减弱这种高大感，发式上应以大方、简洁为好。一般以直发为好，或者是大波浪卷发。头发不要太蓬松。

4. 矮胖型

矮胖者一般脖子显短，因此头发应避免过于蓬松，不要留披肩长发。尽可能让头发向高处发展，显露脖颈以增加身体高度感。

【案例4－1】

一次采访

有一回，某集团公司的王董事长接受电视台的采访。为了郑重起见，事前王董事长特意向特聘的个人形象顾问咨询有无特别需要注意的事项。顾问专程赶来后，仅向王董事长提了一项建议：换一个较为儒雅而精神的发型，并且一定要剃去鬓角。理由是发型对一个人的上镜效果至关重要。果不其然，改变了发型之后的王董事长在电视上亮相时，形象确实焕然一新。其发型使他显得精明强干，谈吐使他显得深刻稳健。

思考：王董事长的发型改变使其形象得以提升，你可以举出生活中这样的例子吗？

二、手的清洁

手是酒店服务人员的“第二张名片”，无论是握手寒暄、交换名片、递送文件、献茶敬酒，还是垂手而立，置之桌上，它都处于耀眼醒目之处。一双保养良好、干净的手，给人以美感；一双“年久失修”、肮脏不堪的手，甚至会影响他人对自己的总体评价。手的清洁反映一个人的修养和卫生习惯，要随时清洗双手，使之处于干净状态。要经常修剪和洗刷指甲，不得留长指甲。洗手时，应注意以下要领：

1. 放置温水中浸泡1～2分钟，再打上香皂，用手或毛巾轻轻搓洗。指甲里外及指关节处最易存污垢，要仔细清洗。

2. 若手部皮肤较干燥，可选用油质护肤霜护肤。冬天外出要戴手套，防止冻伤。

3. 常剪指甲，剪去指甲旁的皮刺。指甲宜剪得圆钝些，不要有棱角。

三、面部清洁

面部清洁的要领是：每日早晚洗脸，清除附在面颊、颈部的污垢、汗渍等，使人容光焕发，显示活力。男子不留胡子，鼻毛应剪短，；女子不浓妆艳抹，避免使用气味浓烈的化妆品及香水。

四、口腔卫生

保持口腔卫生是与宾客交际的先决条件，要做到每日早晚科学地刷牙，饭后漱口，以便清除牙缝内的饭渣，防止牙石沉积。上班前不可饮酒，忌吃葱、蒜，避免有异味。

五、美容与化妆

(一) 女性皮肤护理 (见表 4 –1)

表 4 –1　女性皮肤护理要点

皮肤的类型	典型特征	护理要求
中性	皮肤结实、有弹性，肤质柔软、有光泽、毛孔较细	选择化妆品的范围比较大，一般的膏霜类化妆品均可使用
干性	毛孔细润，无油腻感，但因缺乏水分和油分，风吹易干燥，天冷干裂、脱皮，且易早生皱纹	每日起床或睡前对肌肤进行彻底清洗，尽量避免磨面和使用含酒精的护肤品，每日用润肤霜调和少许珍珠粉敷于面部
油性	毛孔明显、粗大，肤质厚硬，色素较深，易发黑头、粉刺和暗疮	特别注意保持外部清洁，减少化妆品的使用，可采用内服护理方法以抑制皮脂腺过渡分泌
混合性	“T”字区（额头至鼻子间的部位）油性，其他部位显干性，冬天易皱而夏天更具油腻感	针对“T”字区进行彻底清洗，并避免在这一区域内使用化妆品，根据不同部位的肤质采用内服 + 外敷的护理方法
敏感性	皮肤干燥缺乏油脂和水分，皮肤细嫩，面颊和鼻旁皮肤细而薄，对冷热极为敏感，如选用不合适化妆品，极易现过敏红斑和瘙痒	少用清洁剂，可选择弱酸性洗面奶，洗脸后用无刺激性的冷霜、橄榄油或含高级脂肪醇原料的护肤膏，避免使用含香精及 PABA 和荧光增白剂的防晒剂

(二) 男性皮肤护理

男性皮肤的结构和女性皮肤有所不同，皮肤问题也不一样。男性由于荷尔蒙分泌的差异，皮脂腺分泌较女性旺盛，皮肤一般偏油、毛孔粗大，青春痘等比女性要多。男性皮肤护理有以下重点：

清洁后需要立即拍上爽肤水，以防止肌肤干燥，恢复表皮脂质层，保持水分平衡，舒缓面部压力，使皮肤清爽舒适。涂抹润肤露能形成保护膜，补充男性皮肤深层水分和养分，使皮肤保持光泽有弹性。剃须后一定要涂上须后水和须后乳，调理、镇静紧张的肌肤，使其恢复生机，充满活力。修面是对男性特殊的卫生要求。几天不修面，就会令人看上去疲惫、不整洁。修面之后，把脸擦干，并抹上一些润肤用品。在节奏紧张的现代社会，特别是酒店服务人员往往上班时间较早，不妨在前一天晚上修面。请记住，修面既是为自己的美观，也是对他人的尊重。

(三) 化妆的原则

1. 化妆的目的是突出自己最美的部分。

2. 色彩的选用取决于肤色和服装的色彩。

3. 化妆要因人、因时、因地制宜，切忌千篇一律。

4. 化妆要寻找统一和谐的美。

（四）化妆的简单步骤

女性服务人员上岗前化妆的简单步骤大体上可分为清洁面部、涂抹粉底、描画眼线、施眼影、修整眉形、淡扫腮红、涂抹口红七个步骤。

化妆的步骤：http：//www. mrhzp. cn/look. asp？id =92615。

发型发式与妆容修饰：http：//www. mrhzp. cn/look. asp？id =92615。

任务三　服饰礼仪妙搭配

服饰是一种礼仪文化，也是国家和民族经济发展的一种标志。俗话说："三分人样，七分衣装"。衣着是人们审美的一个重要方面，人们对对方形成的第一印象常常源于衣着打扮。酒店服务人员的工作性质和特点要求服装服饰合乎规范，它是关乎酒店服务人员"德诚于中，礼行于外"的大事。

一、服饰着装原则

（一）着装"TPO"原则

"TPO"是英文 time（时间）、place（地点）、occasion（场合）［或 object（目的）］三个单词的首字母缩写。

1. 时间原则

不同的时段着装规则对女士尤其重要。男士有一套质地上乘的深色西装或中山装足以应对各种时段场合，而女士的着装则要随时间而变换。白天工作时，女士应穿正式套装，以体现专业性；晚上出席鸡尾酒会等宴请活动时就须多加一些修饰，如换一双高跟鞋，戴上有光泽的佩饰，围一条漂亮的丝巾；服装的选择还要适合季节、气候特点，保持与潮流大势同步。

2. 地点原则

在自己家里接待宾客，可以穿着舒适而整洁的休闲服；如果是去公司或单位拜访，穿职业套装会显得郑重；外出访问酒店时要顾及当地的传统和风俗习惯，如去教堂或寺庙等场所，则不能穿过露或过短的服装。

3. 场合原则

衣着要与场合协调。与宾客会谈、参加正式会议等，衣着应庄重考究；听音乐会或看芭蕾舞，则应按惯例着正装；出席正式宴会时，则应穿中国的传统服饰或西式晚礼服；而在朋友家聚会、郊游等场合，着装应轻便舒适。试想一下，若大家都穿便装，你却穿礼服就有欠轻松；同样，如果以便装出席正式宴会，不但是对宴会主人的不尊重，也会令自己颇觉尴尬。

（二）着装配色原则

不同颜色的服装穿在不同人身上会产生不同效果。服装配色包括同类配色和衬托配色，要求服装的色彩是上浅下深或上深下浅。黑、白、灰是配色中的最安全色，最容易与其他色彩搭配并取得良好效果。

1. 理想的服装配色

绿色——黄色　　粉色——浅蓝　　深蓝——红色　　深蓝——灰色

黑色——浅绿　　黄褐——白色　　橄榄绿——红色　　橄榄绿——骆驼灰

2. 肤色与服饰色彩搭配

红黄结合，偏黄肤色：配白色、浅粉色、浅蓝色、白底小花服饰。

红黄结合，偏红肤色：配浅黄、白色、鱼肚白服饰。

浅褐色（黑色）皮肤：配白色、浅黄、浅粉服饰。

白黄色（白色）皮肤：一般颜色服饰都可选。

二、酒店服务人员的着装要求

酒店服务人员的着装要做到合适、合体、合时、合意，与所从事的职业、身份、年龄、性别相称，与周围的环境、场合协调。

（一）制服穿着规范

制服是标志一个人从事何种职业的服装，故又称岗位识别服。酒店服务人员在工作中正确穿着制服，不仅是对宾客的尊重，而且便于宾客辨认。穿制服同时可以提升服务人员的职业自豪感、责任感和可信度，是敬业、乐业在服饰上的具体表现。制服穿着的具体注意事项如下：

1. 大小合身。
2. 注意保持整体的挺括和清洁。
3. 特别注意衣领和袖口，其上不应有脏迹，衬衣袖口应扣上纽扣。
4. 制服上衣外面的口袋原则上不应装东西。
5. 领带或领结要打正。
6. 工号牌要按统一规定佩戴，不得擅自调换，不得挂在腰间，正确方法是戴在左胸前。
7. 鞋袜要与制服配套协调。
8. 穿着文明，不过多暴露身体部位，不外露内衣。

（二）男士西服穿着规范

西服是全世界男士出席正式活动最流行的服装。很久以来，西服作为许多国家男士的正统服装，已经形成了一定的穿着规范。主流的西装文化给人一种有教养、有风度、有稳重感的印象。在酒店服务过程中，酒店前台男性接待人员的制服一般为西服。

1. 西服的穿着规范

一套合体的西服，可以使穿者显得风度翩翩。在穿着西装时，应注意以下几个方面：

（1）衬衫搭配

酒店服务人员的衬衣颜色一般为白色。穿着时，领口与袖口要保持洁净，衬衣领要挺括，衬衣下摆要塞在裤子里，衬衣的领口与袖口要高出西服的领口与袖口各1~2厘米，以显示穿着的层次。

（2）领带搭配

在正式场合穿西服必须打领带，与制服相配合的领带选用单色即可。领带夹一般夹在衬衣第三、第四粒纽扣之间为宜，其主要是起固定作用，不应该突出其装饰功能。

（3）西服衣袋使用

西服上衣两侧的口袋只作装饰用，不可装物品，否则会使西服上衣变形。有些物品（如票夹、名片盒等）可放在上衣内侧口袋里。裤袋也不可装物品，以求臀部合适，裤形美观；手帕可装入裤子后兜内。

（4）西服系扣习惯

西服有单排扣、双排扣之分。双排扣西服一般要求把全部纽扣系上，以示庄重；单排三粒扣，扣中间一粒或上两粒；单排两粒扣，只系第一粒（也称“风度扣”），或全部不系。如在正式场合，则要求把第一粒纽扣系上，坐下时方可解开。酒店服务人员所穿西服一般为单排扣。

（5）鞋袜搭配

正式场合，男子穿西服需配黑色皮鞋、深色袜子，鞋跟不超过3厘米，这样才能显得庄重大方。穿西服时，不能穿轻便鞋、布鞋、凉鞋和雨鞋，不能穿白色袜子和色彩鲜艳的花袜子，不能穿半透明的尼龙或涤纶丝袜，也不能赤足穿鞋。

2. 领带的系法

西装与领带的对话艺术体现在对领带的选择上，领带丰富的图案、色彩、面料以及系法要求领带在选择搭配西装时要有丰富的技巧。

（1）选择领带时注意长度

领带的长度要适中，不能过长或过短。适当的领带是领带的尖端恰好触及皮带扣，不能多也不能少。领带的长度、种类很多，较好的领带往往较长，标准的长度是55英寸或56英寸。合适的领带长度完全根据身高，以及打领带的方法。

(2) 领带的宽度

领带的宽度也很重要，虽然并无一定的规则，但基本上领带的宽度应该与西装翻领的宽度，配合得十分和谐。目前，标准的领带宽是指领带末端最宽的地方为4～4.5英寸。此外，一条领带，应该在较宽的末端背后，拥有一个小垂悬物(领带夹等)，较窄的末端才会平顺地垂落，不至于露出领带的反面。

(3) 领带的质地

领带质地最好是丝质。颜色光亮但不耀眼，使用这种领带几乎不受时间、场合、人员的限制；此外，类似丝质的多元酯或混合质地，较丝质领带硬挺，也有丝质领带的华丽感，且比前者便宜又耐用。

(4) 领带的常见系法

领带的常见系法有温莎结、双环结、浪漫结、四手结、平结、交叉结、双交叉结和半温莎结。

链接网址学习：www.360doc.com/content/06/0121/01/142_61079.shtml。

(三) 女士西装套裙着装规范

西装套裙是女士在正式场合的首选服装之一，它把潇洒、刚健的西装上衣与柔美、雅致的裙子结合在一起，更显女性气质与韵味。酒店服务人员应掌握西装套裙的穿着规范。

1. 大小适度，穿着到位

套裙中的裙子最长可以达到小腿中部。袖长以盖住着装者的手腕为宜。无论上衣或裙子，都不可过于肥大或包身。上衣不能披在或搭在身上，裙子要穿得端正、上下对齐，纽扣扣好，裙子拉链拉好。

2. 搭配适当，配饰协调

搭配的衬衫，面料要轻薄柔软，色彩应雅致端正，以单色为宜。搭配穿着的内衣不得外露、不得外透，衬裙不可高于套裙的裙腰。袜子以肉色长筒连裤袜为宜。女性在穿裙服时，宁肯不穿袜子，也不允许穿一双高度低于裙摆，可能会使自己的腿肚子暴露在外的袜子。此谓“三截腿”，不仅失礼，也无美感。鞋以黑色皮鞋为佳。鞋袜应大小相宜，无破损。

3. 举止优雅、稳重

酒店女性服务人员应注意自己的仪态，站则亭亭玉立，坐则优雅端正，行则轻盈流畅。由于裙摆所限，着裙装走路应以小碎步为宜，步子以轻、稳为佳。

三、饰品佩戴

饰品也称首饰、饰物，指人们在穿着打扮时所使用的装饰物，可在服饰中起到烘托主题和画龙点睛的作用。服装饰物包括两大类：一类以实用性为主，如帽子、眼镜、鞋等；另一类以装饰性为主如项链、戒指、手镯、耳环、手链、脚链、胸针等。

（一）使用规则

1. 数量规则

戴首饰应以少为佳，不戴也可以，总量上不应超过3种。

2. 色彩规则

佩戴首饰应力求同色，以达到锦上添花的效果，色彩杂乱会使人觉得庸俗。

3. 质地规则

佩戴首饰应争取同质地，以达到和谐美。

4. 体型规则

佩戴首饰对自己的体型应能起到扬长避短的作用。

5. 搭配规则

佩戴首饰也应与衣服的质地、色彩、款式等相匹配。

6. 习俗规则

佩戴首饰，要尊重习俗。例如，中国人讲究男左女右，男戴观音，女戴佛。

（二）佩戴有方

酒店服务人员在自己的工作岗位上，并非不能佩戴任何饰物。但佩戴饰物时，必须遵守企业的规定。一般情况下，酒店服务人员在工作中佩戴饰物的规范主要是：符合身份，以少为佳，区分品种，佩戴有方。所谓佩戴有方，是指饰品要符合酒店企业的要求，以不影响工作为前提，色彩不应太鲜艳，质地不能太豪华。社会上流行的饰品有很多，其中某些种类不适合酒店服务人员在工作中佩戴，如鼻环、脐环、脚戒指、宝石手表等。通常，酒店服务人员在工作中可以佩戴的饰品主要有戒指、耳钉和简洁深色的发饰等。

1. 戒指

戒指是男女皆可佩戴的首饰，一般佩戴在左手手指上。戒指也是一种无声的语言，是信号和标志。对男性服务人员来讲，戒指可以说是在其工作岗位上唯一被允许佩戴的饰品；且只能佩戴一枚、式样要简约。已婚者戴在无名指上，未婚者戴在中指或不戴为宜。

2. 耳钉

耳钉多指戴在耳垂上的钉状饰物。与耳环相比，耳钉小巧而含蓄。一般情况下，酒店服务人员可以佩戴。男性服务人员则不能佩戴耳钉。

3. 发饰

发饰多指女性在头发之上所采用的兼具束发、别发功能的各种饰物，常见的有头花、发带、发箍、发卡等。酒店女性服务人员在工作时，选择发饰宜强调其实用性，而不宜偏重其装饰性。

【要点提示】

1. 女性服务人员上岗前化妆的简单步骤大体上可分为清洁面部、涂抹粉底、描画眼线、施眼影、修整眉形、淡扫腮红、涂抹口红七个步骤。

2. 服饰着装原则：时间原则，场合原则，地点原则。

模块三 服务沟通礼仪

【能力培养】

沟通包括语言沟通和非语言沟通，而后者又分为书面沟通和体态语沟通。语言是沟通的主要手段，沟通还可以通过文字、眼神和肢体动作作为交流载体来实现。在酒店服务工作中，服务人员要以客观、包容和开放的态度去与客人沟通，并灵活地运用沟通礼仪去理解宾客，培养宾客的信任感，消除宾客的不安全感，让宾客最大限度地满意于酒店的服务。

任务一 语言沟通的秘密

语言沟通是人际交往中传递信息的重要手段。酒店服务人员接待宾客，自始至终离不开语言。服务语言是一个酒店服务人员的知识、阅历、智慧与教养的真实体现。语言沟通有口头语言和书面语言两种形式，酒店服务人员的口语表达尤其重要，因为它是交流思想情感、增进友谊的重要纽带，是建立良好人际关系的重要途径。语言沟通不仅讲究语言的准确，内容的意境，态度的诚恳，更讲究表达方式的技巧，见表4－2。

表4－2　语言沟通要求

语言准确	对国内宾客要讲普通话，在对外国宾客服务时，要尽可能使用外语；语音要清晰，吐字要标准；语速要适中，每分钟以80～100字为宜；语调要抑扬顿挫，给人带来舒适欢欣之情
话题恰当	选择一个好的话题，会使双方找到共同语言，预示着交流成功了一半。要选择双方共同关注的话题、高雅的话题和对方感兴趣的话题
避免禁忌	不谈论涉及个人隐私的话题，不谈论令人不快的话题，不谈论评品他人的话题，不谈论失敬于人的话题

任务二　礼貌用语——服务沟通的灵魂

礼貌用语是酒店服务人员向宾客表示意愿、交流思想情感和沟通信息的重要交际工具，是一种对宾客表示友好和尊敬的语言。在酒店服务过程中，它具有体现礼貌和提供服务的双重特性，是酒店服务人员完成服务工作的重要手段。俗话说："一句话使人笑，一句话使人跳。"这句话形象地概括了使用礼貌用语的作用和要求。酒店服务人员要善于运用这一交际工具，使之成为自己的职业帮手。

一、礼貌用语的基本特点

从事不同职业的人，都使用着具有职业特点的语言，酒店行业也有着符合行业特点的礼貌用语，其礼貌用语主要有以下几个特点：

（一）礼貌性

酒店接待工作在语言上的一个最大特点就是广泛运用礼貌用语，主要表现在敬语、谦语、雅语的正确运用。

1. 敬语

敬语是表示尊敬、恭敬的习惯用语。敬语最大的特点是：彬彬有礼，热情庄重，使用时语调甜美柔和。敬语一般有"您""您好""请""劳驾""麻烦您""能否代劳""有劳""效劳""拜托""谢谢""请稍后""对不起""再见"等。

2. 谦语

谦语也称谦辞，它是自谦的一种习惯用语，通常在对宾客使用敬语的同时一起使用。对人使用敬语，对己则使用谦语。敬语在常用语中多见，口语化的程度也较高些，而谦语则较多地出现在书面语中。谦语最常见的用法就是在别人面前谦称自己和自己的亲属。如称自己为"愚""鄙人"；向别人谦称自己辈分高或年龄大的亲属时，在称谓前冠以"家"字，如"家母""家兄"等；谦称自己辈分低和年龄小的家属时，则在称谓前冠一个"舍"字，如"舍妹""舍弟"等。

3. 雅语

雅语是指一些比较文雅的词语和俗语，是一种比较含蓄、委婉的表达方式，在人际交往中多用雅语能体现出个人文化素养以及对他人的尊重。在酒店服务工作中，雅语往往用于那些在公共场合或社交活动中需要避讳的情况。例如，用"我去一下"或"我去一趟化妆间"代替"去上厕所"，用"不新鲜"代替"臭了"，用"发福"代替"发胖"。

4. 征询语

征询语是指服务接待人员主动、适度使用的征求宾客意见的语言。征询语可以使宾客感觉到受尊重，因而易于对服务人员产生较好的印象。常用的征询语，如“我能为您服务吗?”“您需要什么?”“我可以进来吗?”“先生，需要我为您做些什么吗?”等。

（二）情感性

所谓情感性，就是要“情真意切”。语言表达时说话者要饱含深情，也就是将自己乐意为宾客服务的意愿化做满腔热情，渗透在每一句话中，让宾客切实感觉到其真情实意，而不是虚情假意地应付。

（三）婉转性

酒店服务中会经常使用婉转性语言来化解难题。如在宾客提出不合理的要求或难以满足其要求时，作为酒店服务人员，不能简单地用“不”来回答宾客，需要变换方式，用婉转的语言来表达，这就是机敏的“无效回答”。

（四）灵活性

礼貌用语应当是生动的、丰富多彩的。如果在接待工作岗位上只是简单、重复地使用同样的问候语，就不可能取得良好的效果。酒店服务人员应当灵活地用不同的词语来招呼宾客，使其产生亲切感和新鲜感。在使用礼貌用语时随时注意宾客的反应，针对不同的对象、不同的性格特点、不同的场合，灵活运用语言。

二、礼貌用语的基本内容（见表4－3）

表4－3　　酒店礼貌服务用语

类型	表达举例	适用场合	注意事项
问候用语	“您好”“各位来宾，早上好!”“大家好!”“晚安”等	适用于接待人员在遇到宾客时，向对方询问安好，致以敬意，或者表达关切之意	1. 接待人员应主动向宾客问候； 2. 如果宾客不只一人时，则可采取“统一问候”，“由尊而卑”和“由近而远”的原则进行问候； 3. 不宜使用非正式的问候用语
迎送用语	“欢迎光临!”“欢迎您的到来!”“再见”“慢走”“走好”“欢迎再来”“一路平安”等	适用于接待人员在自己的工作岗位之上欢迎或送别宾客	1. 欢迎用语往往离不开“欢迎”一词的使用； 2. 在客客再次到来时，应记得对方，以使对方产生被重视之感； 3. 在使用欢迎用语时，还须同时向宾客主动施以点头、微笑、鞠躬等见面礼
请托用语	“请稍候”“拜托”“劳驾”“请您帮我一个忙”等	请求宾客帮忙或是协助工作时使用的专项用语	在服务工作中，接待人员无论是需要理解，还是寻求帮助，都要诚恳地使用请托用语

续表

类型	表达举例	适用场合	注意事项
致谢用语	“谢谢”“谢谢大家!”“非常感谢!”等	在对客服务中，使用致谢用语，意在表达自己的感激之意	下列情况下应及时使用致谢用语： 1. 获得宾客帮助时 2. 得到宾客支持时 3. 赢得宾客理解时 4. 感到宾客善意时 5. 受到宾客赞美时
征询用语	“需要帮助吗?”“您在这儿休息一会儿好吗?”	适用于服务过程之中，服务人员以礼貌的语言主动向宾客进行征询	以下情况应当采用征询用语： 1. 主动提供服务时 2. 了解对方需求时 3. 给予对方选择时 4. 征求对方意见时
应答用语	“好，明白了”“随时为您效劳”“没关系”等	适用于服务过程中，服务人员回应宾客的召唤，或答复其询问	基本的要求是：随听随笑，有问必答，灵活应变，热情周到，尽力相助，不失恭敬
赞赏用语	“太好了”“十分漂亮”“您的观点非常正确”等	适用于和宾客交往之时，称赞或肯定宾客	使用赞赏用语时，应少而精，恰到好处
祝贺用语	“祝您一路平安”“身体健康”“节日愉快”等	服务过程中，服务人员有必要向宾客适时地使用一些祝贺用语	祝贺用语应因人而异，同时要注重其时效性
推托用语	“很抱歉，我无权这么做”等	适用于难以满足宾客某些要求的情况	在回绝对方时，一定要讲究方式方法，以淡化宾客失望情绪
道歉用语	“抱歉”“对不起”“请原谅”“不好意思”“多多包涵”	适用于服务过程中，因种种原因而带给宾客不便，或妨碍、打扰对方时	表示歉意要及时，使用道歉语言规范，切忌做得过分

三、酒店服务忌语

服务忌语，通常是指服务中的忌讳之语，亦即服务人员在服务宾客时不宜使用，并应当努力避免使用的某些词语。酒店服务人员禁止使用服务忌语。服务忌语往往会出口伤人，这种伤害是相互的，在伤害了宾客的同时，也对自身形象和企业形象造成了伤害，见表4-4。

表4-4　酒店服务忌语的主要类别

类别	举例	服务要求
不尊重之语	“老家伙”“当兵的”“傻子”“呆子”“侏儒”“瞎子”“聋子”“瘸子”“肥”“矮”等	在服务过程中，任何对宾客缺乏尊重的语言，尤其是与其身体条件、健康条件方面相关的某些忌讳，服务人员均不得使用。
不友好之语	“没钱来干什么”“一看就是穷光蛋！”“你算什么东西”！“我就是这个态度”等	在任何情况下，都绝对不允许服务人员对服务对象采用不够友善，甚至满怀敌意的语言。
不耐烦之语	“我也不知道。”“那上面不是写着了吗？”“着什么急”！“找别人去！”等	要提高服务质量，就要在接待宾客时表现出应有的热情与足够的耐心。要努力做到：有问必答，百问不厌。
不客气之语	“瞎乱动什么？”“弄坏了你管赔不管赔”？“拿零钱来！”“你问我，我问谁？”等	服务人员在工作之中，客气话是一定要说的，而不客气的话则坚决不能说一句。

四、酒店服务人员的语言规范

（一）宾客至上

酒店接待工作本身就是以满足宾客的需要为前提的，而在宾客的各种需要中，求尊重的需要往往是第一位的。所以，酒店服务人员在语言表达上要力求体现“宾客至上”一切为了宾客着想这一目的的。这一目的大致体现在以下五个方面：一是传递信息，表达感情；二是引起注意，唤起兴趣；三是取得信任，加深了解；四是进行鼓励，增进沟通；五是予以说明，加以劝告。

（二）巧妙赞誉

被赞美是人们满足尊重需求的一个十分重要的方面，但是怎样赞美别人，怎样的赞美才能真正打动对方，从而起到缩短彼此之间心理距离、沟通双方内心情感的作用，还是需要一定的技巧。

1. 出于真诚，发自内心

赞美不能简单地等同于取悦他人的方式，而应当作为一种语言交流的调味剂，在与宾客沟通时适时采用。毫无根据地盲目赞美，不仅达不到预期的效果，还会使对方形成“待人虚伪，没有诚意”的印象。

2. 明确具体，针对性强

空乏、含蓄的赞美，缺少明确的评价原因，常使人无法接受，有时甚至会让对方怀疑赞美者的动机与企图，并由此怀疑赞美者的鉴赏力与判断力，所以赞美对方一定要明确具体。

3. 选准时机，兼顾公平

要取得赞美的效果还必须相机行事、适时而为。在众多宾客在场的情况下，服务人员不光赞扬其中一人，还可以寻找别的理由或别的方面提及他人。

4. 因人而异，突出个性

为了获得宾客满意的效果，在使用礼貌语言时，酒店服务人员必须学会“察言观色”。针对服务中遇到的特定对象，根据宾客不同的性别、年龄、职业、身份、爱好，在不同的场合，灵活地运用不同的礼貌用语加强了解和沟通。

5. 雪中送炭

最有效的赞美不是“锦上添花”，而是“雪中送炭”。最需要赞美的不是那些早已声名显赫的人，而是那些感觉被埋没，内心有自卑感的人。他们一旦被当众真诚地赞美，就好比干渴禾苗受到了甘露的滋润，会使他们精神振作，重新找回自信心。

（三）得体谦虚

酒店服务用语的得体原则，要求酒店服务人员的服务语言，应符合各种礼貌规范的要求，消除一切违反礼貌规范要求的语言表达，做到有声语言与肢体语言贴切、得当。

1. 得体的语言表现

（1）语言表达准确、规范，将“您”“请”“对不起”“谢谢”这些常规礼貌习语运用于语言表达中，使语言表达符合礼貌待客的规范要求。

（2）将称呼语、应答语、欢迎语、欢送语因时、因地、因事灵活运用到日常生活表达中，使服务用语充分体现出文明、亲切、细致、周到的职业特点。

（3）与宾客交流时充分运用语言、语气、语调、语感的变化，使酒店职业规范用语符合声调高低适中、自然柔和，语气亲切、充满诚意，语速不急不缓、生动清晰的得体准则。

（4）得体准则还要求服务人员的肢体语言表达运用得体；服务姿态符合职业规范要求。

2. 谦虚的语言

（1）同宾客交流时应尽量以听为主，辅之以点头、微笑、眼神示意，而不应自以为是地在宾客面前夸夸其谈。

（2）面对宾客的夸奖，不沾沾自喜。如当接受宾客夸奖时，应当说：“谢谢您的鼓励，这是我应该做的”“您过奖了，这是我的职责”等。

（3）与宾客交流时，语言表达应尽量显得宽容而有耐心。如当宾客情绪激动时，要尽量宽慰与安抚宾客，不得顶撞，更不应该和宾客争执。

（4）谦逊并不意味着低声下气，或者放弃原则，一味迁就宾客。而应是不卑不亢，既尊重宾客，又不贬损自己。

（四）征询委婉

酒店服务用语要注意采用征询与委婉的方式。与宾客交流，语气要温和，多采取商量式、询问式、建议式、选择式的方式进行表达，避免转达式、通知式、命令式、指责式表达。让宾客始终拥有主角意识，得到被尊重、被重视的精神享受和满足。

任务三　见面沟通礼仪——贴近你我

在现代社会，见面礼是人与人之间交往的第一步，无论是哪个国家，哪个民族，哪种信仰的人们，见面时都要使用各种各样的礼节，这些礼节既包括语言的，也包括非语言的，通过见面礼节的沟通，双方互相表达友好、欢迎之意，加深彼此间的了解，缩短人与人之间的距离。酒店服务人员运用见面沟通礼仪能够促进与宾客的交流沟通，以便提供优质的服务。

一、称呼礼仪

称呼即称谓，是指人们在交往应酬时用以表示彼此关系的名称用语。在交际场合，称呼很重要，它反映了人与人之间的相互关系，显示出一个人的修养，在某种程度上也反映了社会风尚。

称呼的运用与对待宾客的态度直接相关，是给对方的第一印象。因此，如何称呼宾客至关重要。尊重宾客，首先要从尊重宾客的姓名开始，从有礼貌的、友好的称呼开始。在与宾客交往中，酒店服务人员既要学习掌握称呼的基本规律和通行的做法，又要特别注意各国之间的差别，认真区别对待。

（一）姓名区别（见表4－5）

表4－5　　不同国家和地区的姓名称呼区别

前姓后名	有中国、日本、朝鲜、越南、柬埔寨、匈牙利等国。如李玉芬、桥本龙太郎
前名后姓	常出现在英语国家。如比尔·克林顿，女子婚后随夫姓
有名无姓	缅甸、印度尼西亚等国居多，缅甸人名字前常冠以表示性别、长幼、地位的字眼

（二）称呼方式区别（见表4－6）

表4－6　几种不同的称呼方式

性别称呼	在不知对方姓氏、职务、职业等情况下，可使用泛指称呼，如称男士为“先生”，称女士为“小姐”“夫人”等。
姓氏称呼	如已经知道对方姓氏或姓名，尽可能用姓氏称呼宾客，如“张先生”“丁小姐”等，以显示对宾客的尊重，并使宾客有一种亲切感。
职务称呼	在已经知道对方姓氏或姓名的基础上，又知道职务时，最好使用职务称呼，这样可以使宾客产生一种地位感、成就感和自身价值得到认可的感觉。
职业称呼	在已经知道对方姓氏或姓名的基础上，又了解宾客职业，最好使用职业称呼，如“林医生”“孙老师”“陈律师”等。
头衔称呼	对地位高的人士，如部长以上的高级官员可称其为“总理阁下”“部长阁下”“大使先生”；如果教授可称其为“张教授”。这样可以使宾客尊贵的身份得以体现。
亲昵称呼	对关系密切的宾主之间，可使用亲昵称呼，如“大伯”“叔叔”“阿姨”等。
代词称呼	在对客服务中，有时可以直接称呼宾客“您”以示尊重。

（三）错误的称呼

1. 错误的称呼，如姓氏搞错。

2. 带有歧视、侮辱性的称呼。在正式场合，不要使用低级、庸俗的称呼或用绰号称呼。如哥们儿、姐儿们等。在任何情况下，绝不能使用歧视性、侮辱性的称呼，如“老毛子”“乡巴佬”“黑鬼”等。

3. 误读。如“查”在姓氏里应读“zhā”声，不要读成“chá”声。

4. 过时。如称上司为大人。

5. 不通行的称呼。如称呼男性服务员为伙计。

二、介绍礼仪

介绍，是一切社交活动的开始，是人际交往中与他人沟通、建立联系、增进了解的一种最基本、最常见的形式。在酒店接待活动中，介绍可缩短服务人员与宾客之间的距离，广交朋友，增进彼此的了解，消除不必要的误会和麻烦。

（一）介绍礼仪类型

1. 按照社交场合来分，有正式介绍和非正式介绍礼仪。正式介绍是指在较为正规的场合进行的介绍，而非正式介绍是指在一般非正规场合中进行的介绍，非正式介绍可不必过于拘泥礼节。

2. 按照介绍者在介绍中所处的位置不同来分，有自我介绍、他人介绍和为他人介绍。

3. 按照被介绍者的人数来分，有集体介绍和个别介绍。

4. 按照被介绍者的身份、地位来分，有重点介绍和一般介绍。如对于要人和贵宾，可作重点介绍。

（二）介绍礼仪的方法

1. 自我介绍

（1）应用场景：本人希望结识他人；他人希望结识本人；需要让其他人了解、认识本人。

（2）礼仪要求：自我介绍的礼仪要求见表4－7。

表4－7　自我介绍的礼仪要求

内容要有针对性	自我介绍要根据不同场合、对象和实际需要有目的、有选择性地进行，不能够千人一面。一般性的应酬，介绍要简单明了，通常介绍姓名就可以。工作性的自我介绍，还要介绍工作单位和具体从事的工作。社交性的自我介绍，则还需进一步介绍兴趣、爱好、专长、籍贯、母校经历，及与交往对象的某些熟人的关系等，以便进一步交流和沟通。
内容要实事求是	自我介绍应当实事求是、态度真诚，既不要自吹自擂、夸夸其谈，谎报自己的职务，吹嘘自己的才能，胡诌认识许多社会名流等，也不要自我贬低，过分谦虚。恰如其分地介绍自己，才会给人诚恳、可以信任的印象。
把握介绍时机	自我介绍要寻找适当的机会，如当对方正与人亲切交谈时，不宜走上前去进行自我介绍，以免打断别人的谈话，应在对方有兴趣、有需要时再适时介绍。也可当对方一个人独自或者与人闲谈时，见缝插针，抓住时机进行自我介绍。
讲究介绍艺术	自我介绍可以先声夺人，一下子使对方认识，记住你，并产生好感。如一位导游这样介绍自己：“各位宾客，你们好！欢迎到九寨沟观光游览。大家看我的个子虽然不高，可是我有世界第一高峰的名字，我叫李拉萨……”宾客一下子记住了他，并为她的开朗、幽默所打动。
表情要友善	自我介绍要面带微笑，充满信心和勇气，敢于正视对方的双眼，显得胸有成竹；同时，语气要自然，语速要正常，语音要清晰。这对自我介绍获得成功十分有好处。

（3）自我介绍禁忌：忌急于表现自己，打断别人的谈话，把自己硬插进去；忌夸大表现自己，信口开河，离题万里；忌不敢表现自己，躲躲闪闪，唯唯诺诺；忌不能表现自己，没有给别人留下清晰的概念和印象，别人连名字都没听清楚。

2. 他人介绍

(1) 应用场景：为他人介绍，通常是介绍不相识的人相互认识，或者把某人引见给其他人。

(2) 顺序：把职位低者、晚辈、男士、未婚者、宾客、晚到者分别介绍给职位高者、长辈、女士、已婚者、主人和早到者。

(3) 介绍时不可以单指指人，而应掌心朝上，拇指微微张开，指尖向上。

(4) 避免对某个人特别是女性过分赞扬。

(5) 被介绍者应面向对方，介绍完毕后与对方握手问候，如"您好！很高兴认识您！"

(6) 坐着时，除职位高者、长辈和女士外，应起立，但在会议、宴会进行中不必起立，被介绍人只要微笑点头示意即可。

【案例4-2】

见面后的尴尬

两对夫妇傍晚在大街上相逢。两位男士是大学同班同学，毕业后就再未相见，意外的邂逅使他们激动万分，只顾着聊天叙旧，把两个妻子晾在一边，置于极为尴尬的境地。

思考：他们犯了一个交际中的礼仪性大忌，没有先介绍一下自己的妻子，这是对对方的不礼貌，也是对自己妻子的不礼貌。你在这样的情况下应该如何做呢?

3. 集体介绍

集体介绍是他人介绍的一种特殊形式，是指介绍者在为他人介绍时，被介绍者其中一方或者双方不止一个人，甚至是许多人。集体介绍时，双方人数都较多时，先主后客；先卑后尊；具体介绍到个人时，先尊后卑。

三、名片礼仪

名片在我国西汉时就已广为流行。当时是削竹、木为片，刻上名字，供拜访者通报姓名用。造纸术发明后，出现了纸制名片，又叫"名纸"，现在普遍称为"名片"。名片是当代社会不论是私人交往，还是公务交往中最经济实惠、最通用的介绍媒介，被人称作介绍自我的"介绍信"和社交的"联谊卡"，具有证明身份、广交朋友、联络感情、表达情谊的多重功能。

(一) 使用场合

名片通常在社交、拜访和感谢、祝贺时使用。

（二）使用名片的礼仪

1. 放在合适的地方

名片一般存放于匹配的名片夹内，将之放置在衬衣左侧口袋或西装的内侧口袋，不要将名片放在裤袋里。

2. 养成良好习惯

与他人交换名片前，要检查和确认名片夹内是否有足够的名片。

3. 正确递交名片

正确递交名片的动作要求是：右手的拇指、食指和中指合拢，夹着名片右下部分使对方好拿，以弧状的方式递交与对方胸前。

（三）接受名片的礼仪

1. 双手接过名片。

2. 认真观读并致谢。如能对别人的名片讲两句欣赏赞美之词则效果更好。交际心理学家告诉我们，所有人都愿意听到别人重复自己的名字，被别人重视和欣赏是件十分愉悦的事情。

3. 接受名片拜读后，仔细收好，一般放在名片夹里。随便将他人的名片放在桌子上，待会儿再到处寻找是十分失礼的事情；如果当着对方将名片放在裤子后侧口袋里，更是对人的极大不尊重。

4. 收到名片两三天之内，按名片上的电话联系一下对方，问声好，并提醒对方你是他的名片的持有者，对方会感到受重视，会十分高兴。这将为今后的进一步交往打下良好的基础。

（四）交换名片的礼仪

交换名片的礼仪主要体现在交换的顺序上，一般应遵循“先低后高，先幼后长，先客后主”的原则。即地位低者、晚辈或宾客先递名片给地位高者、长辈或主人，再由地位高者、长辈或主人予以回赠。如果地位高者或长辈先递过名片，此时地位低者或晚辈不必谦让，大大方方地收下即可。如没有名片回赠，可以说：“谢谢，但很抱歉，我没有名片回赠。”切忌跳跃式、交叉式递交名片。

（五）递交名片禁忌

1. 无意识地玩弄对方的名片。
2. 当场在对方名片上写备忘事情。
3. 先于上司向宾客递交名片。

任务四　电话礼仪——远程沟通好帮手

电话是现代通信工具之一，具有操作简便、沟通迅速等功效。它不仅是一种通信手段，也成了一种联系和交际方式。人们在“未见其人先闻其声”中塑造着自己的礼貌、热情、美好的形象，从而折射出所在企业的形象。因此，酒店服务人员在打接电话时都应注意电话礼仪。接打电话，能体现出酒店服务人员的职业素质，要时刻注意维护自己的“电话形象”。

一、接听电话程序

（一）接电话。电话铃响后，在铃声响过一遍之后应尽快接听，不要延误。若铃响三遍后方接起，要对对方说声：“对不起”或“让您久等了”。

（二）问候对方。电话接起后应首先向对方问候，如“早上好”“您好”等。

（三）自报家门。问候对方后，服务人员应该自报家门，如“这里是××酒店！”或“这里是××部门！”

（四）认真倾听对方事由。

（五）认真记录对方交代的事由。

（六）复述对方事由并核对。

（七）问清对方的姓名、地址等相关信息。

（八）致谢，挂机。服务人员要等对方挂机后，自己再轻轻放下电话机。

二、拨打电话程序

（一）备好电话号码。

（二）备好通话内容。在工作岗位上给服务对象打电话，一定要事先准备好通话内容。这样，既不会遗漏要点，又可以节约时间。

（三）拨电话号码。

（四）问候。电话拨通后，服务人员应该主动向对方问候，如“您好”“早上好”等。

（五）自我介绍。当对方回应后，服务人员应主动自我介绍。如“我是××酒店服务员××”。

（六）确认对方姓名。电话接通后，先核对对方单位或电话号码，然后再提出请受话人接听。

（七）分项说明事由。当确认对方是自己要找的通话人，服务人员应该分项说明事由。如果对方不在，可以请人转告，或让对方再打电话过来。

（八）重复重要的内容，并与对方核对重要的内容。

（九）致谢，挂机。服务人员要等对方挂机后，自己再轻轻放下电话机。

三、电话礼仪要求

（一）固定电话拨打礼仪（见图4－1）

1. 选择适当时间给宾客打电话，尽可能不打扰宾客休息。

2. 铃响三声内必须接电话，微笑问好，并自报家门。

3. 接听电话时，遇到宾客问话，应用手势（手掌向下压或点点头）表示“请稍等”。

4. 不要在工作时间打私人电话或电话聊天。

5. 若通话时间较长，应首先征询对方现在是否方便接听。

6. 不能将单位领导的电话和要害部门的电话号码随意告诉对方。

7. 通话过程中，要注意礼貌。电话要轻拿轻放，声音要自然柔和。

8. 重要电话或国际长途，应提前做好准备，把要找的人名、要谈的内容归纳，写在纸上。

图4－1 电话礼仪

（二）移动电话使用礼仪

现代社会，手机的使用越来越普及，手机已成为现代通信工具的重要组成部分。由于手机携带方便、联系快捷，不受时间、地点的限制，因而成为酒店服务人员不可缺少的通信工具。使用手机，除要遵守拨打固定电话的礼仪规范外，还应注意以下礼仪：

1. 在公共场合打手机，说话声音不要太大，以免影响他人或泄露公务和机密。

2. 先拨宾客或客户的固定电话，找不到时再拨手机。

3. 在双向收费的情况下，说话要简洁明了，以节约话费。

4. 在嘈杂环境中，听不清楚对方声音时要说明，并说明自己过一会儿再打过去。

5. 在特定场合（如会场、飞机上、音乐厅、加油站等）要关闭手机。

【案例4-3】

电话风波

新加坡曾提出“电话文化”的口号，起因是，一位美国商人打电话给新加坡一家银行的某经理，经理室没人接，那位商人要求接线员转接他处寻找一下，接线员很不耐烦，并冷言冷语，美商也很不高兴，说话语气也重了，要求接总经理处，电话却“啪”地挂断了，商人再打，接线员赌气就是不接。最后商人拂袖而去，一笔15万元存款进入了另一家银行。

从这个事例中我们可以得到什么启示？

任务五　仪姿仪态礼仪——无声胜有声

肢体语言即体态语，它是以人的表情、手势、姿态、界域、头等来传递信息的一种无声的伴随语言。在交谈过程中，肢体语言对沟通效果起着辅助作用。

一、表情

表情是人的肢体语言最丰富的部分，是人的内心情绪的流露，喜、怒、哀、乐都可以通过表情来体现和反映。表情在人际交往的过程中起重要的作用，尤其是微笑的表情往往能带给人愉快之感，它意味着“我愿意和你交流”“欢迎你的到来”等拉近人与人之间距离的意义。交谈时的表情要自然，给人以温和、大方、亲切的感觉，表情最好要随着交谈内容的变化而变化，表明重视对方或对他人讲话感兴趣，并给予适当的理解、关心、肯定等表示，以唤起对方继续交流的愿望。

二、手势

手势有情绪性、指示性、描述性、礼节性等多种意义，在交谈中，富有表现力的手势可以起到加强表情达意，加深交谈印象，活跃交谈气氛。手势不宜过多、过快，与面部表情和身体其他部位相配合，才能体现出对听者的礼貌。

三、姿态

姿态是一个人的举止，是人的思想情感、文化修养的外在表现。交谈时，要注意将自己的身体正面朝向对方，给人以坦诚、易交流的感受，避免身体不动、扭头说话的习惯，交谈时应避免经常看手表，或将双手搂在脑后，交叉双臂抱在胸前，双腿叉开等意味否定意义的行为；也要避免揉眼、搔头、玩指甲、压指节、打哈欠、伸懒腰、吐烟雾等小动作。

四、界域语

界域语是交谈者之间以空间距离所传递的信息，它是人际交往过程中的一种特殊的无声语言。美国人类学家爱德华·霍尔博士认为，根据人们交往关系的不同程度，可以把个体空间划为 4 种距离，即私人距离（50 厘米之内）、社交距离（50～150 厘米）、礼仪距离（150～300 厘米）和公共距离（300 厘米以上）。酒店服务人员在工作中，宜与宾客保持恰当的社交距离或礼仪距离。

五、首语

首语是通过头部动作来传递信息的一种肢体语言，如点头、摇头、低头、歪头等。世界上大多数国家和地区都以点头来表示肯定，而以摇头来表示否定；头部保持中立时，表明对对方的讲话没有太大兴趣；歪头或头部下意识地从一侧斜向另一侧是一种积极的信号，说明对对方的话有一定的兴趣；低头是一种消极的人体信号，说明对对方的讲话不感兴趣，当出现这种首语时，要立即停止谈话或重新选择另一个话题。

六、酒店员工手势礼仪规范

（一）基本手势

规范的手势应当是手掌自然伸直，掌心向内或向上，手指并拢，拇指自然稍稍分开，手腕伸直，使手与小臂成一直线，肘关节自然弯曲，大小臂的弯曲以 140°为宜。在做手势时，要讲究柔美、流畅，做到欲上先下、欲左先右，避免僵硬死板。同时，要配合眼神、表情和其他姿态，使手势更显和谐、美观，见图 4－2。

图 4-2　酒店员工基本手势礼仪 1

(二) 酒店员工的常用服务手势

1. 引导手势

引导，即为宾客指示行进方向，也就是指路。引导宾客时，首先轻声对宾客说“您请”，然后采取“直臂式”指路。

具体做法是：将左手或右手提至齐胸高度，手指并拢，掌心向上，以肘关节为轴，上臂带动前臂，手臂自上而下从身前抬起，朝欲指示的方向伸出前臂，手和前臂成一直线，整个手臂略弯曲，肘关节基本伸直。在指示方向时，上体微前倾，面带微笑，身体侧向来宾，眼睛看着所指目标方向，并兼顾来宾是否看清或意会到目标，直到来宾表示清楚了，再放下手臂。注意指示方向，不可用一根手指来指示方向，否则是不礼貌的表现。在任何情况下，用拇指指着自己或用食指指点他人是不礼貌的行为，见图 4-3。

图 4-3　酒店员工基本手势礼仪 2

2. “请”的手势

“请”的手势是酒店人员运用得最多的手势之一。“请”根据场景的不同，有着不同的语义：“请进”“这边请”“里边请”“请跟我来”“请坐”等。

（1）横摆式

在表示“请”时常用“横摆式”。其手势的规范要求为：五指伸直并拢，掌心斜向上方，手掌与地面成45°，腕关节伸直，手与前臂成直线，整个手臂略弯曲，弯曲弧度以140°为宜。做动作时，应以肘关节为轴，上臂带动前臂，由体侧自下而上将手臂抬起，到腰部并与身体正面成45°时停止。头部和上身微向伸出手的一侧倾斜，另一手下垂或背在背后，面向宾客，面带微笑，目视来宾，表示出对宾客的尊重、欢迎。至于用哪只手做，这要根据情况来定，哪只手做起来方便即用哪只手。做手势时，必须面对宾客，不得背对宾客。

（2）前摆式

曲臂“前摆式”的“请”手势其做法是：五指伸直并拢，掌心向上，手臂由体侧向体前方自下而上地抬起，当上臂抬至与身体45°夹角时，然后以肘关节为轴，手臂由体侧向体前摆动，摆到手与身体相距20厘米处停住，身体略微前倾，头略往手势所指方向倒，面向宾客，面带微笑，目视来宾，见图4－4。

（3）双臂横摆式

当面对较多的来宾表示“请”时，可采用双臂横摆式；如果是站在来宾的侧面，可将两只手臂向一侧摆动。

无论是哪一种，其基本手势是相同的，仅手臂所抬的高度有所不同而已。表示“请进”手势，其手臂抬起较高；而“请坐”手势，其手臂抬起较低，见图4－4。

图4－4　酒店员工基本手势礼仪3

3. 介绍的手势

（1）介绍他人的手势要求为：掌心向上，手背向下，四指伸直并拢，拇指张开；手腕与前臂成一条直线，以肘关节为轴，整个手臂略弯曲，手掌基本上抬至肩的高度，并指向被介绍的一方，面带微笑，目视被介绍的一方，同时兼顾宾客。

（2）介绍自己的手势要求为：右手五指伸直并拢，用手掌轻按自己的左胸；介绍时应目视对方或大家，表情要亲切坦然。

介绍时，切忌伸出食指来指点别人，或用大拇指指着自己。否则是一种傲慢、教训他人的不礼貌的行为。

4. 握手的手势

握手含有表示友好、欢迎、愿意交往及表示祝贺、感谢、慰问、鼓励、告别等语意。世界上大多数国家和地区都把握手作为一种礼节来运用，人们在见面或告别时常采用握手礼。握手有单手握和双手握之分，见图 4－5。

（1）单手握

要求施礼者应距受礼者约一步的距离，两脚立正，或两脚展开成八字步站立，上体微前倾，目视对方，伸出右手，四指并拢，拇指张开，手掌与地面垂直，肘关节微屈抬至腰部，与对方右手相握，并上下抖动，以示亲热。

（2）双手握

要求同时伸出双手，握住对方右手，其他与单手握相同。

图 4－5　握手礼仪

5. 鼓掌的手势

鼓掌含有欢迎、赞许、祝贺、感谢、鼓励等语意。鼓掌时应用右手手掌拍击左手手掌心，但注意一般不要过分用力、时间过长，不可用指尖轻拍左手掌心，见图 4－6。

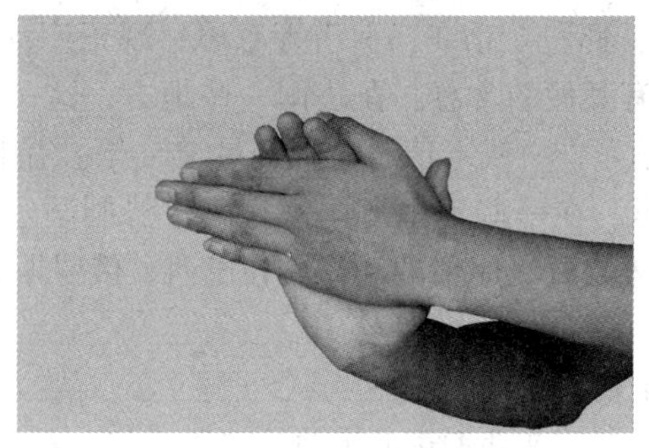

图 4－6　拍手礼仪

七、正确理解手势含义

与人交往，恰当准确地运用富有表现力的手势，有助于形成充满魅力的个人形象。然而，不同的国家、不同的地区、不同的民族因其文化背景和习俗的不同，其手势的运用与含义是不同的。最好事先了解交际对象的风俗习惯与忌讳，以免产生误解而引起不快。

（一）跷大拇指的手势

在我国跷大拇指是个积极的信号，表示赞赏、夸奖；跷小指则表示蔑视、贬低。而在英国、美国等国，跷大拇指则表示“好”和“行了”。在澳大利亚，这一手势，尤其是横向伸出大拇指则认为是一种骂人、侮辱之意；若站在公路上伸出大拇指，则是想搭车。在日本，如果一个女孩子向一个单身男子伸出大拇指，就是在问对方是否有女朋友；若不了解而照样伸出大拇指，这个女孩子就会认为邀请她出去玩。在希腊，跷大拇指意味着“够了”“滚开”，是侮辱人的信号。西方人还用拇指指向朝下表示“坏”或“差”。英美等国还习惯于将两个大拇指不停地有规律地互相绕转来表示自己目前无事可做、闲极无聊之意。

（二）“V”型手势

即将食指和中指伸出，张开形成一个“V”型，其余三个手指弯曲。在中国这一手势表示“二”，若两只手均做出这一手势放在头顶上则表示兔子耳朵。而英美国家表示“胜利”“成功”，但需注意使用时掌心一定要向外。在英国做这一手势时，如果手背朝外，那是表示伤风败俗。

（三）招呼别人的手势

在中国和日本，人们习惯手臂前伸，手心向下，伸屈手指数次，示意“过来”；但在欧美，这一手势是唤狗的表示。欧美国家招呼人过来的手势是掌心向上，手指来回勾动；而在中国和日本，这一动作是招呼幼儿和狗的手势。

（四）“OK”手势

用拇指和食指合成圆圈，另三指自然伸开，掌心向前。这一手势，在美国表示“OK”，含有同意、赞许、允许、承诺等意思，现正广泛地传播到欧亚等地，但在世界某些地区还有其他的含意。在法国一些地方，这一手势则表示为“零”“没有”或“毫无价值”“一钱不值”“微不足道”等。在日本这一手势则表示“钱”“货币”等意思。在一些地中海国家这一手势则暗示一个人是同性恋者。在拉丁美洲，这一手势是低级庸俗的动作。在巴西、俄罗斯、土耳其这一手势则是骂人的意思。

(五) 伸食指的手势

即伸出食指，其余四指弯曲握拳的手势。竖立食指，在我国表示数字“1”或“一次”或是提醒对方注意的意思。在日本、韩国这一手势表示“只有一次”。在新加坡这一手势表示“最重要”。在缅甸这一手势表示“拜托”。在法国这一手势表示“请求，提出问题”的意思。在澳大利亚这一手势表示“请再来一杯啤酒”。

竖起食指放在嘴前，且做发出“嘘”字的口型，或嘴直接发出“嘘”的声音，这在我国是表示“别出声”或“小声点”之意；若竖起食指对人不停地左右摇晃意为“不赞成”“不对”；若伸出食指上下点动是表示“警告”。伸出食指在太阳穴外转一圈，在美国和巴西是指别人是个疯子；在我国既含有表示脑子或精神出了问题或有毛病，又含有表示“动脑”之意；在阿根廷意指有人要在电话里和其通话；在德国开车时使用这一手势，表示骂别人开车技术太差。食指放在下眼睑往外一抽，在意大利、西班牙和拉丁美洲表示提醒别人注意；而在澳大利亚，这一手势却表示蔑视、看不起等含义。

与人交谈中，手势不宜过多，动作不宜过大，更不能手舞足蹈。若过于单调地重复某一手势，或随便乱做手势，会影响别人对谈话内容的理解。如果不是为了传达信息，手应保持静止，给人以稳重之感，见图 4－7。

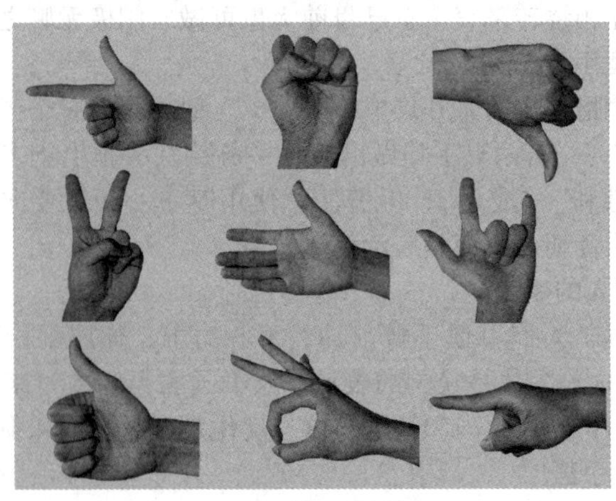

图 4－7　手势集锦

【要点提示】

1. 语言沟通要求：语言准确，话题恰当，避免禁忌。

2. 酒店接待工作中运用礼貌用语，主要表现在敬语、谦语、雅语的正确运用。

3. 基本手势要领：手掌自然伸直，掌心向内或向上，手指并拢，拇指自然稍稍分开，手腕伸直，使手与小臂成一直线，肘关节自然弯曲，大小臂的弯曲以140°为宜。

4. 酒店员工常用服务手势包括引导手势、“请”的手势、介绍手势、握手手势、鼓掌手势等。

模块四 仪姿仪态礼仪

【能力培养】

仪态的表现形式是多种多样的。人的头部、脸、躯干、腕、手指及腿、脚等十几个主要部位，几乎都可以传情达意。人的基本体态可分为站姿、坐姿、走姿和卧姿四大类，通常呈现在公众面前的是站、坐、走三类。优美的站、坐、走的姿势，是发展人的不同质感的动态美的起点与基础，同时也是一个人良好气质与风度的展现。古语所说的“站如松，坐如钟，行如风”，就表明了对体态的严格要求。

任务一 站姿礼仪

一、基本站姿（见图4－8）

（一）站正、双腿并拢立直，两脚跟相靠，脚尖分开成“V”型，开度一般为45°～60°，身体重心落在两脚中间。

（二）胸要微挺，腹部自然地收缩，髋部上提，挺直背脊。

（三）双肩舒展、齐平，双臂自然下垂（在背后交叉或体前交叉也可），虎口向前，手指自然弯曲，中指贴裤缝。

（四）头正，颈直，双眼平视前方，嘴微闭，面带微笑。

长时间站立时，可变换为调节式站立，即身体重心偏移到左脚或右脚上，另一条腿微向前屈，脚部放松。无论哪一种站姿，均应注意：双手不可叉腰，不可抱在胸前，不可插入衣袋；眼睛不要东张西望；身体不要抖动或摇摆，更不应东倒西歪（见图4－9）。

图4－8　基本站姿

图4－9　基本站姿要领

二、酒店员工的服务站姿

（一）垂臂式站姿（同基本站姿）

头正、颈直、双眼目视前方、下颌略收、微笑。双肩放松并打开；挺胸、双臂自然下垂；收腹、立腰、提臀。双腿并拢、两膝间无缝隙。

（二）腹前握指式站姿（见图4－10）

图4－10　腹前握指式站姿

1. 站姿一

在基本站姿的基础上，两手握于腹前，右手在上，握住左手手指部位，两手交叉点在衣扣垂直线上。

2. 站姿二

（1）对女员工而言，在基本站姿的基础上，两脚尖略展开，右脚在前，将右脚跟靠于左脚内侧前端，两手握指交于腹前，身体重心可在两脚上，也可在一只脚上，以通过两脚重心的转移减轻疲劳。

（2）对男员工而言，在基本站姿的基础上，左脚向左横迈一步，两脚之间距离不得超过肩宽，两脚分开平行站立，两手握指于腹前，身体重心在两脚上，身体直立，注意不要挺腹或后仰。

（三）后背握指式站姿

也称为双臂后背式站姿。在基本站姿的基础上，两臂后摆，双手在身后相握，右手握住左手手指部位，左手在上，置于髋骨处，两臂肘关节自然内收，见图 4－11。

图 4－11　后背握指式站姿

（四）单臂后背式站姿

1. 左臂后背式站姿：在基本站姿的基础上，左脚前移，将脚跟靠于右脚内侧中间位置，两脚尖展开 90°，成左丁字步。左手后背，右手自然下垂，身体重心在两脚上。

2. 右臂后背式站姿：在基本站姿的基础上，右脚前移，将脚跟靠于左脚内侧中间位置，两脚尖展开 90°，成右丁字步。右手后背，左手自然下垂，身体重心在两脚上（见图 4－12）。

图 4－12　单臂后背式站姿

（五）单臂前曲式站姿

1. 左臂前曲式站姿：在基本站姿的基础上，右脚前移，将脚跟靠于左脚内侧中间位置，两脚尖展开 90°，成右丁字步。左臂肘关节弯曲，前臂抬至横膈膜处，左手手心向里，手指自然弯曲，右手自然下垂，身体重心在两脚上。

2. 右臂前曲式站姿：在基本站姿的基础上，左脚前移，将脚跟靠于右脚内侧中间位置，两脚尖展开如 90°，成左丁字步。右臂肘关节弯曲，前臂抬至横膈膜处，右手手心向里，手指自然弯曲，左手自然下垂，身体重心在两脚上。

任务二 走姿礼仪

一、基本走姿

走姿是人们行走时的姿态。行走是人们生活中的主要动作。走姿能直接反映出一个人的精神面貌，性格特点等。优美的走姿属于动态美，它要求稳健、轻盈、大方、有节奏感。走姿的基本规范要求是：

（一）头正、颈直、下颌微收，目光平视前方（约4米处），面带笑容。

（二）挺胸收腹，直腰，背脊挺直，提臀，上体稍向前。

（三）双肩平齐下沉，双臂放松伸直，手指自然弯曲。摆动两臂时，以肩关节为轴，上臂呈直线前后摆动，摆幅（手臂与躯干的夹角）不得超过30°；前摆时，肘关节略曲，前臂不要向上甩动。

（四）提髋，曲大腿带动小腿向前迈步，脚尖略微分开，脚跟先触地，身体重心落在前脚掌上。前脚落地和后脚离地时，膝盖须伸直。

（五）步位直。步位即脚落地时的位置。女子行走时，两脚内侧着地的轨迹要在一条直线上。男子行走时，两脚内侧着地的轨迹不在一条直线上，而是在两条直线上。

（六）步幅适度。步幅，即跨步时两脚之间的距离，是前脚跟与后脚尖之间的距离，通常步幅是1~1.5脚长。

（七）步速平稳。行走的速度应当保持均衡，不要忽快忽慢。一般标准步速为女士每分钟118~120步，男子为每分钟108~110步。

行走时切忌弯腰驼背，摇头晃脑，探颈前窜，大摇大摆，步子太大太碎，脚蹭地面，脚尖向内形成“内八字”或脚尖向外形成“外八字”步。

二、变向走姿

（一）后退步

与人告别时，应当先后退两三步，再转身离去。退步时脚轻擦地面，步幅要小，先转身后转头。

（二）引导步

引导步是用于酒店服务员走在前面给宾客带路的步态。引导时要尽可能走在宾客左侧，整个身体半转向宾客，保持两步的距离。遇到上下楼梯、拐弯、进门时，要伸出左手示意，并提示请宾客上楼、进门等。

（三）前行转身步

在前行中要拐弯时，要在距所转方向远侧的一只脚落地后，立即以该脚掌为轴，转过全身，然后迈出另一脚。换言之向左拐，要右脚在前时转身；向右拐，要左脚在前时转身。

三、穿不同种类鞋的走姿

（一）穿平跟鞋的走姿

穿平跟鞋走路比较自然、随便，走起路来显得轻松、大方。穿平底鞋行走时，步幅可稍大些，手臂的摆动也可稍大一些。但行走时由脚跟到脚掌用力的过渡要均匀适度，身体重心的推送过程要平稳，不可脚掌过度用力，使身体上冲升高，造成步态上下颠动的不平稳状态。因此，要脚跟先落地，脚跟不要提起过高，行走力度要均匀，使身体重心平稳地向前脚转移即可。另外，穿平底鞋行走时还需注意抬腿不可过高，否则往前行走时会给人一种往前甩小腿的感觉。穿平跟鞋不受拘束，往往容易过分随意，步幅时大时小，速度时快时慢，容易给宾客以松懈的印象。

（二）穿高跟鞋的走姿

穿上高跟鞋后，脚跟被垫高了，为了保持平衡，身体重心前移至脚掌上。穿高跟鞋行走时一定要注意将踝关节、膝关节、髋关节挺直，要立腰收腹、提臀挺胸，直颈、头微上仰，从脚到头要有一种挺拔的感觉。行走时步幅不宜大，手臂摆幅也不宜大。穿高跟鞋走路，步幅要小，脚跟先落地，不强调脚跟到脚掌的推送过程。但在前脚着地、后脚离地时，膝盖一定要挺直。两脚落地时脚跟要在一条直线上，脚尖略外展，走出来的脚步像一枝柳条上的柳叶一样，这就是所谓的“柳叶十步”。

四、不同着装的走姿

穿着不同的服装，应有与之相协调的举止步态，这样才能显得仪态大方美观。若一个人的举止步态不能与所着服装相协调，即使再美的举止或再美的服装也不能给人以美感。

（一）着西装的走姿

西装以直线条为主，其特点是舒展、挺拔、庄重、大方。因而在仪态举止方面也要以直线为主，着西装时身体要挺直，后背要平正，两腿直立，走路的步幅可略大些。行走时，女子髋部不要左右摆动。

（二）着旗袍的走姿

旗袍以曲线为主，其特点是柔美、妩媚、典雅。中国的旗袍能反映出东方女性柔美的风韵，富有曲线韵律美。一些大宾馆的服务员，尤其是餐厅、前厅和领位小姐等，身着旗袍在仪态和举止上要充分体现出柔和、含蓄、妩媚、典雅的风格。穿着旗袍要求身体挺拔、胸微含，下颚微收，注意不要塌腰撅臀。行走时，髋部可随脚步或身体重心的转移，稍左右摆动，而步幅不宜过大。

（三）着一步裙的走姿

一步裙无论长短，因其裙摆小，行走时最大限度只能跨出一步。着一步裙时，应注意保持平稳，两手臂的前后摆幅、步幅也要小一点。

（四）着大摆裙的走姿

穿着大摆裙使人显得修长，飘逸潇洒。着大摆裙走动时可一手提裙，步幅可稍大些，手臂的摆幅也可随之大一些。

（五）着短裙的走姿

穿着短裙，要表现出轻盈、敏捷、活泼、洒脱的特点，行走时步幅不宜大，步速可稍快些。

任务三 坐姿礼仪

一、基本坐姿仪态

（一）入座和起座

坐姿应给人以端庄、文雅、稳重之感。坐姿不仅包括坐的静态姿势，同时还应包括坐的动态姿势。“入座”和“起座”是坐姿坐态不可分割的两个部分。“入座”作为坐的“序幕”，“起座”作为坐的“尾声”。入座时，从座位左边入座，背向座位，双腿并拢，右脚后退半步，使腿肚贴在座位边，轻稳和缓地坐下，然后将右脚与左脚并齐，身体挺直。如果是女士入座，若穿的是裙装，应整理裙边，用手沿大腿侧后部轻轻地把裙子向前拢一下，并顺势坐下，不要等坐下后再来整理衣裙。起座时，右脚向后收半步，用力蹬地，起身站立，右脚再收回与左脚靠拢。入座与起座时应舒缓、自然大方，动作不可过猛。

（二）基本坐姿

坐时应头正、颈直、双目平视前方或注视对方，嘴微闭、面带微笑；身体自然坐直，挺胸收腹，腰背挺直；双腿并拢，小腿与地面垂直，双膝和双脚跟并拢；双肩放松下沉，双臂自然弯曲内收，双手呈握指式，右手在上，手指自然弯曲，放在腹前双腿上或座位扶手上。端坐时间过长，会使人感觉疲劳，这时可变换为侧坐。无论哪一种坐法，都应娴雅自如，切忌坐时弯腰驼背，含胸挺腹，前俯后仰，摇腿跷脚或双膝分开、跷二郎腿，见图 4－13。

图 4－13　基本坐姿

二、常见坐姿

（一）双腿垂直式坐姿

同基本坐姿，有时根据情况，上体可稍稍前倾。这种坐姿是正式场合最基本的坐姿，它给人以诚恳、认真的印象。

（二）开膝合手式坐姿

在基本坐姿的基础上，双脚向外平移，两脚间距离不得超过肩宽，两小腿垂直于地面，两膝分开，两手合握于腹前。此坐姿仅适于男士。

（三）前伸式坐姿

在基本坐姿的基础上，女士左脚向前伸出，全脚着地，小腿与地面的夹角不得小于45°，右脚跟上，右脚内侧脚弓部靠于左脚跟处，全脚着地，脚尖不可上翘。男士双脚前伸并拢，小腿与地面的夹角不得小于45°。

（四）双腿斜放式坐姿

1. 左斜放式坐姿

在基本坐姿的基础上，左脚向左平移一步，左脚掌内侧着地，右脚左移，右脚内侧中部靠于左脚脚跟处，右脚脚掌着地，脚跟提起，双腿靠拢斜放。两膝在整个过程中，始终相靠。

2. 右斜放式坐姿

在基本坐姿的基础上，右脚向右平移一步，右脚掌内侧着地，左脚右移，左脚内侧中部靠于右脚脚跟处，左脚脚掌着地，脚跟提起，双腿靠拢斜放。两膝在整个过程中，始终相靠。

无论左斜放式，还是右斜放式，大腿与小腿都要成直角，小腿不要往回曲，要充分显示小腿的长度，两脚、两腿、两膝一定要靠拢，不得分开，避免露出缝隙。未着地的双脚掌内外侧切不可上跷，否则会有失雅观。双腿斜放式坐姿仅适于女士。采用双腿斜放式坐姿时，若左右两边有人，不得将腿伸向他人，而应将膝部朝向他人。

（五）双脚交叉式坐姿

1. 前伸交叉式坐姿

在基本坐姿的基础上，左小腿向前伸出45°，右小腿跟上，右脚在上与左脚相交，两脚交叉于踝关节处，膝部可略微分开。

2. 后收交叉式坐姿

在基本坐姿的基础上，双脚后收于椅下，两脚掌着地，脚跟提起，两腿靠拢。后收交叉式适于座椅凳下为空者，沙发类椅子则不宜采用此坐姿。

3. 左斜放交叉式坐姿

在基本坐姿的基础上，左脚向左平移，左脚掌及脚跟内侧着地，右脚在上与左脚相交，右脚掌外侧着地，脚跟提起，两脚交叉于踝关节处，双小腿成斜放、两腿靠拢。此坐姿适于女士。

4. 右斜放交叉式坐姿

在基本坐姿的基础上，右脚向右平移，右脚掌及脚跟内侧着地，左脚在上与右脚相交，左脚掌外侧着地，脚跟提起，两脚交叉于踝关节处外，双小腿成斜放，两腿靠拢。此坐姿适于女士。

双腿交叉式坐姿也适宜于坐椅低矮时采用。但需注意，无论是前伸交叉式，或者右斜放交叉式，都不得将双脚伸得太出去。

（六）双腿交叠式坐姿

在基本坐姿的基础上，左小腿起支撑作用，右腿交叠于左腿上，小腿内脚尖向下，交叠的两小腿紧靠呈一直线，见图4－14。

（七）双脚点地式坐姿

1. 后点地式坐姿

在基本坐姿的基础上，两脚后收，脚掌着地，脚跟相靠，双腿并拢。此坐姿适于凳椅下有空间者。

2. 左侧点地式坐姿

在基本坐姿的基础上，两脚向左侧伸出，左脚跟靠于右脚内侧中部，左脚掌内侧着地，右脚脚跟提起，脚掌着地，双腿两膝并拢。此坐姿适于女士。

图 4-14　双腿交叠式坐姿

3. *右侧点地式坐姿*

在基本坐姿的基础上，两脚向右侧伸出，右脚跟靠于左脚内侧中部，右脚掌内侧着地，左脚脚跟提起，脚掌着地，双腿两膝并拢。此坐姿适于女士。

双脚点地式坐姿适于较低的凳椅。

（八）开并式坐姿

在基本坐姿的基础上，两脚外移分开，两脚间分开的距离不得超出肩宽，两脚尖略向外，两膝并拢，两腿呈下开上并之态，此坐姿适于坐在低矮的凳椅或不起眼的地方。

（九）屈伸式坐姿

在基本坐姿的基础上，右脚后收，脚掌着地，右脚呈后曲状。左脚前伸，全脚着地，左腿呈前伸状，膝部靠拢，两脚在一条直线上。

坐姿中两腿两脚的摆放很重要，两臂两手的摆放也不可忽视。两臂两手的摆放有两种姿势：除两臂自然弯曲内收、两手握指放于腹前双腿之上外，还可根据坐姿的变化两手呈握指式放于一腿上。若椅子有扶手，女士可将两手重叠或呈握指式放于扶手上；也可将一手臂放在扶手上，掌心朝下，另一手臂横放于双腿上，不要把双手放在扶手上。男士则可双手掌心向下放在扶手上。若前有桌子，也可将两臂弯曲，双手相握放在桌子上。无论哪种坐姿，都要求上体挺直，双肩放松。不可弯腰驼背、耸肩含胸，身体不可东倒西歪、前俯后仰，或倒、靠、趴在椅背、扶手、桌面上，或半躺半坐。双臂不可交叉抱于胸前，手不可把握脚颈、抱小腿、抱膝盖、置于臀下、摊放在桌子上、扳弄手指、摆弄其他东西、抠鼻子、掏耳朵等。

采用坐姿时应根据情况坐满凳椅的1/3或2/3。如与德高望重的长辈、上级等谈话时，为表示尊重、敬意可坐满凳面的1/3；如坐宽大的椅子或沙发，不可满座，坐满2/3即可，否则会使小腿靠着椅子边或沙发边而有失雅观；若坐得太少太靠边则会使人感到在暗示随时都会离开。与人谈话时要目视对方，若对方不是对面相坐，而是有一定的角度或坐于一侧，那么上体和腿应同时转向一侧，面对对方。

任务四 蹲姿礼仪

酒店员工有时会有捡掉在地上的东西，或取放在低处的物品的动作。如果不注意蹲姿，可能会显得非常不礼貌，也不雅观，而采取优美的下蹲姿势则雅观得体。下蹲时应掌握好身体重心，避免在宾客面前滑倒的尴尬局面出现。

一、高低式蹲姿

下蹲时左脚在前，全脚着地，右脚稍后，脚掌着地，后跟提起；右膝低于左膝，臀部向下，身体基本上由右腿支撑；女子下蹲时两腿要靠紧，男子两腿间可有适当的距离。

二、交叉式蹲姿

下蹲前右脚置于左脚的左前侧，使右腿从前面与左腿交叉。下蹲时，右小腿垂直于地面，右脚全脚着地。蹲下后左脚脚跟抬起，脚掌着地，两腿前后靠紧，合力支撑身体；臀部向下，上身稍前倾。女子较适用这种蹲姿，见图4－15。

图4－15 交叉式蹲姿

任务五 目光与微笑礼仪

一、目光

眼睛是心灵的窗口，能表达复杂、微妙、细腻、深邃的感情。它能如实地反映人的内心思想感情，如实地反映人的思维活动。人们通过眼睛这扇窗户，既可以丰富自己的情感，又可以捕捉、追踪、洞察对方的内心世界。眼神纯正有神，是正直坦荡的反映；眼神柔和亲切，显得平易可亲；眼神坚毅果敢，显得自强自信，具有威慑力；眼神正直敏锐，会给人可信赖之感。反之，眼神浮动游移，就显得心神不宁或轻薄浅陋；眼神呆滞无光，就显得愚笨无能；眼神狡黠多变，则显得虚伪奸诈。

一个良好的交际形象，目光应是坦然、和善、热情、乐观的。与人交往的时候，冷漠、狡黠、傲慢、贪婪的目光，都是不健康的，也是不会被他人所接受的，只能使别人在内心产生抵触情绪；左顾右盼、挤眉弄眼、用白眼或斜眼看人，也都是不礼貌的。

（一）注视位置

1. 公务注视：是用于洽谈、磋商、谈判等场合的注视行为。目光注视位置在以对方双眼为底线、额头为顶点的三角形区域内。若一直注视这个区域，便给人以严肃、认真的感觉，使对方感到有事相商。

2. 社交凝视：是用于各种社交场合的一种注视行为。目光的注视位置以对方双眼为底线、唇部为顶角的倒三角形区域内。这种注视令人感到舒服、有礼貌，一种和缓的社交气氛就营造出来了。

3. 亲密注视：用于亲人之间、恋人之间的注视行为，目光注视的位置在对方双眼到胸部之间的区域内。

（二）注视方向

1. 俯视：即目光向下注视对方。俯视一般表示爱护、宽容之意。

2. 平视：即目光与对方的目光约在同一高度平行接触。平视一般体现平等、公正、自信、坦率之意。

3. 仰视：即目光向上注视对方。仰视一般体现尊敬、崇拜、期待之意。

4. 斜视：即视线斜行。斜视一般表示怀疑、疑问之意。

5. 侧扫视：即目光向一侧扫视。扫视一般表示兴趣、喜欢，或轻视、敌意态度之意。表示兴趣、喜欢时伴有微笑和眉毛上扬；表示轻视、敌意时伴有皱眉和嘴角下撇。

（三）注视时间

据心理学家实验表明，人们目光相互接触的时间，通常占交往时间的30%～60%；如果超过60%，则表示对对方的兴趣可能大于谈话；若低于30%，则表示对对方或对谈话的话题不感兴趣；如果完全不看对方，只是倾听，则表示听者或是自卑、紧张或是心中有鬼、不愿让对方看到自己的心理活动，或者是对谈话者漠视。

在交往过程中，除双方关系十分亲近外，目光接触在一秒左右为宜。注视时间过长，会引起生理上和精神上的紧张。这是一种对他人占有空间的侵犯行为，是一种失礼行为。大多数人倾向于避开这种接触，把目光转移开，以示谦和退让，而有些人则倾向于以眼还眼。注视时间过短，甚至不看对方，使人感到漠视，也是一种失礼行为。另外，与人见面时，不要上下反复打量别人。在人际交往中，还应注意眨眼的频率，一般眨眼的正常次数是每分钟5～8次。如果一秒钟眨眼几次，且神情活泼，往往被视为对某物有特殊的兴趣；若频繁地眨眼看人，目光闪烁不定，会给人心神不定、心不在焉的感觉。

（四）不同目光的运用

对初次见面的宾客，应微微点头，行注目礼，表示出尊敬和礼貌。在集体场合开始发言讲话时，要用目光扫视全场，表示“请予注意”。在与宾客交谈时，应当不断地通过各种目光与对方交流，调整交谈的气氛。交谈中，应始终保持目光的接触，随着话题、内容的变换，做出及时恰当的反应，用目光流露出或喜或惊、或微笑或沉思等会意的情思，使整个交谈融洽、和谐、生动、有趣。

二、微笑

除了眼神，笑的表情也是很重要的。笑有很多种，有大笑、微笑、暗笑、干笑、憨笑、傻笑、嬉笑……其中，微笑是最有吸引力的，既微妙而又永恒。不管它的内涵多么丰富，诸如友好、甜蜜、愉悦、欢快、乐意、欣赏、拒绝、否定、尴尬、无可奈何等，它给予人们的信息却往往都是愉快的。在交际中，微笑几乎成了调合剂，成了制胜的法宝，见图4－16。

（一）微笑在酒店服务中的作用

1. 微笑反映酒店员工的职业道德

微笑是人们内心喜悦情感的自然外露，它是自信的表现，是礼貌的表示，是真诚、热情、友好、尊敬、赞美、谅解的象征。微笑服务实际上是酒店员工较高的礼貌修养的表现。

图 4-16 微笑礼仪

2. 微笑是良好服务态度的重要外在表现形式

微笑是服务态度中最基本的标准，它能使人时刻保持良好的工作情绪，以提供周到细致的服务。

3. 微笑会使宾客感到宽慰

微笑能迅速地缩小彼此间的心理距离，创造出和谐、融洽、互尊、互爱的良好氛围。微笑，在酒店服务中是一种特殊的“情绪语言”。它可以在一定程度上代替语言上的更多解释，有时往往起到无声胜有声的作用。

（二）微笑训练

1. 对着镜子训练

对着镜子微笑，找出自己最满意的笑容，不断地坚持训练，并以此笑容去为宾客服务。

2. 情绪记忆法

将生活中自己最好的情绪储存在记忆中，当工作需要微笑时，即调动起最好的情绪，这时脸上就会露出笑容。

3. 借助一些字词进行口型训练

微笑的口型为闭唇或微启唇，两唇角微向上翘。除对着镜子找出最佳口型进行训练外，还可借助一些字词发音时的口型来进行训练。如普通话中的“茄子、姐姐、钱”等，当默念这些字词时所形成的口型正好是微笑的最佳口型，见图 4-17。

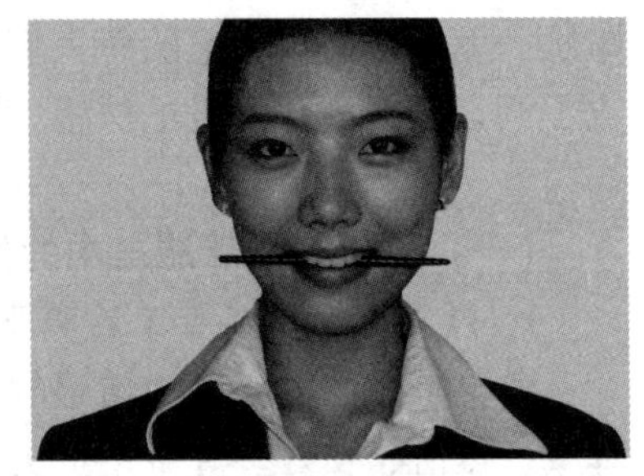

图 4-17 微笑礼仪练习

【要点提示】

1. 基本站姿要领：头正、颈直、双眼目视前方、下颌略收、微笑；双肩放松并打开；挺胸、双臂自然下垂；收腹、立腰、提臀。双腿并拢、两膝间无缝隙。

2. 基本走姿要领：标准站姿，双肩平齐下沉，双臂放松伸直，手指自然弯曲。摆动两臂时，以肩关节为轴，上臂呈直线前后摆动，摆幅不得超过30°；提髋，曲大腿带动小腿向前迈步，身体重心落在前脚掌上；膝盖须伸直；女子行走时，两脚内侧着地的轨迹要在一条直线上。男子行走时，两脚内侧着地的轨迹不在一条直线上，而是在两条直线上。

3. 基本坐姿要领：头正、颈直、双目平视前方或注视对方，嘴微闭、面带微笑；身体自然坐直，挺胸收腹，腰背挺直；双腿并拢，小腿与地面垂直，双膝和双脚跟并拢；双肩放松下沉，双臂自然弯曲内收，双手呈握指式，右手在上，手指自然弯曲，放在腹前双腿上。

【思考训练】

1. 酒店服务人员如何保持整洁的仪容？
2. 如何正确使用礼貌服务用语？
3. 酒店服务礼仪中的肢体语言礼仪包括哪些内容？
4. 酒店服务人员待客过程中有哪些手势？
5. 正确的接听与拨打电话的礼仪规范是什么？
6. 当与客人握手时，酒店服务人员要注意哪些要点？
7. 酒店服务人员微笑训练方法有哪些？

项目五　酒店服务礼仪实训

【主要内容】

本项目由“酒店前厅礼仪实训”、“酒店客房服务礼仪实训”、“酒店餐饮服务礼仪实训”、“酒店商务中心服务礼仪实训”以及“酒店康乐服务礼仪实训”五个模块构成。模块一“酒店前厅礼仪实训”的主要内容包括迎送宾客礼仪，接受宾客问询的原则和礼仪，“金钥匙”的对客服务礼仪，大堂副理对客服务礼仪，接受和处理宾客投诉礼仪，传递物品礼仪，鲜花和馈赠礼品礼仪；模块二“酒店客房服务礼仪实训”的主要内容包括进门礼仪、清扫礼仪、遇客应答礼仪和客房服务中心礼仪；模块三“酒店餐饮服务礼仪实训”的主要内容包括引位服务礼仪、点菜服务礼仪、走菜和上菜服务礼仪、点酒和斟酒服务礼仪、结账服务礼仪、送客服务礼仪和送餐服务礼仪；模块四“酒店商务中心服务礼仪实训礼仪”的主要内容包括接待礼仪、接受电话问询礼仪和商务文书服务礼仪；模块五“酒店康乐服务礼仪实训”的内容主要包括娱乐项目服务礼仪、酒吧服务礼仪、健身服务礼仪以及美容美发服务礼仪。

【学习目标】

1. 熟悉并掌握酒店前厅部门各岗位的服务礼仪，如迎送宾客礼仪、接受宾客问询的原则和礼仪，“金钥匙”的对客服务礼仪，大堂副理对客服务礼仪，接受和处理宾客投诉礼仪，传递物品礼仪，鲜花和馈赠礼品礼仪。

2. 熟悉并掌握酒店客房部各岗位的服务礼仪，包括进门礼仪、清扫礼仪、遇客应答礼仪和客房服务中心礼仪。

3. 熟悉并掌握酒店餐饮部门各岗位的服务礼仪，包括引位服务礼仪、点菜服务礼仪、走菜和上菜服务礼仪、点酒和斟酒服务礼仪、结账服务礼仪、送客服务礼仪和送餐服务礼仪。

4. 熟悉并掌握酒店商务中心各岗位的服务礼仪，如接待礼仪、接受电话问询礼仪和商务文书服务礼仪。

5. 熟悉和掌握酒店康乐部门各岗位的服务礼仪，包括娱乐项目服务礼仪、酒吧服务礼仪、健身服务礼仪以及美容美发服务礼仪。

模块一　酒店前厅礼仪实训

【能力培养】

任务一　前台接待礼仪

一、酒店前台接待基本服务礼仪

（一）前台接待基本行为礼仪

1. 工作时面带微笑，表现出和蔼可亲的态度，能令宾客觉得容易接近。

2. 打哈欠要掩着口部，不要作出搔痒、挖鼻、掏耳等不雅动作。

3. 工作时不得咀嚼香口胶，吸烟及吃东西。

4. 走路时，应脚步轻快无声。

5. 在处理柜台文件工作时，要随时留意周围环境，以免宾客站在柜台等候自己还蒙然不知。

6. 不得表现懒散情绪，站姿要端正，不得摇摆身体，不得倚傍墙、倚柜而立或蹲在地上。

（二）前台接待基本言谈礼仪

1. 宾客来到柜台前，马上放下正在处理的文件，礼貌的问安。

2. 留心倾听宾客的问题，不随意中断宾客的叙述；清楚解答宾客问题，如遇到问题不懂时，应该请宾客稍作等待查询后及时予以回答。

3. 用词适当，清楚表达内容；声调要温和，不可过大或过小。

4. 若宾客之问询在自己职权或能力范围以外，应主动替宾客作出有关之联系，不得随便以“不知道”回答甚至置之不理。

5. 尽量牢记宾客的姓氏，在见面时能称呼宾客“×先生/小姐/女士，你好!”。

6. 不得互相攀谈私事，不得争论，不粗言秽语。

二、酒店前厅服务礼仪情境实训

实训一　当散客来到前台问询和办理入住手续时，前台接待员应运用哪些服务礼仪来服务?

1. 应起身站立、行欠身礼。面带微笑，热情、主动问候，使用礼貌用语：“您好，请问有什么可以帮您吗?”，耐心倾听宾客的来意，并根据宾客的需求积极予以帮助。

2. 对宾客的咨询，应细心倾听后再做解答。解答问题要耐心，不能准确解答的应表示歉意"对不起，请稍等，我帮您问一下"，问完要向宾客反馈。

实训二 酒店前台接到宾客电话问询时，前台接待员应如何运用电话礼仪应对?

1. 电话响铃在三声内接听，使用规范应答语："您好，××酒店"。

2. 待来电者报上转接号码后礼貌说："请稍候"，并立即转接。

3. 如转接电话占线或无人接听时，以"您好，先生/小姐，您要的电话占线或无人接听，请稍后打来"回复宾客。

4. 如对方要求转接其他人，立即转接。

5. 如接转电话不顺畅，以"对不起，让您久等了，我再帮您转接"告知宾客。

6. 对宾客的姓名、电话、时间、地点、事由等重要事项认真记录并及时转达有关部门和责任人。

7. 在接听投诉电话时，要注意使用礼貌用语，积极帮助客户解决困难和问题，态度和蔼。

8. 如果对方打错电话或不清楚应该找谁时，应礼貌解释，并热情地为对方转接相关人员。

实训三 前台接待员在接受宾客预订的过程中需运用哪些服务礼仪?

1. 明确宾客的性质。明确宾客的性质，有利于酒店进行预先登记工作。对于预订宾客，酒店可以事先为宾客分房、定价、准备好登记表。

2. 文明礼貌的态度。在接受宾客预定时要礼貌、热情、周到。

3. 预订员报价事宜。第一要说明合理税率；第二要解释一些额外服务或宜人环境应增补的费用；第三要核实验证酒店是否有最低限度的下榻时间规定；第四要核实验证酒店是否有任何特殊的销售广告活动以至于影响宾客的下榻时间；第五要解释合理的外汇兑换汇率比价。

4. 接受或拒绝预订。如果接受预订，预订员随后就要确认预定。如果拒绝预订，要用友好、遗憾和理解的态度对待宾客。讲述无法安排的原因，争取宾客的理解。宾客表示理解后，可根据不同的情况建议宾客作些更改，如房间的种类、日期、房数等。

5. 确认预订。接受预订后须加以确认。通过确认，一方面使酒店进一步明确宾客的预订要求；另一方面也使酒店与宾客之间达成协议。

6. 修改预订。预订被接受或确认后，宾客在抵达酒店前还可能对预订内容作许多更改，如到达或离开酒店时间、房间数、人数、住房人姓名及预订种类的变更，以至于完全取消预订的情况都有可能发生。每当需要更改时，就要填写更改表，并将有关预订登记作相应的改动，使之保持正确。

7. 取消预订。处理取消预订必须十分谨慎，因为如果把账错算在已经取消预订的宾客身上，酒店就会处于被动的地位，同时也会使宾客感到不满。

8. 预订出现的错误。包括不正确的到达或离店日期，或将宾客的姓名拼错或者是姓名颠倒等，遇到这种情况应立即道歉。

9. 接听电话订房。预订部接到的多数电话都是先问及有关酒店的服务项目、房价等，订房员工要耐心回答，抓住机会向宾客推销。当宾客表示愿意接受时，就可以进一步询问宾客的要求，填写订单。

实训四　前台接待员在为宾客办理入住登记的服务过程中要运用到哪些服务礼仪？

1. 登记入住。宾客一抵店就迅速为其办理住房登记手续，使宾客满意。

2. 缩短时间。前台要与客房部多联系多协调，保证快速敏捷地为宾客分配。一般来说，迅速为宾客办理下榻登记，分配房间，所用时间限制在 2 分钟以内。

3. 精通业务。熟练掌握电脑等电子设备。除了本职工作以外，也必须对于一些宾客的特殊要求作出反应，提供协助和服务。

4. 查对客房条件。前台必须确定并查对宾客所下榻的客房条件是否符合宾客所需。

实训五　当宾客由于各种原因换房时，前台接待员应运用哪些服务礼仪办理？

1. 为宾客办理换房手续时，接待员要热情接待、态度和蔼、善解人意、道歉有度、技能熟练、服务及时。

2. 不论何种原因，宾客提出换房要求时，接待员都要认真听取宾客意见，真诚表示理解宾客的感受，迅速为宾客换房，然后告知宾客换房的时间。

3. 换房宾客行李过多，需要行李服务的，接待员要及时通知行李员协助宾客搬运行李。

4. 因为酒店的原因导致宾客无奈换房的，接待员要真诚地向宾客道歉。

5. 接待员应在换房二十分钟之内，适时回访宾客，询问宾客对更换的客房是否满意。

实训六　前台接待员怎样运用服务礼仪为宾客办理结账手续？

1. 了解结账方式。前台员工在宾客登记入住时必须正确了解宾客选择的结账方式。如果宾客选择现金结账，那么酒店通常要求宾客在入住时一次付齐，酒店一般不给付现金的宾客赊账权。宾客要求转账结算，要确认事先已经批准的转账地址及转账安排。

2. 精心、小心、耐心。前台员工一定要牢记，在与宾客谈到他的支票时，涉及的是金钱问题，一定要精心、小心、耐心。

3. 严谨、准确、快捷。凡涉及宾客费用账目的建立，有关现金、支票、信用卡、直接转账以及团队付款凭证等都要认真检查核实，核实宾客在费用记账传票上的签字与他本人的信用卡上的签字是否一致。结账尽可能要迅速快捷、方便宾客，同时又要保障酒店的利益。

4. 出现错误要弄清楚。假若在宾客的房价、账单或是其他方面出现差错，要在宾客离店前审核清楚；如果在账单方面出现极大分歧，领班或主管要进行调查核实或者向宾客解释酒店方面的情况。

5. 保持账务完整。前台员工要检查宾客是否有结账前最后一刻还未入账的临时费用，如餐厅、长途电话等临时费用，以保持账务完整。

6. 了解信用卡支付的最大限额。前台人员特别是结账收款员应该知晓酒店允许一些信用卡每天支付酒店的最大限额。

实训七 前台接待应运用什么服务礼仪向宾客推销客房及其他消费项目？

1. 推销酒店服务项目。熟悉客房设施、本地区的旅游景点等，向宾客推销。

2. 努力争取客源。努力争取宾客再次来酒店下榻。假若是联号酒店，向宾客推荐和介绍，办理宾客到下一旅游目的地的隶属酒店，既方便宾客又控制客源流向。

3. 推销客房。推销客房时，要建立在可以实现的基础上，在实际推销中要特别注意向宾客提供的客房等级要符合宾客的实际情况，并不一定要先向宾客推销高价房间。

任务二　迎送宾客礼仪

一、酒店服务人员迎送宾客礼仪

（一）迎送宾客规格

1. 确定迎送规格

主要依据来访者的身份和访问目的，同时要注意国际惯例，这里要明确的是，不同身份、不同国籍、不同单位的不同宾客有不同的迎送规格，最高级的迎送规格就是迎接外国国家元首、政府首脑。

2. 主要迎送人通常都要同来宾的身份相当

迎送人员要与来宾的身份相当。若由于各种原因，当事人不便出面，不能完全对等时可灵活变通，由职位相当的人士或由副职出面。当事人不能出面时，应从礼貌出发，向对方作出解释。

（二）酒店服务人员迎送宾客基本礼仪

1. 迎客基本礼仪

（1）迎送身份高的宾客，事先在机场、车站、码头安排贵宾休息室。派人到机场等候宾客，代替办理相关手续和提取行李。负责接待的员工要训练有素，给宾客留下美好、愉悦的第一印象。

（2）指派专人协助办理相关手续及机票、车、船票和行李提取或托运手续等事宜。重要代表团，人数众多，行李也多，应将主要宾客的行李先取出，最好请对方派人配合，及时送往目的地方便宾客使用。

（3）接待过程中必须严格履行酒店接待工作制度和其他有关规定，自觉维护酒店声誉。

（4）宾客入住后应掌握入住情况，制作有关客房入住情况的各类报表，为酒店的经营管理工作提供准确的资料，并把宾客的有关资料传递给相关各部门。

2. 送客基本礼仪

（1）送别宾客时的顺序应为宾客在前，主人在后。

（2）及时做好宾客离店前的结账工作，避免在宾客离开后、要求宾客补“漏账”。

（3）行李员或服务员应将宾客的行李或稍重的物品送到门口或车上。

（4）向宾客道别，祝福旅途愉快，目送宾客离去，以表示尊重。

二、酒店服务员迎送宾客服务礼仪情境实训

实训一　在前厅服务人员对宾客进行接站服务的过程中应运用哪些接站服务礼仪？

1. 掌握抵达时间。迎送人员必须准确掌握宾客乘坐的飞机、火车、船舶抵达的时间。

2. 酒店应制作接机、接站标志牌。标志牌应制作规范，符合酒店的形象设计。

3. 接站人员应提前到达指定地点迎候宾客，平稳举拿标志牌，站姿端正，微笑目视出站口。

4. 见到宾客应主动问候，正确称呼宾客的姓名或职务，得体地进行自我介绍。

5. 应尊重宾客的意愿提供行李服务。为宾客提拿行李时，应轻拿轻放、保证完好。

6. 为宾客引路时，应根据宾客的性别、职位、路况和环境等因素选择合适的站位和走位。

7. 接站、送站车辆应按照交通法规的规定合理停放，停靠位置应方便宾客上下车。

8. 接送人员安排座位应符合座次礼仪并照顾宾客的意愿。开关车门动作应

轻缓。

9. 接待人员应了解来宾对宗教、颜色等的喜好与禁忌。

实训二 若有主人与酒店前厅服务人员一同前去接送，应采用哪些礼仪？

1. 宾客抵达后，从车站或机场到住地以及访问结束时由住地到机场，安排主人陪同乘车。此时，应该请宾客坐在主人的右侧。有司机的时候，后排右位为第一。主人自己开车时，司机旁边为第一位置。如果有翻译时，译员坐在司机旁边。车内的坐席中、一般面向车前方，最右边为上席。但在陪同人员充当驾驶员时，司机旁边的助手席为上席，这样安排是对陪同人的尊敬，不把陪同看做司机。

2. 上车时，最好宾客从右侧车门上车，主人从左侧门上车，避免从宾客座前穿过。

实训三 酒店前厅门童在迎接宾客车辆到店时应使用什么服务礼仪？

1. 载客车辆到店，负责外车道的门卫迎送员就迅速走向车辆，微笑着为宾客打开车门，向宾客表示欢迎。

2. 凡来酒店的车辆停在正门时，必须趋前开启车门，迎接宾客下车。一般先开启右车门，用右手挡住车门的上方，提醒宾客不要碰头。对老弱病残及女宾客应予以帮助。

3. 遇到车上装有行李，应立即招呼门口的行李员为宾客搬运行李，协助行李员装卸行李，并注意有无遗漏的行李物品。

4. 门卫要牢记常来本店宾客的车辆号码和颜色，以便提供快捷、周到的服务。

5. 逢雨天，宾客到店时，要为宾客打伞。

实训四 普通散客到店后，行李员应如何运用迎宾礼仪为宾客提供行李服务？

1. 行李员在前厅适当位置向进店的宾客点头微笑表示欢迎。遇到宾客有行李时，应主动上前帮助宾客提运。

2. 行李员以正确的姿势站立于宾客身后1.5米处，行李必须放在自己与宾客之间伸手可得的位置，随时听从宾客吩咐并注意接待人员的暗示。行李车使用时应放在行李柜台靠墙处。

3. 待宾客办完手续后，应主动上前向宾客或总台服务员领取客房钥匙，提上行李引领宾客到房间。在此过程中，行李员在宾客右前方1米处，遇有转弯应回头向宾客示意。

4. 引领宾客至电梯，先将一只手按住电梯门，请宾客先进电梯，进电梯后应靠近电梯按钮站立，以便操作电梯；出电梯时行李员携带行李先出，出电梯后继续在前方引领宾客到房间。

5. 进入房间前，按照进入客房礼仪按门铃或敲门。

6. 开门后、插好房卡，请宾客先进入房间。

7. 将行李放在行李架上或按宾客要求将行李放好。

8. 根据宾客情况向宾客介绍房间设施和各种设施设备的用法。

9. 房间介绍完毕后，若宾客无其他要求，即向宾客道别，将房门轻轻关上。

10. 回行李处填写散客进店登记单。

实训五　酒店前厅行李员送别散客工作中应运用哪些礼仪进行行李服务？

1. 问询宾客行李物品件数并认真清点。

2. 行李物品放置好后，向宾客做好交代。

3. 待宾客准备启程时，应致“祝您旅途愉快”等欢送辞与宾客道别。

4. 待车辆启动，应向宾客挥手告别，面带微笑目送宾客离去。

实训六　酒店前厅行李员送别团队宾客的工作中应运用哪些礼仪进行行李服务？

1. 行李处接到通知单后，确认该团队宾客的房号，收运时间，准备好行李车。

2. 收取行李时必须以团队为单位，最好不要同时为两个团队收取行李，以免出错。

3. 收取行李时查看行李标签，进一步验证团队名称及宾客姓名，核实行李数量，按房号填写在记录单上。

4. 填写离店团队宾客行李登记表单。

5. 请押运行李的人员复核行李件数并签字。

6. 如团队行李一时无法运走，应用网罩盖好，妥善保管。

任务三　接受宾客问询礼仪

一、接受宾客问询的礼仪原则和基本礼仪

（一）问讯处接受宾客问询的礼仪原则

1. 尽量满足宾客需求。由于问询处在酒店的中心位置及其对宾客服务的重要作用，问询处必须是酒店主要的信息源，必须为宾客提供关于酒店的设施及服务项目的准确信息。

2. 注意形象。问询处的酒店员工是酒店整体形象的代表，应格外注意。

3. 掌握住客资料。问询处需要掌握住客的资料，以便提供有效服务。

（二）问询人员掌握的信息范围

1. 主要客源国的风土人情。

2. 酒店的服务设施设备、服务项目，酒店组织结构，部门职责及负责人及酒店的有关政策。

3. 酒店与周围主要城市的距离、抵达方法。

4. 国际、国内航班、动车高铁的车次及抵离时间。

5. 本市、本省及全国主要风景点的名称、电话号码；本市各主要银行地址、电话号码；交通状况、政府机关、外事旅游领导部门的地址、电话；本市的餐饮特色、购物中心、宗教场所、天气预报等。

二、酒店前厅服务员接受宾客问询情境实训

实训一 当前厅接待人员接受住店宾客问询时，应该运用什么问询礼仪应对？

1. 宾客来到问讯处时，应主动热情地问候，一视同仁，依次接待问询。

2. 接待宾客问讯时，应双目平视或仰视宾客脸部眼鼻三角区，耐心倾听，以示尊重和诚意。

3. 答复宾客问讯时，应做到百问不厌，有问必答，用词恰当，简洁明了。

4. 如多人同时问询时，应先问先答，急问快答，避免怠慢。

实训二 当前厅接待人员接受非住店宾客问询住店宾客情况时，应运用怎样的礼仪应对？

1. 服务人员应该有礼貌地了解来访者的姓名以及是否和住店宾客有约在先。

2. 如与住客有约，在经宾客同意后，服务人员才能将房号告知来访者。

3. 如宾客不在房间，又没有留言，可向来访者建议给被访的住店宾客留言。

4. 如宾客不在房间，但有留言，服务人员要严格核对来访者的有效证件，确认无误后方可将宾客委托的有关情况提供给来访者。

实训三 当总机话务员接受宾客电话问询时，应运用哪些电话应答礼仪？

1. 话务员接到宾客电话问询时，应该做到应答自然、语气亲切、语速适中、语言简练、表述准确的礼仪标准。

2. 话务员在接听电话时，应该说普通话或英语，不掺杂地方口音。

3. 语调优美，富有表达力。给人以亲切热情的感受。发音清晰，悦耳动听，音量高低适宜，没有喘气声。声音传递给宾客一种友善、和谐以及愉悦的感受。

4. 话务员讲话时，嘴不可以太靠近话筒，以免产生啸叫声刺激宾客的耳膜或使声音失真。

5. 回答宾客问询时，应紧紧围绕宾客的问题和需求。宾客听不清楚或不能

理解时，要耐心讲解，重复回答，

6. 话务员接受宾客问询时，不能使用“不知道”等否定语，应积极、婉转地回答问题。

7. 不要随便打断宾客的讲话，要思想集中，全神贯注地聆听。

8. 如果宾客语速过快或含糊不清时，可委婉地请宾客重复，不可主观臆想随意回答。

9. 如宾客心情不好，言辞过激时，话务员要保持平静的心态和交谈礼仪。

10. 确认宾客已完成通话时，宾客挂断电话后，话务员才能轻轻地挂断电话。

实训四 为宾客提供代客留言、电话查询服务时，应运用哪些服务礼仪提供服务？

1. 代客留言时，包括对方的姓名、地址、来电时间、联络方式等都要写清楚，宾客回店时应立即转告。

2. 电话查询时，应尽量帮助宾客了解查询的问题。

3. 对于有急事的宾客或讲话喋喋不休的宾客，要有耐心。

4. 对无理取闹者，要头脑清晰、冷静，妥善处理。

实训五 当有住客需要总机接线员为其提供电话转接服务时，接线员应如何运用服务礼仪为宾客转接电话？

1. 转接电话时，要掌握国籍、国内和店内的相关电话号码，准确迅速地为宾客接线，尽量节省宾客的时间。

2. 接线员要求声音轻柔，语言清晰、自然，语速适中，讲话自然流利，态度温和、友善。

3. 接线员在帮宾客转接电话时应该说：

（1）“您好！（早上好/晚上好），××酒店。”

（2）“您好，这里是总机，我可以为您做什么？”

（3）“好的，请稍等。”

（4）“请问找哪一位？”

（5）“对不起，电话目前占线，请您过一会儿再打来好吗？”

（6）“对不起，电话目前占线，请问您需要留言吗？”

（7）“对不起，电话目前占线，请您不要挂断，稍等一下好吗？”

（8）“对不起，电话没有人接听，请您过一会儿再打来好吗？”

（9）“对不起，电话没有人接听，请问您需要留言吗？”

4. 不可对宾客说：“不知道。”或“什么？”“不在。”等语言。应该说：“请您稍等，我立刻为您查找。”或“对不起，他不在房间。”等回答宾客。

任务四　“金钥匙”（礼宾员）对客服务礼仪

一、“金钥匙”基本对客服务礼仪

（一）“金钥匙”服务礼仪标准

1. 服务体现“可靠度”——严格按承诺提供规范服务。

（1）及时；

（2）改正错误迅速；

（3）始终如一。

2. 服务体现“可信度”——对知识、礼仪把握适度，在沟通中显示出信任与自信。

（1）完整回答宾客问题；

（2）宾客进门时感到舒适；

（3）服务表现职业性。

3. 服务体现“灵敏度”——乐于帮助宾客，并能竭尽全力，提供快捷服务。

（1）保证服务速度、质量；

（2）时时提供快捷服务；

（3）竭力满足宾客的特殊需求，从不说“不”。

4. 服务体现“充实度”——无微不至，有针对地对应宾客个性。

（1）时时微笑；

（2）主动、细心体察，预料到宾客个人需求、愿望；

（3）让每位宾客都感到受到特别礼遇；

（4）为每一过失细节负责，表示歉意、同情，并保证“事不过二”；

（5）以顾客获得最大利益为己任。

（二）“金钥匙”对客服务的日常基本礼仪

1. “金钥匙”柜台每天的服务时间不少于16小时，时间一般在7：00～23：00，其间要保证至少有一名“金钥匙”当值。

2. “金钥匙”要询问宾客的姓名并在交谈过程中一直使用尊称。

3. “金钥匙”要在宾客到柜台后30秒内招呼宾客。

4. “金钥匙”对酒店附近的公共服务场所和设施要熟悉，了解其营业时间、收费标准、联系电话、地址等。

5. “金钥匙”要按宾客的要求详细填写委托书，复述宾客的委托要求并请宾客签字确认。

6. “金钥匙”要提醒宾客代办服务所需要的大致时间。

7. “金钥匙”要在约定的时间前完成代办事项，如果未能按时完成，要及时向宾客解释原因。

8. “金钥匙”完成代办事项后要请宾客在完工报告上签字确认。

二、“金钥匙”对客服务礼仪情境实训

实训一　当“金钥匙”与宾客交谈时应如何运用交谈礼仪？

1. 解答宾客问题时必须站立，姿势要标准。

2. 讲话时语气要婉转，禁止说否定语。

3. 应答宾客问询时，要全神贯注地聆听，说话时要面带笑容，亲切热情。

4. 满足宾客的一切合理需求，对过分或无礼的要求要婉言拒绝。

实训二　“金钥匙”在酒店接待场所内遇到宾客时应运用怎样的礼仪应对？

1. “金钥匙”在一切酒店接待场所与宾客相遇时，要主动问候和行礼，需要为宾客指路时要动作规范，用语要妥当。

2. 当遇到宾客时，应主动行鞠躬礼，一般要行45°的鞠躬礼。

3. 如果第二次或多次与同一位宾客相遇，可点头微笑致意，但切忌不能重复同一句问候语。

4. “金钥匙”在行走时，应靠右行走。

5. 与宾客通向行走时，一般情况下是不可以超过走在前面的宾客的。若有急事必须超过时，可急行几步，经过宾客时一定要向宾客表示歉意。

实训三　当“金钥匙”与重要宾客握手时应使用什么礼仪？

1. 行握手礼时，与宾客距离一步远，上身稍向前倾，两足正立，伸出右手，四指并齐，拇指张开朝上，轻微一握，礼毕松开。

2. 握手时讲究先后秩序，应该由主人、长着、身份高者、女士先伸手；同宾客握手时，必须宾客主动伸手后，服务人员才能伸手与之相握。

3. 与女士握手，不要满手相触，轻握手指部位即可。

4. 和初次见面的女士通常不握手，而行鞠躬礼。

5. 行握手礼时，要双目注视对方的眼、鼻、口，微笑致意说些问候及祝贺语，握手时切忌看着第三者。

6. 在迎送宾客时，不要因宾客多，熟人多就图省事，做交叉式握手。

7. 如手上有疾病，有污渍或刚从洗手间出来，可向宾客说明，请其原谅，不行握手礼。

实训四　“金钥匙”遇客鞠躬时应怎样运用鞠躬礼仪？

1. 行15°鞠躬礼时，服务人员直立站立，双手交叉在身体前，头颈背成直

线，前倾15°，目光约落在体前1.5米处，再慢慢抬起，注视宾客，并微笑。

2. 行30°鞠躬礼时，服务人员直立站立，双手交叉在身体前，头颈背成直线，前倾30°，目光约落在体前1米处，再慢慢抬起，注视宾客，并微笑。

3. 行礼的最佳时刻是距离宾客2~3米处，微笑，与宾客目光相对。

4. 鞠躬时要面带微笑，不可看着对方行礼，应目光向下，同时问候宾客，而后将身体恢复到原来的姿态时，保持微笑，目光再移向对方。

实训五 在"金钥匙"接受宾客的委托代办事务时应运用怎样的礼仪应对和处理?

1. "金钥匙"在接受宾客委托代办服务时，要及时受理、认真记录、申明原则、重复内容、善解人意、乐于助人、巧于婉拒、真诚致谢、及时反馈和服务主动。

2. 认真记录宾客委托的每一件事情，不遗漏任何细节，必要时要向宾客重复一遍。

3. 受理代办后要迅速处理，争取在最短时间内完成宾客委托的事宜。

4. 及时将事件的进展情况告知宾客。如宾客不在房间，可通过留言告知宾客，让宾客感知到被重视，知道一切都在顺利进行中，让宾客放心。

5. 在办理过程中要诚实守信，答应宾客的事一定要办到。

6. 对宾客的提问要做到"有问必答，再问不厌"，用词得当，简洁明了。回答宾客问询时，不能回答"大概、可能"之类的没有把握或含糊不清的话；对不清楚的事不能不懂装懂，也不能简单地说："我不知道。"应该为宾客提供"无No"服务，让宾客失望是不礼貌的。

7. 在接受宾客对代办事务的查询电话时，要件件有结果，事事有回音。如不能马上回答，要对宾客讲明等候时间。

任务五　大堂副理对客服务礼仪

大堂副理是直属前厅部的主要负责人之一，大堂副理的职位在理论上讲是"宾客在酒店唯一可以直接面对面沟通的管理层的代表"。大堂副理起着管理和督导的作用，工作不仅仅是为了处理宾客投诉，更重要的是参与真正的管理运作，协助管理督察、协调整个酒店的正常运作。

一、酒店大堂副理对客服务基本礼仪

(一) 递送名片。双手递接，认真拜读，准确称谓，及时致谢，礼貌存放。

(二) 拜访宾客。实现预约、准时拜见、尊重宾客、有礼有节、把握时间、

简单明了。

（三）接受宾客投诉。态度诚恳、立场客观、认真倾听、随时记录、及时跟踪、做好回访。

（四）诚实介绍、真诚微笑、礼貌待客、语言亲切、把握尺度、关注宾客的感受和兴趣。

二、酒店大堂副理对客服务礼仪情境实训

实训一　当大堂副理到重要宾客房间拜访时需要运用哪些礼仪？

1. 当大堂副理因各种原因需要拜访宾客时，必须事先预约好见面的具体时间，其次要准时赴约。在拜访宾客期间要遵循尊重宾客、有礼有节、把握时间、简单明了的拜访礼仪。

2. 到客房拜访宾客时，要按照进入客房礼仪进入客房。

3. 宾客开门后，要按照介绍礼仪主动地向宾客介绍自己的职位和姓名。

4. 如果与宾客较熟悉，可按照握手礼仪与宾客握手致意，并表示欢迎来到本酒店。

5. 在与宾客谈话过程中要态度亲切、谦和、尊重宾客、有礼有节。

6. 拜访结束，按进出客房礼仪退出客房，并致告别语。

实训二　大堂副理处理宾客投诉时应运用哪些对客礼仪？

1. 对待宾客的投诉，需要态度友善、热情、立场客观，谈话声音平和，情绪稳定。

2. 要给宾客充分的时间说明原委及要求。倾听时，不随便打断宾客说话，要边听边点头表示附和。

3. 在倾听和谈话的过程中，要保持与宾客的目光交流，要流露出对宾客的理解和同情。

4. 认真记录，这会让宾客感受到大堂副理对投诉的高度重视，有利于缓解宾客的不满情绪，拉近宾客与大堂副理之间的距离。

5. 重复一遍投诉内容，以得到宾客的确认。对宾客愿意把问题告诉自己而表示感谢，并告诉宾客酒店会尽快解决相关问题。

6. 把酒店将要采取的弥补或改正措施告知宾客，以征得宾客的同意。不要向宾客做任何不切实际的承诺；把解决问题的所需时间告诉宾客。

7. 投诉处理完毕，要主动定期回访，征求宾客对投诉处理结果的反馈，确认投诉得到圆满的解决。

实训三　大堂副理在带领重要宾客参观酒店内部设施时应运用哪些礼仪？

1. 事先要对酒店内部的设施设备和服务项目了如指掌。根据酒店的营业状

况，制定最佳的参观线路，准备充足的宣传材料。

2. 向宾客介绍时，要语气柔和、语言简洁明了，与宾客保持目光接触。

3. 表达要清楚、准确。不做扩大的描述，不做不负责的许诺。

4. 对于一些不清楚或不能确定的信息，要实事求是地告诉宾客。在交流过程中，及时记录宾客提出的问题，待问清楚后再做补充回答。

5. 要关注宾客的兴趣点，做有的放矢地进行介绍。

任务六　接受和处理宾客投诉礼仪

一、处理宾客投诉的基本礼仪程序

1. 耐心，专注地倾听宾客陈述，不打断或反驳宾客，必要时做记录。

2. 请宾客移步至不引人注意的一角，对情绪冲动的宾客或由外地刚抵达的宾客，应奉上茶水或其他不含酒精的饮料。

3. 着手调查。必要时向上级汇报情况，请示处理方式。

4. 把调查情况与宾客进行沟通，向宾客做必要解释。争取宾客同意处理意见。

5. 向有关部门落实处理意见，监督、检查有关工作的完成情况。

6. 把事件经过及处理结果整理为文字材料，存档备查。

二、接受和处理宾客投诉的礼仪技巧

1. 耐心

耐心倾听宾客的抱怨，不要轻易打断宾客的抱怨和牢骚，更不要批评宾客的不足，要鼓励宾客倾诉下去。宾客的怨气如同气球里的空气，当他把牢骚发完了，他们就没有怨气了。

2. 态度好

宾客有抱怨或投诉就是表现出宾客对酒店的配品或服务不满意，他们觉得酒店亏待了他，若态度诚恳，礼貌热情，会降低宾客的抵触情绪。

3. 动作快

处理投诉和抱怨的动作快，可以有四方面的好处：一是让宾客感觉到尊重；二是表示酒店解决问题的诚意；三是可以防止宾客的负面渲染对酒店造成更大的伤害；四是可以把损失降低到最少。建议当天给宾客一个初步的答复。

4. 语言得体

宾客对酒店不满，在发泄时言语方面有可能会言语过激；在解释问题过程

中，措辞要十分注意，要合情合理，尽量用婉转的语言和宾客沟通。

5. 尽量多补偿

顾客抱怨或投诉，很大程度是因为他们的利益受到了损失，因此，宾客希望获得安慰和经济补偿。这种补偿可以是物质上的也可以是精神上的。

6. 提高问题处理人的等级

宾客提出投诉和抱怨后都希望自己的问题受到重视，处理该问题的人员层次会影响宾客的期待以及解决问题的情绪。如果高层次的领导能亲自为宾客处理或打电话慰问，会化解宾客的怨气和不满。

任务七　鲜花和馈赠礼品礼仪

一、鲜花（迎宾）的基本礼仪

（一）送花时机

举办接待活动时，如果时机选择得当，则能够使小小一束鲜花发挥很好的作用。接待过程中，适宜酒店向宾客赠送鲜花的具体时机，大体上可以被分为例行之时与巧用之时。

1. 喜礼之用。碰上与自己相熟的宾客结婚、生子、做寿、乔迁、升学、晋职等诸般喜事，均可以赠送鲜花作为喜礼，恭喜对方。

2. 贺礼之用。参与某些应表示祝贺之意的活动。

3. 节庆之用。

4. 慰问之用。当宾客或其家人遇到不幸或挫折时，或是遇到其他一些天灾人祸时，应前去慰问，并赠以鲜花。

5. 丧葬礼之用。当关系亲密者或者其家人举办丧事、葬仪时，可送以鲜花，以寄哀思。

6. 祭奠礼之用。当祭祖、扫墓时，可以花为礼，追思、缅怀故人或表示自己的哀思。

7. 迎送。当宾客来访或即将返回，向其赠送一束鲜花，可以巧妙、委婉地向对方表达自己的热情、友谊。

8. 做客。前往他人居所做客时，如能以鲜花为礼，则较为恰当。

9. 致歉。有些时候，因为自己的差错而与其他人产生了矛盾、误解甚至隔阂，可以通过向其赠送鲜花来表示歉意。

（二）送花形式

1. 以人区分

以人来区分送花的形式，通常可将其区分为本人亲送、代表转送和雇人代送3种。它们分别适用于不同的情况和场合。

（1）本人亲送。是送花的最基本的形式。

（2）代表转送。由代表转送鲜花，一般是赠送人因故不能到场时所作的一种选择。

（3）雇人代送。自己难以分身或是为了刻意制造一种气氛，可以委托鲜花店的“花仙子”，或是邮政局的“礼仪小姐”等，代替自己上门送花。

2. 以花区分

依照所送花的形式不同，送花又可以分为送束花、篮花、盆花、插花、饰花、花环、花圈等。在绝大多数情况下，送花以送鲜花为佳。

（1）束花。束花，又叫做花束，它是以新鲜的数枝切花捆扎成束，精心修剪或包装而成的一种鲜花组合，是适用面最广、应用最多的一种。

（2）篮花。篮花，又叫做花篮。它是以形状各异的精编草篮，按一定的要求，盛放一定数量花大色艳的新鲜切花组成。与赠送束花相比较，赠送篮花显得更隆重、更高档。其最适宜的场合有开业、演出、祝寿，等等。

（3）盆花。盆花，是栽种在专门的花盆里，主要用做观赏的花草。送人的盆花，可以是自养的心爱之物，也可以是特意买来的珍稀品种。送盆花的最佳时机，有登门拜年、祝贺乔迁以及至交互访，等等。赠送的对象，最好是老年人、爱花者等。

（4）插花。插花，指的是运用一定的技巧，将各种供观赏的鲜花在精心修剪之后，认真搭配插放在花瓶、花篮、花插之中。插花主要适用于装饰居室，布置客厅、会议室。

（5）饰花。最常见的饰花有襟花、头花等。在两者之中，襟花可使用于各类社交场合，而头花则仅限于非正式场合使用，除亲朋好友外，饰花一般不宜送人。但是，襟花在某些庆典、仪式中，则可以统一发放。

（6）花环。花环，它多用于自我装饰，表演舞蹈，迎送贵宾，有时也可以之赠人。在国外，其受赠对象通常是贵宾或好友。

（7）花圈。花圈，是指用花扎成的固定的圆状祭奠物。它仅能用在悼念、缅怀逝者的场合，例如，参加追悼会、扫墓，等等。

（三）迎宾员和接待员需要精通的常用花卉寓意

从本质上讲，鲜花的寓意实际上关系到送花的内容问题。在世界上，有一些鲜花的寓意是相传已久、人所共知、广为沿用的，这就是所谓鲜花的通用寓意，即花语。准确地说，所谓花语，乃指借用花卉来表达人类的某种情感、愿望或象征的语言。花语一旦形成并被人们接受之后，便形成惯用的礼仪规范，不能自造花语，也不许篡改花语。接待人员要基本精通的常用的花语，主要有以下三类：

1. 表示情感。在全部花语之中，有相当数量是被用来表达人之常情的。有时，还可以将几种花语相近的鲜花搭配在一起送人。那些搭配，组合相对比较固定的鲜花，往往又共同形成了新的花语。例如，用表示勤勉的红丁香，表示谨慎的鸟不宿和表示战胜困难的菟丝子组合而成的花束赠与友人，可表示："君如奋斗，必将成功"；用表示成婚的常春藤，表示结合的麦藁和表示羁绊的五爪龙组合而成的花束赠与新婚者，可表示："同心相爱，永不分离"。

2. 表示国家。一些国家目前拥有各自的国花。所谓国花，是指以某种鲜花来表示国家，作为国家的一种标志和象征。在正常情况下，一国只有一种国花；各国国花都是本国人民最喜爱的花；国花通常代表国家形象，人人对国花必须尊重，爱护，既不宜滥用国花，也不可失敬于国花。

3. 表示城市。与许多国家拥有国花一样，世界上的许多城市也拥有自己的市花。所谓市花，是指用来代表本市，作为本城市标志或象征的某一种鲜花。我国的许多城市都有自己的市花。例如，北京市的市花是月季和菊花、上海市的市花是白玉兰、天津市的市花是月季，等等，另外，我国香港特别行政区和澳门特别行政区的区旗，分别以紫荆花和荷花作为其主要图案。

二、酒店前厅对客鲜花礼仪情境实训

实训　礼宾员或"金钥匙"在酒店门口迎接重要宾客时需要献花，应运用哪些选择鲜花和献花礼仪？

1. 礼宾员或"金钥匙"敬献鲜花时要时机适合、尊重习惯。
2. 献花要选用鲜花，用来表示欢迎、真诚、友好和感谢之意。
3. 花形要整齐、漂亮，颜色鲜亮。选择鲜花要符合宾客的风俗习惯。
4. 花束的大小形状应与宾客的身高和体形相配。
5. 献花时一般由年轻的女迎宾员来敬献，但接待伊斯兰教宾客时不宜由女子献花。
6. 若来宾不止一人，可向每位来宾逐一献花，也可只向主宾或主宾夫人献花，可先献花给女主宾，也可同时向男女主宾献花。
7. 献花时要双手捧献，目光散点柔视，自然微笑，不可低头和左顾右盼。
8. 敬献时应将花的看面朝向宾客。

三、馈赠礼品的基本礼仪

中国人一向崇尚礼尚往来。《礼记·曲礼上》说："礼尚往来，往而不来，非礼也，来而不往，亦非礼也。"馈赠，是与其他一系列礼仪活动一同产生和发展起来的。在现代人际交往中，礼物仍然是人们往来的有效媒介之一，它像桥梁和纽带一样直接明显地传递着情感和信息，深沉地寄托着人们的情意，无言地表达着人与人之间的真诚关爱。在酒店的日常接待工作中也经常涉及对重要宾客和特殊宾客的礼品馈赠，表示对宾客的友好、重视或者感谢等，以馈赠礼物将酒店与宾客从情感上紧密地联系在一起。

（一）馈赠原则

馈赠作为社交活动的重要手段之一，为古今中外人士普遍肯定。大凡送礼之人，都希望自己所送礼品能寄托和表达对受礼者的敬意和祝颂，并使交往锦上添花。然而，有时所赠礼品非但达不到这种目的，反而会事与愿违造成不良后果。因此，认真研究和把握馈赠的基本原则，是馈赠活动得以顺利进行的重要前提条件。

1. 轻重原则——轻重得当，以轻礼寓重情

通常情况下，礼品的贵贱厚薄，往往是衡量交往人的诚意和情感浓烈程度的重要标志。然而礼品的贵贱厚薄与其物质的价值含量并不总成正比。因为礼物是言情寄意表礼的，它仅仅是人们情感的寄托物，有价的物只能寓情于其身，而无法等同于情。“折柳相送”常为文人津津乐道，因为柳的寓意有三：一为表示挽“留”；二因柳枝在风中飘动的样子如人惜别的心绪；三为祝愿友人如柳能随遇而安。在这里，如果仅就这些礼物本身的物质价值而言，的确是很轻的，对于受礼人来说甚至是微乎其微的，然而它所寄寓的情意则是浓重的。我们提倡“君子之交淡如水”，提倡“礼轻情意重”。但是，当我们因种种原因陷入“人情债务链”时，则不妨既要注意以轻礼寓重情，又要入乡随俗地根据馈赠目的和自己的经济实力，择定不同轻重的礼物。

2. 时机原则——选时择机，时不我待

就馈赠的时机而言，及时适宜是最重要的。中国人很讲究“雨中送伞”、“雪中送炭”，即十分注重送礼的时效性，因为只有在最需要时得到的才是最珍贵的，才是最难忘的。一般来说，时间贵在及时，超前滞后都达不到馈赠的目的；机会贵在事由和情感及其他需要的程度，“门可罗雀”时和“门庭若市”时，人们对馈赠的感受会有天壤之别。所以，对于处境困难者的馈赠，其所表达的情感就更显真挚和高尚。

3. 效用性原则

就礼品本身的实用价值而言，人们经济状况不同，文化程度不同，追求不同，对于礼品的实用性要求也就不同。一般来说，物质生活水平的高低，决定了人们精神追求的不同，在物质生活较为贫寒时，人们多倾向选择实用性的礼品，如食品、水果、衣料、现金等；在生活水平较高时，人们则倾向于选择艺术欣赏

价值较高、趣味性较强和具有思想性纪念性的物品为礼品。因此，应视受礼者的物质生活水平，有针对性地选择礼品。美国作家欧·亨利在其著名的小说《麦琪的礼物》里讲了这样一个故事：一位妻子十分想在圣诞节来临时送给丈夫一份礼物，她盼望能买得起一条表链，以匹配丈夫祖上留下的一只表。因为没有钱，于是她把自己秀丽的长发剪下来卖了。圣诞之夜，妻子对丈夫献上了自己的礼物——一条精美的表链。丈夫也在惊愕之中拿出了他献给妻子的礼物，竟是一枚精致的发卡。原来，丈夫为给妻子买礼物把自己的表卖了。这时，他们紧紧地拥抱在一起，彼此的爱成为这圣诞之夜唯一的却是最珍贵的礼物。这对夫妻献给对方的礼物，在此时似乎已毫无效用，然而并非如此，它们不仅升华了他们之间的爱，使他们得到了最大的精神满足；而且更激发了他们战胜生活困难，追求幸福生活的决心和意志。

4. 投好避忌的原则

就礼品本身所引发的直接后果而言，由于民族、生活习惯、生活经历、宗教信仰以及性格、爱好的不同，不同的人对同一礼品的态度是不同的，尤其强调要避其禁忌。所以，馈赠前一定要了解受礼者的喜好、禁忌。例如，白色虽有纯洁无理之意，但中国人比较忌讳，因为在中国，白色常是悲哀之色和贫穷之色；而红色，则是喜庆、祥和、欢庆的象征，受到人们的普遍喜爱。另外，我国人民还常常讲究给老人不能送“钟”，给夫妻或情人不能送“梨”，因为“送钟”与“送终”，“梨”与“离”谐音，是不吉利的。这类禁忌，还有许多需要我们去遵循，这里就不一一列举了。

（二）馈赠的目的

任何馈赠都是有目的的，或为交结友谊，或为祝颂庆贺，或为酬宾谢客，或为其他目的。

1. 以交际为目的的馈赠

（1）送礼目的与交际目的直接一致。无论是个人还是组织机构，在社交中为达到一定目的，针对交往中的关键人物和部门，通过赠送一定礼品，以促使交际目的达到。

（2）礼品的内容与送礼者的形象一致。礼品选择的一个非常重要的原则就是要使礼品能反映送礼者的寓意和思想感情的倾向。

2. 以巩固和维系人际关系为目的的馈赠

这类馈赠，即为人们常说的“人情礼”。在人际交往过程中，无论是个人间的抑或是组织机构间的，必然产生各类关系和各种感情。人与生俱来的社会性，又要求人们必须重视这些关系和感情，为此人们采取了许多办法，其中之一就是馈赠。这类馈赠，无论从礼品的种类、价值的轻重、档次的高低、包装的精美、蕴涵的情义等方面都呈现多样性和复杂性。

3. 以酬谢为目的的馈赠

这类馈赠是为答谢他人的帮助而进行的。因此在礼品的选择上十分强调其物质价值。

4. 以公关为目的的馈赠

这种馈赠，表面上看来不求回报，而实质上其索取的回报往往更深地隐藏在其后的交往中，是一种为达到某种目的而用礼品的形式进行的活动。

(三) 馈赠礼品的选择

因人因事因地施礼，是社交礼仪的规范之一，对于礼品的选择，也应符合这一规范要求。

礼品的选择，要针对不同的收礼对象区别对待。一般来说：

1. 对家贫者，以实惠为佳。
2. 对富裕者，以精巧为佳。
3. 对恋人、爱人、情人，以纪念性为佳。
4. 对朋友，以趣味性为佳。
5. 对老人，以实用为佳。
6. 对孩子，以启智新颖为佳。
7. 对外宾，以特色为佳。

(四) 馈赠的基本礼仪

1. 注意礼品的包装

精美的包装不仅使礼品的外观更具艺术性和高雅的情调，并显现出赠礼人的文化和艺术品位，既有利于交往，又能引起收礼人的重视。好的礼品若没有讲究包装，不仅会使礼品逊色，使其内在价值大打折扣，使之产生“人参变萝卜”的缺憾。

2. 注意赠礼的场合

赠礼场合的选择，是十分重要的。尤其那些出于酬谢、应酬或有特殊目的的馈赠，更应注意赠礼场合的选择。通常情况下，当众只给一群人中的某一个人赠礼是不合适的。因为那会使受礼人有受贿和受愚弄之感，而且会使没有受礼的人有受冷落和受轻视之感。只有礼轻情重的特殊礼物才适宜在大庭广众面前赠送。

3. 注意赠礼时的态度、动作和言语表达

只有那种平和友善的态度、落落大方的动作、礼节性的语言表达，才是令赠受双方所能共同接受的。那种做贼似的悄悄将礼品置于桌下或房中某个角落的做法，不仅达不到馈赠的目的，甚至会适得其反。

【知识拓展】

内容一　“金钥匙”（礼宾员）服务

一、“金钥匙”

“金钥匙”对现在的星级酒店来说占据一个很重要的地位，它的作用是贯穿全酒店的。“金钥匙”的标志是两把相交叉的金黄色的钥匙，一把代表打开酒店综合服务的大门，一把代表打开酒店所在城市综合服务的大门。

二、“金钥匙”的职责

被国际金钥匙协会认证的人员才有资格被称为“金钥匙”。“金钥匙”主要属于酒店前厅的礼宾部，并协助咨询部的工作。“金钥匙”成员要对自己所在酒店的一切服务指南和酒店的一切管理部门了如指掌，宾客的问题他们都要做出详细的回答。“金钥匙”的职责还有帮助宾客预定客房、餐饮、车票等，代表酒店到机场、车站迎接宾客。“金钥匙”的职责还包括给宾客介绍酒店的客房、餐饮、娱乐、商店等部门的一切服务指南，帮助宾客介绍美容、帮助宾客介绍秘书、律师等特殊服务。“金钥匙”提供的是全方位的服务，使宾客自由的享用酒店的一切服务。

三、“金钥匙”的服务理念

（一）用心极致，满意加惊喜

这是“金钥匙”在服务宾客中正确的方法。那么，什么是极致？答案是：没有最好，只有更好！在服务宾客时，宾客的满意只是及格，惊喜才是给宾客的回报。我们作个这样的比喻：如宾客向你要地图，你热情地找出并微笑着把它交到宾客手里，这只是我们通常认为的服务态度好，可如果你把地图交给宾客，然后问：请问你想去哪儿？我可以帮您在地图上找到，并给画出路线图，如有必要，我可以为您联系一辆小车……

（二）在宾客的惊喜中找到富有的人生

这是“金钥匙”追求的目标。酒店“金钥匙”的成功，体现在他们不仅把服务作为一项工作，而且把它作为一项终生从事的事业，宾客的惊喜是酒店“金钥匙”的最大满足，他们的人生价值在精彩的服务中得到体现。因此，酒店“金钥匙”通过服务得到物质和精神上的富足，在服务他人中找到富有的人生。为别人创造惊喜时，自己也在积累知识、经验并获得朋友。

四、"金钥匙"服务的心法十条

（一）我们将保持开朗、明快的微笑——在服务舞台上，宾客是主角，客我之间的最短距离，是微笑。

（二）我们为宾客满意而工作——重视效率，彬彬有礼，热情关心，让宾客的经历充满愉快，让他们感到自己花钱买回的是世上最真诚的服务！

（三）宾客是我们的衣食父母，我们不可以自大，不可以说尖刻的话，不可以表现出不雅的神情与姿态，不可以与宾客争论。

（四）任何不主动为宾客服务的行为，不拘任何理由，都是违背职业道德的；在宾客埋单、致意、离开时不表示感谢，是忘恩负义；与宾客保持联系，他们是我们永远的恩人！

（五）我们应真诚地了解、记录同事与宾客的需要，并尽全力提供服务；迅速记录并处理宾客要求或不满的每一件小事，以保证不失去任何一位宾客；始终使用适当的语言与同事、宾客沟通，始终说积极的话，而不作消极的评论。

（六）我们将牢记，自己已经被授权去解决问题，并防止问题的再发生；在接到宾客投诉后马上接受，立即安抚宾客，快速纠正问题，处理到底，绝不推诿，不得过且过敷衍了事。

（七）我们将主动关注每一个服务细节，引领宾客到服务区域，而不仅是指示方向；仔细掌握，认真、礼貌地回答同事、宾客有关服务的任何信息，如果不清楚，马上查询，并回复。

（八）我们将以我自己的容颜为骄傲，遵守所有的修饰标准；保持制服干净整洁，没有污点；注意佩带铭牌。

（九）我们将忠诚于公司，熟练掌握、应用，并致力于改善服务流程与标准；正确地认识公司有无"错误"、"重复劳动"、"破损"、"无效率行为"、"差距"等情况，提出改善建议；严格遵循"人财安全"、"清洁卫生"、"保护环境"、"设施完好"准则，履行责任。

（十）我们将认真了解自己在紧急情况下应扮演的角色，明确在危险情况下的反应程序，熟练操作；保护、维护、保养好公司的财产、设备。

内容二　宾客投诉

一、接受和处理宾客投诉的基本礼仪

宾客投诉不仅仅意味着宾客的某些需要未能得到满足，实际上，投诉也正是宾客对酒店、对酒店员工服务工作质量和管理工作质量的一种劣等评价。任何酒店任何员工都不希望有宾客投诉自己的工作，这是人之常情。然而，即使是世界上最负盛名的酒店也会遇到宾客投诉。成功的酒店善于把投诉的消极面转化成积极面，通过处理投诉来促动自己不断提高工作质量，防止投诉的再次发生。

（一）接受和处理宾客投诉的基本原则

1. 真心诚意地帮助宾客

宾客投诉说明酒店在管理及服务工作方面尚有漏洞，服务人员应该充分理解顾客的心情，同情宾客的处境，满怀诚意地帮助宾客解决问题。服务人员只有遵守真心诚意地帮助宾客解决问题的原则，才能赢得宾客的好感，也才能有助于问题的解决。

2. 绝不与宾客争辩

当宾客怒气冲冲地前来投诉时，首先，应该让宾客把话全部说完，然后对宾客的遭遇应表示歉意，并且要让宾客感受到酒店对其投诉十分重视，最后还应感谢宾客对酒店的爱护。服务人员在处理宾客投诉过程中，应该把握好尺度，以平静的心态先聆听宾客的投诉，不要急于做出解释。等到完全了解事态发展过程后，再对宾客做出相应的解释，并对宾客的遭遇表示充分的歉意。当宾客情绪激动时，服务人员更应该注意礼貌，绝不能与宾客争辩。如果不给宾客一个投诉的机会，与宾客争强斗胜，表面上看来服务人员似乎得胜了，但实际上却输了。因为，当宾客被证明错了时，他下次再也不会光临这家酒店了。如果服务人员无法平息宾客的怒气，应及时请管理人员前来接待宾客并解决问题。

3. 不损害酒店的利益

服务人员对宾客的投诉进行解答时，必须注意合乎逻辑，不能推卸责任或任意贬低他人或其他部分。因为，采取这种方法，实际上会使服务人员处于一个相互矛盾的地位，一方面希望酒店的过失可以得到宾客的谅解；另一方面却在指责酒店的一个组成部分。在处理宾客投诉的过程中，应该注意掌握一些要点和技巧，这些将更有利于问题的解决。不要匆匆忙忙做出辩解，那会让宾客认为服务人员只是在敷衍宾客，投诉没有受到酒店的重视；无论在任何场合，不要匆匆忙忙作出许诺；不应该对宾客投诉采取“大事化小，小事化了”的态度。在与宾客交谈的过程中，注意用姓名来称呼宾客；可以把宾客投诉的要点记录下来，这样不但可以使宾客讲话的速度放慢，缓和宾客的情绪，还可以使其确信酒店对他反映的问题是重视的；要充分估计解决问题所需要的时间，最好能告诉宾客具体的时间，不含糊其辞。投诉多种多样，如果能够掌握技巧，善于应变，对圆满解决问题是十分有帮助的。此外，在处理投诉的过程中还可能遇到一些特殊的情况。例如，有些宾客喜爱争吵，无论酒店如何努力也不能使他们满意，对于这类宾客应采取什么措施，酒店主管部门应做出明确的决定。另一方面，有些投诉的问题是无法解决的。如果酒店对宾客投诉的问题无能为力时，酒店应尽早对存在的问题给予承认，通情达理的宾客是会接受的。如酒店重新装修工程，敲打噪音等无可避免地给宾客带来了不便，使得宾客投诉量大增，酒店采取了大量的补偿措施，让宾客明白酒店已经尽力了。多数宾客都能够表示理解并给予合作。

（二）正确认识宾客投诉行为

宾客投诉行为实际上是酒店基层管理质量的晴雨表，通过投诉，酒店可以及时发现自己发现不了的工作漏洞；通过投诉，可以鞭策酒店及时堵塞漏洞、对症下药，解决可能是长期以来一直存在着的严重影响酒店声誉的工作质量问题。即使是宾客的有意挑剔、无理取闹，酒店也可以从中吸取教训，为提高经营管理质量积累经验，使制度不断完善，服务接待工作日臻完美。

（三）宾客投诉的具体方式

1. 直接向酒店投诉

这类宾客认为，是酒店令自己不满，是酒店未能满足自己的要求和愿望，因此，直接向酒店投诉能尽量争取挽回自身的损失。

2. 不向酒店而向旅行代理商、介绍商投诉

选择这种投诉渠道的往往是那些由旅行代理商等介绍而来的宾客，投诉内容往往与酒店服务态度、服务设施的齐全、配套情况及消费环境有关。在这些宾客看来，与其向酒店投诉，不如向旅行代理商投诉对自己有利，前者既费力而往往徒劳。

3. 向消费者委员会一类的社会团体投诉

这类宾客希望利用社会舆论向酒店施加压力，从而使酒店以积极态度去解决当前问题。

4. 向工商局、旅游局等有关政府部门投诉

5. 运用法律诉讼方式起诉酒店

内容三　国际交往中的馈赠常识

世界各国，由于文化上的差异，受不同历史、民族、社会、宗教的影响，在馈赠问题上的观念、喜好和禁忌也有所不同。只有把握好这些特色，在交往馈赠活动中才能达到目的。

一、亚洲国家的馈赠

亚洲国家虽然因社会的、民族的、宗教的情况有很大不同，但却在馈赠方面

有很多相似之处。

（一）形式重于内容

对亚洲国家人士的馈赠，名牌商品或具有民族特色的手工艺品是上好的礼品。至于礼品的实用性，则屈居知识性和艺术性之后，尤其是日本人和阿拉伯人，非常重视礼品的牌子和外在形式。

（二）崇尚礼尚往来，而且更愿意以自己的慷慨大方表示对他人的恭敬

在亚洲，无论何地，人们都认为来而不往是有失尊严的，这涉及自身形象。因此，一般人都倾向于先送礼品予他人。而且，收到礼品，在回礼时则常在礼品的内在价值、外在包装上更下工夫，以呈现自己的慷慨和对他人的恭敬。

（三）讲究馈赠对象的具体指向性

选择和馈赠礼品时十分注意馈赠对象的具体指向性，这是亚洲人的特点。一般来说，送给老人和孩子礼品常常是令人高兴的，无论送什么，人们都乐于接受。但若是送他人妻子礼品，则需考虑交往双方的关系及对方的忌讳；如阿拉伯人最忌讳对其妻子赠送礼品，这被认为是对其隐私的侵犯和对其人格的侮辱。

（四）忌讳颇多

不同国家对礼品数字、颜色、图案等有诸多忌讳，如日本、朝鲜等对“4”字有忌，把“4”视为预示厄运的数字。而对9、7、5、3等奇数和108等数颇为青睐，对“9”及“9”的倍数尤其偏爱（但日本人不喜欢9）。

二、西方国家的馈赠

西方国家与东方国家不同，在礼品的选择喜好等方面没有太多讲究，其礼品多姿多彩。

（一）实用的内容加漂亮的形式

西方人对礼品更倾向于实用，一束鲜花，一瓶好酒，一盒巧克力，一块手表，甚至一同游览、参观等，都是上佳的礼品。当然，如果再讲究礼品的牌子和包装，就更好了。

（二）赠受双方喜欢共享礼品带来的欢快

西方人馈赠时，受赠人常常当着赠礼人的面打开包装并表示赞美后，邀赠礼人一同享受或欣赏礼品。

（三）讲究赠礼的时机

一般情况下，西方人赠礼常在社交活动即将结束时，即在社交已有成果时方才赠礼，以避免行受贿之嫌。

（四）忌讳较少

除忌讳“13 和星期五”这个灾难之数和一些特殊场合（如葬礼），礼品的种类颜色等有一定讲究外，大多数西方国家在礼品上的忌讳是较少的。

三、国际交往中馈赠举例

由于各国文化的差异，社会、宗教的影响和忌讳，送礼成了一种复杂的礼仪。如果运用得当，送礼能巩固双方之间的业务关系；运用不当则会有碍于业务联系。选择适当的礼物、赠送礼物的时机以及让收礼人做出适当的反应，都是送礼时要注意的关键问题。

（一）亚洲国家

1. 日本

日本人有送礼的癖好，因此给日本人送礼，往往采取这样的做法：即送对其本人毫无用途的物品以便收礼的人可以再转送给别人，那个人还可以再转送下去。日本人对装饰着狐狸和獾的图案的东西甚为反感。狐狸是贪婪的象征，獾则代表狡诈。到日本人家里坐客携带的菊花只能有 15 片花瓣，因为只有皇室徽章上才有 16 瓣的菊花。另外，选择礼物时，要选购“名牌”礼物，日本人认为礼品的包装同礼品本身一样重要，因此要让懂行的人把礼物包装好。

2. 韩国

对初次来访的宾客常常会送当地出产的手工艺品，要等宾客先拿出礼物来，然后再回赠他们本国产的礼品。

3. 阿拉伯国家

在初次见面时送礼可能会被视为行贿；切勿把用旧的物品赠送他人；不能把酒作为礼品；要送在办公室里可以用得上的东西。盯住阿拉伯主人的某件物品看个不停是很失礼的举动，因为这位阿拉伯人一定会认为你喜欢它，并一定会要你收下这件东西。阿拉伯人给他人一般都是赠送贵重礼物，同时也希望收到同样贵重的回礼。因为阿拉伯人认为来而不往是有失尊严的问题，不让他们表示自己的慷慨大方是不恭的，也会危害到双方的关系。他们喜欢丰富多彩的礼物，喜欢“名牌”货，而不喜欢不起眼的古董；喜欢知识性和艺术性的礼品，不喜欢纯实用性的东西。忌讳带有动物图案的礼品（因为这些动物可能代表着不吉祥）。送礼物给阿拉伯人的妻子被认为是对其隐私的侵犯，然而送给孩子则总是受欢迎的。

（二）欧美国家

1. 英国

在这里应尽量避免感情的外露。因此，应送较轻的礼品，由于花费不多就不会被误认为是一种贿赂。合宜的送礼时机应定在晚上，请人在餐厅用完晚餐或剧院看完戏之后。英国人也像其他大多数欧洲人一样喜欢高级巧克力、名酒和鲜花。对于饰有宾客所属公司标记的礼品，他们大多数并不欣赏，除非主人对这种礼品事前有周密的考虑。

2. 法国

初次结识一个法国人时就送礼是很不恰当的，应该等到下次相逢时。礼品应该表达出对他的智慧的赞美，但不要显得过于亲密。法国人很浪漫，喜欢知识性、艺术性的礼物，如画片、艺术相册或小工艺品等。应邀到法国人家里用餐时，应带上几支不加捆扎的鲜花。但菊花是不能随便赠送的，在法国只是在葬礼上才用菊花。

3. 德国

“礼貌是至关重要的”，故此赠送礼品的适当与否要悉心注意，包装更要尽善尽美。玫瑰是为情人准备的，绝不能乱送。德国人喜欢应邀郊游，但主人在出发前必须作好细致周密的安排。

4. 美国

美国人很讲究实用，故一瓶上好的葡萄酒或烈性酒，一件高雅的名牌礼物，一起在高级会所共度良宵，都是合适的。与其他欧洲国家一样，给美国人送礼应在此次交往结束时送上礼品。

（三）拉丁美洲国家

黑和紫是忌讳的颜色，这两种颜色使人联想到四旬斋。刀剑应排除在礼品之外，因为它们暗示友情的完结。手帕也不能作为礼品，因为它与眼泪是联系在一起的。可送些小型家用电器，例如，一只小小的烤面包炉。

【要点提示】

1. 酒店前厅部门的迎送宾客礼仪。
2. “金钥匙”的对客服务礼仪。
3. 大堂副理对客服务礼仪。
4. 前厅服务人员接受和处理宾客投诉礼仪。
5. 前厅服务人员传递物品礼仪。
6. 前厅服务人员鲜花和馈赠礼品礼仪。
7. 前厅服务人员接受宾客问询礼仪。

模块二 酒店客房服务礼仪实训

【能力培养】

任务一 进门礼仪

一、客房服务员进入客房基本礼仪

（一）客房服务人员进入住客客房最好选择在宾客外出时。

（二）在任何需要客房服务中心与宾客进行电话联系的情况下，必须向宾客耐心询问需求或原因，以防意外的发生。

（三）如果客房外挂有“请勿打扰”的牌子，服务人员不得进入清洁。如果下午2点以后仍然挂有此牌，服务员需请示领班，由领班或客房服务中心致电向宾客询问是否可以进入房间进行打扫，或是询问宾客是否需要任何帮助，并向宾客表示歉意。

（四）长住宾客的房间要主动征询宾客的意见，按照宾客要求的时间进入客房进行打扫或维修等工作。

二、客房服务员进入客房礼仪情境实训

实训一 在没有确认客房内有无宾客的情况下，客房服务员运用怎样的礼仪进入客房？

1. 进入客房前应按门铃三次，并且报称“客房服务”或“Housekeeping”。

2. 当客房内无人应答时，应等待3～5秒钟后再次按门铃，确认无人后，服务员方可用钥匙自己开门。

实训二 如果客房内有宾客应答，服务人员应该运用怎样的礼仪进入客房？

1. 如果宾客在房内应允开门，服务员应礼貌微笑，回应宾客“谢谢您！”。

2. 当宾客打开房门，客房服务员应与宾客进行目光的交流，礼貌微笑着说“某某先生/小姐/女士，您好！我是客房服务员，请问您希望我们什么时间为您打扫客房呢？”若宾客说可以立即打扫，服务员则要向宾客表示感谢，然后按操作标准提供快速和优质的客房清扫服务，尽量避免打扰宾客。

任务二 遇客应答礼仪

客房服务员的主要工作职责是清扫客房，对其清扫操作服务能力要求较强。

但是作为清洁人员，在日常工作中也会经常性正面遇到宾客，需要与宾客进行交流或接受宾客的询问等情况。

一、客房部服务人员遇客应答基本礼仪

能够使用标准的普通话和柔和的语调与宾客交流，恰当地使用迎宾敬语、称呼敬语、问候敬语、电话敬语和服务敬语。能够熟练运用一门或以上外语为宾客服务。

二、楼层服务员遇客应答基本礼仪

楼层服务员是宾客来到入住所在楼层第一眼看到的服务人员，并且宾客在住店期间有任何问题和需求都会在第一时间想到或来到楼层服务台寻求帮助。因此，酒店的客房部楼层服务员代表着这个客房部服务形象的核心。楼层服务在遇客应答方面应该做到以下礼仪标准：

（一）楼层服务员应具备一定的人际交往能力。遇客时要与宾客有目光的交流，能与宾客建立和谐的关系。

（二）有较强的语言表达能力，遇客时要表现一定的亲和力。能用生动、准确的语言表达需要传达给宾客的意思。

（三）有一定的应变能力，能够以礼貌、谦和的态度及语言应对不同宾客的个性化需求，力求使宾客满意。

（四）至少能用一门外语流畅地与外国宾客交流。

三、客房部遇客应答礼仪情境实训

实训一　在服务员引领宾客前去客房的过程中，应如何运用应答礼仪？

1. 服务员应态度谦和、亲切，语气柔和、面带微笑，不时运用引领礼仪提醒宾客行走的方向。

2. 在客房部服务员引领宾客前去客房的途中，选择适当话题、以免在引领的过程中没有交流，气氛尴尬。

3. 途中服务员可边走边用简洁、清晰的语言向宾客介绍楼层的一些安全设施，如消火栓和安全通道的位置及使用方法。

实训二　当宾客到达客房时，服务员应运用什么应答礼仪与宾客交流和了解宾客的需求？

1. 到客房后，用宾客的钥匙或门卡为宾客开门，礼貌地请宾客先进入客房，协助宾客把行李放于行李架上，然后礼貌地询问宾客是否还有其他需求：“我还有什么可以帮您的？”

2. 若宾客第一次入住酒店，对酒店的设施设备不熟悉，需要主动为宾客简单明了地介绍房间内的设施设备的使用方法和注意事项，还可询问宾客有无其他方面信息需要了解。

实训三 当宾客到楼层服务台办事或问询时，服务员应如何运用应答礼仪应对?

1. 当宾客到楼层服务台办事，服务员要起立，热情接待，面带笑容，礼貌询问宾客："您好！有什么可以帮您的?"与宾客说话时要自然、亲切，切忌态度生硬、语言粗鲁。

2. 当宾客提出要求，服务员应立即处理，并对宾客说："请您稍等，我马上为你办理。"或"您可以先回客房稍做休息，我马上帮您办好!"若宾客提出的问题是服务员本人不能解决的，需要回应宾客说："实在对不起，请您稍等一会儿，我向相关部门请示一下，尽快给您答复。"或"实在对不起，如果事情得到解决，我会马上通知您的!"。

【要点提示】

1. 酒店客房部的进门礼仪。
2. 客房部服务人员遇客应答礼仪

模块三　酒店餐饮服务礼仪实训

酒店餐厅的服务礼仪是服务质量和服务态度的直接表现，同时也是整个酒店服务水平的一个缩影和重要表现的部分。酒店餐厅的服务特点是服务员提供直接服务，面广量大，时间长，需求多。为满足宾客的不同需求，餐厅必须做到美味佳肴再配以主动、热情、细致周到的服务，才会使宾客感到满意。因此，餐饮服务讲究服务质量和服务礼仪更加至关重要。

【能力培养】

任务一　引位服务礼仪

引位服务也可称为迎宾服务，它包括了门卫服务人员引导宾客入店和引位服务人员引领宾客入座两类服务，有时这两个岗位的服务同时由引位服务人员承担。餐厅的引位（迎宾）服务是宾客感受餐厅服务的第一印象关，也是餐厅服务水平的初次呈现和餐厅的门面。引位员的工作是与餐厅管理人员一起迎送就餐的宾客，引客入店和带客入座。

一、引位（迎宾）服务的基本礼仪和技巧

（一）引位（迎宾）服务基本礼仪要求

1. 着装要整齐、合体、干净、高雅、大方。

2. 站姿标准。站立要挺直，不可叉腰、弯腰、靠物。

3. 请宾客入店的姿势符合迎客姿势的标准，手臂的摆幅和方向要准确，弯腰、点头的幅度要适中。

4. 走路要自然、稳重、矫健，男士要仪表堂堂，女士要姿态优雅。

5. 面部带有微笑，目光柔和、有神，亲切地目视即将进入餐厅的宾客。

6. 语气亲切、音量适中、态度热情地欢迎宾客来到餐厅用餐，并祝宾客用餐愉快。

7. 带位迅速和准确，同时也要尊重宾客对选择座位的意见和要求。

（二）引位服务的技巧

规范优质的引位能使顾客对酒店餐厅留下良好的第一感觉，并影响顾客对酒店餐厅后续服务的质量评价。同时，引位技能恰到好处的运用，可以使酒店餐厅的空间得到很好的利用，方便餐厅员工的服务，衬托出餐厅环境的不同一般的感观印象。合适的空间、地点安排能够契合顾客的心里，增加顾客的满意度。

1. 引位服务应表现出向顾客满怀诚意的推荐；在具体引位，推荐过程中应当尊重顾客的选择，使双方的意见能够结合起来。

2. 第一批宾客到餐厅就餐时，可将他们安排在比较靠近入口或距离窗户较近的地方，使后来的顾客感到餐厅人气旺盛，构造出热闹的氛围，避免给顾客留下门庭冷落之感。

3. 对于带小孩的宾客，应尽量将他们安排在离通道较远的地方，以保证小孩的安全，同时，也便于服务人员的服务。

4. 对于来餐馆就餐的情侣，可将其安排在较为偏僻安静的地方。

5. 宾客高峰时，要善于做好调度，协调工作灵活及时地为顾客找到位置，掌握不同餐桌顾客的就餐动态。

二、餐厅引位员服务礼仪实训

实训一　当宾客已经进入餐厅大门，引位员应如何运用引位礼仪引客入座？

1. 引位员在确认宾客情况后，应左手持菜单，右手示意宾客行进的方向，并礼貌地说：“先生，这边请。”或“小姐，请这边走”。

2. 引位员右手做手势时应该做到手到眼到，脚随客动，注意与宾客保持一致。

3. 引导宾客入座时，引位员应一直在前面向宾客示意，并以手势明确行进方向。

4. 引客入座要避免绕道曲行，应该始终在餐厅的主要通道引进。

5. 当引到座位时，应该首先征询宾客的意见，此时引位员应该站在主位的椅子后方，向其示意说："先生、女士，请问您对这张台满意吗?"如果宾客不满意而另有选择的话，应视情况主动协助调整。

6. 宾客入座时，引位员应该协助餐厅服务员为主宾让座。当宾客坐下后，将菜单打开，双手从其左侧送上。

7. 待到一切安顿完毕后，引位员应面向宾客后退半步转身离开，迅速返回岗位。

实训二 餐座已满，还有宾客要来用餐怎么办?

首先迎宾问候："先生，您好，对不起，餐座已满，请您稍候，一会儿我一定为您安排一个合适的座位。"当有适合的位子后，亲自把宾客领到餐位，同时说："对不起，让您久等了，希望您吃的开心"。如果宾客要走，将店内的订餐电话告知宾客，提醒宾客下次最好预约，我会为您安排一个满意的座位。

任务二 点菜服务礼仪

点菜服务是餐厅值台员的主要工作职责。热情、周到并切合宾客需求的点菜服务能够让宾客从餐厅服务中感到超值的享受，使宾客对酒店餐厅留下深刻的印象，并且能够增加宾客在酒店内的消费。

一、点菜和推荐菜品的基本服务礼仪和技巧

(一) 点菜服务礼仪的技巧

1. 向重要人物、美食家提供味美最佳菜肴。
2. 一家人就餐要注意老人、小孩的选择。
3. 一对情侣要注意女士的选择。
4. 向独自一人宾客提供时间短、分量适中的菜肴。
5. 向着急赶时间的宾客推荐准备时间短的菜品。
6. 对第一次到店就餐的宾客推荐本店的特色菜品。
7. 对愿意尝试新鲜感的年轻人推荐特殊酒水饮料和个性菜品。

(二) 推荐菜品的基本礼仪和技巧

1. 按宾客的居住地点和具体生活习惯为其点菜

(1) 对老年宾客，可以向他们推荐一些较松软，含胆固醇和油脂较低的

食品。

（2）北方宾客喜欢面食，口味偏重。

（3）江浙沪一带的宾客比较喜欢甜食，口味清淡。

（4）湖南宾客、贵州宾客口味偏重，比较喜欢带有辣味的食品；四川的宾客喜欢麻辣食品。

（5）粤港澳地区宾客喜欢生、脆、鲜、甜的食品，喜欢在用餐前喝汤。

2. 考虑宾客的消费能力

（1）普通消费者。这类宾客构成了餐厅中客源的大部分，餐厅员工可以向他们推荐一些家常菜。

（2）白领阶层消费者。此类宾客有一定的消费能力，餐厅员工可以适当地向他们推荐一些档次较高的菜。

（3）高消费者。这类宾客追求高消费、高享受，点菜时既要考虑到营养价值，又要观赏价值，餐厅员工可以向其推荐一些比较名贵的菜肴或新鲜野味。

3. 各色菜种搭配组合

（1）烹调方法的组合。炒菜的同时，可以推荐宾客兼顾到用煮、扒、烧、煲、炖、扣、蒸等方法所烹制的菜品。

（2）冷菜和热菜的组合。一般用餐的时候既要有冷菜又要有热菜，当宾客点冷菜较多而热菜少的时候，可以向宾客作适当的提醒。

（3）上菜速度的组合。有些菜如“东坡肉”做的时间相对较长，可以向宾客推荐一些烹饪速度较快的菜肴，以免使其久候。

（4）菜肴颜色的组合。考虑不同颜色的菜肴适当搭配，增加宾客的食欲。

（5）荤与素的组合。在点菜时注意荤菜与素菜的适当搭配。

4. 就餐人数与菜肴的分量相适宜

餐厅员工在向宾客推荐菜肴时要考虑到宾客就餐的人数，据此来确定为其点菜的分量。

（三）点菜服务礼仪的常用语

——对不起，先生（小姐）现在可以为您点菜吗？

——您喜欢用什么饮料，我们餐厅有……

——您喜欢用些什么酒？

——您是否喜欢……

——您是否有兴趣品尝今天的特色菜？

——您喜欢用茶还是咖啡？

——您喜欢吃甜食吗？来盘水果沙拉如何？

——请问，您还需要什么？我们这里有新鲜可口的凉菜。

——真对不起，这个菜需要一些时间，您多等一会儿好吗？
——真对不起，这个菜刚卖完。
——好的，我跟厨师联系一下，会使您满意的。
——如果您不介意的话，我向您推荐……
——您赶时间对吗？那我为您推荐这些快餐。

二、点菜服务礼仪实训

实训一 在宾客就座后，值台员在点菜前应用何礼仪迎宾？

1. 热情迎宾。当宾客落座时，值台员要微笑问候，按先主后宾、先女宾后男宾的顺序让座。

2. 主动协助宾客脱去外衣，并按顺序挂好。贵重的衣服要用衣架挂好，以防衣服褶皱变形。

3. 及时送上香巾和茶水。递送时按照顺时针方向从右向左进行。递送香巾要用香巾夹，并招呼宾客：“小姐、先生，请!”。端茶时，切忌将手指接触到杯口。

实训二 当宾客要求点菜时，值台员将如何运用点菜礼仪恭请宾客点菜并写菜？

1. 书写菜肴订单时，服务员应站立端正，将订单放在手中书写。

2. 写菜时应注意按照宾客的提议或需要分量分别来写，将宾客的需求准确地写在定菜单上，如果有听不懂的或不明白的菜名，应当礼貌地向宾客问清楚。

3. 宾客如果不能很快决定自己要点什么菜时，服务人员应耐心等待，热情为宾客介绍、推荐酒店的特色菜。

4. 下单前，应向宾客重复所点菜品名称，并询问宾客有无忌口的食品，有些西式菜品还应征求宾客对生、熟程度的要求。

任务三 走菜和上菜服务礼仪

走菜、上菜、餐间服务是整个餐厅服务的最重要组成部分，时间最长、服务项目最多，宾客需求最多的服务阶段。因此，餐间服务礼仪是否周到、细致决定宾客对餐厅服务的主要印象。

一、走菜、上菜和餐间服务基本礼仪

（一）走菜、上菜和餐间服务礼仪

1. 厨房出菜后，餐厅应及时上菜。传菜时应使用托盘。托盘干净完好，端送平稳。传菜员行走轻盈，步速适当，遇客礼让。

2. 西餐的上菜速度应与宾客的用餐速度相适宜。热菜和冷菜应分别放入经过加热或冷却处理的餐盘中。

3. 值台服务员应根据餐桌、餐位的实际状况，合理确定上菜口。报菜名时应吐字清晰、音量适中。

4. 摆放菜肴应实用美观，并尊重宾客的选择和饮食习惯。

5. 所有菜肴上齐后，应告知宾客菜已上齐，并请宾客慢用。

6. 需要分菜时，服务员应选择合理的站位，手法熟练，操作卫生，分派均匀。

7. 服务员应以尽量少打扰宾客就餐为原则，选择适当的时机撤盘。撤盘时，应遵循酒店相关工作程序，动作轻巧，规范到位。

8. 宾客抽烟时，服务员应用酒店配备的专用器具及时为宾客提供点烟服务。

9. 服务员应根据实际情况，以不打扰宾客为原则，为抽烟宾客适时更换烟灰缸。

10. 餐厅服务员应随时观察宾客用餐情况，适时更换骨碟。操作手法应干净卫生，撤换线路和新骨碟的摆放位置应方便宾客用餐。

（二）上菜的注意事项

1. 上菜时要端平走稳，轻拿轻放。

2. 上菜时，切不可从宾客肩上、头部越过，以免发生意外。

3. 上菜忌讳“推”、“拖”、“礅”，保持盘底、盘边干净。

4. 上菜时应注意防止出现空盘空台的现象，也要防止上菜过勤，出现菜品堆积现象。

（三）分菜的注意事项

1. 分菜时所需的餐用具应干净卫生、无破损、无污染。

2. 分菜时要注意手法卫生。手不能接触到菜品，如有需要接触的菜品，应戴上一次性手套进行操作。

3. 分菜时，分菜工不能在底盘刮出很大响声，以免影响宴会用餐气氛。

4. 分菜时，切忌将掉在桌上的菜品拾起分给宾客，应用干净的布巾或餐巾包好拾起拿走。

5. 分送菜品时，不可越位，更不可从宾客肩或头上越过。

6. 分菜时，要做到心中有数，将菜肴优质的部分分让给主宾和宾客。

7. 遇有儿童参加宴会，应先分给儿童，然后按顺序进行常规服务。

8. 遇有老年人参加的宴会，应采用快分慢撤的方法进行；或在分菜时先少分，然后逐步添加。

(四) 上菜、分菜和走菜服务常用语

——现在为您上热菜可以吗?

——对不起，请让一让。

——对不起，让您久等了，这道菜是……

——真抱歉，耽误了您很长时间。

——先生（小姐)，您的菜上齐了，请慢用。

——给您再添点饭好吗?

——您是否还需要些饮料?

——您喜欢再加点别的吗?

——小姐，打扰您了，这是您的东西吗?

——我可以为您服务吗?

——我可以撤掉这个盘子吗?

——对不起，打扰您了。

——谢谢您的帮助。

二、走菜、分菜和上菜服务礼仪实训

实训一 服务员应以怎样的顺序为宾客上菜?

1. 中餐上菜顺序：凉菜→主菜→热菜（菜数较多）→汤菜→甜点→水果。

2. 西餐上菜顺序：头盘→面包→汤→鱼类料理或肉类料理（主菜）→水果冰点→第二肉类料理→沙拉→甜点→水果→咖啡或茶。

实训二 分菜有哪些基本服务礼仪要求?

1. 分菜应从主宾开始按顺时针方向依次进行。

2. 分菜应主动、迅速、不能等宾客开始食用后再分菜。

3. 分菜时尽量做到一勺准、一叉准，分菜量做到均匀一致，不要让宾客有厚此薄彼的感觉。切忌出现一碟分两勺或者多分后回收的现象。

4. 分菜完毕后，根据不同菜品的数量应有一定余量，以示菜品丰盛，也可让喜欢该菜的宾客添加。如是高档菜肴，就一次分匀、分光。

5. 分菜时要均匀，包括荤素搭配均匀，汁菜搭配均匀等。头、尾、骨、刺等不能分给宾客。

实训三 按照服务方式的不同，服务员应采取哪些不同的方法为宾客分菜?（见表 5 –1)

表5－1　　分菜方式、服务方法和适用范围

分菜方式	服务方法	适用范围
桌上分让式	服务员用或手将菜品托起，右手持分菜工具将需要分让的菜品派送到宾客餐盘中 ▶服务员将菜盘底部垫上干净的餐巾 ▶左手托起菜盘，右手拿分菜叉匙，站在宾客左后侧，左脚向前伸入两椅之间 ▶左手持菜盘向前为宾客展示菜品，将匙面向上，用右手食指和拇指夹住叉柄，其余三指夹住匙柄，身体稍向前倾，用匙叉将菜品夹起，派入宾客餐盘中 ▶分让菜品时尽量做到等量均匀，注意不要将汤汁洒在宾客的身上	适用于分热炒菜和点心
旁桌分让式	服务员将宾客的菜品摆放到餐桌展示后，再移至工作台上将菜品分到餐碟中，然后用托盘分派至每位宾客面前	适用于分整形菜品
两人合作式	由两人合作将菜品派送至宾客盘中	适用于宾客较多宴会
转台分菜法	服务员将菜品上桌展示后，在转台上为宾客分让	适用于分让冷菜

实训四　以怎样的顺序为宾客分菜为最佳?

1. 桌上分让式分菜顺序：分派菜品时，服务员站在宾客左侧操作，按顺时针方向先宾后主的顺序依次进行。

2. 旁桌分让式分菜顺序：分让菜品时，服务员在工作台上进行分派菜品，然后将分好的菜品按顺时针方向先宾后主的顺序依次送上。

任务四　点酒和斟酒服务礼仪

斟酒是餐厅服务工作的重要内容之一。餐饮服务人员娴熟的斟酒技术及热忱、周到的服务，会使宾客得到精神上的享受与满足，留下美好的印象。服务员在给宾客斟酒时，一定要掌握动作的分寸，姿势要优雅端庄，注意卫生。

一、点酒和斟酒基本服务礼仪

（一）服务员应尊重宾客的饮食习惯，根据酒水与菜品搭配的原则，向宾客适度介绍酒水。下单前，应重复酒水名称。多人选择不同饮品的，应做到准确记录，服务时正确无误。

（二）斟酒水前，服务员应保证饮用器具清洁完好，征得宾客同意后，按礼仪次序依次斟倒。续斟时，应再次征得宾客同意。

（三）服务酒水时，服务员应询问宾客对酒水的要求及相关注意事项，然后再提供相关服务。

（四）对整瓶出售的酒品、应先向宾客展示所点酒品，经确认后再当众开瓶。

（五）提供热饮或冷饮时，应事先预热或降温杯具，保证饮品口味纯正。

二、点酒和斟酒服务礼仪实训

实训一 为宾客斟酒的具体操作步骤和礼仪要领是什么？（表5－2）

表5－2 斟酒的操作要领

斟酒步骤	具体礼仪要领	技艺要求
握瓶姿势	1. 手持瓶的下半部，食指指向瓶颈 2. 手背朝上，掌根与瓶底相齐 3. 将酒瓶上的商标朝向宾客 4. 通过腕力和手指的力量控制酒液的流速	
斟酒三步	1. 服务员侧身以右脚伸入两椅之间最佳位置为宾客斟倒酒水 2. 斟完后由右脚抽出向前走一步，即迈出的第一步 3. 第二步由左脚跟进向前再迈出一步 4. 最后第三步为右脚伸入宾客的两椅之间的斟酒站位，整个过程共三步	1. 技术性强，具有表演性 2. 斟酒要求高，要做到不滴不洒、不少不溢
斟酒	1. 斟酒时，瓶口略高于杯口1～2厘米 2. 斟完后，稍停，将瓶口抬高3厘米，同时手腕顺时针旋转45°后抽走，使最后一滴均匀地分布于瓶口边沿，以免滴落到宾客的身上或餐布上 3. 每斟完一杯，用酒布擦瓶口	

实训二 在中餐和西餐中，分别以怎样的顺序和时机斟酒为最佳？（见表5－3）

表5－3 斟酒的顺序与时机

餐别	斟酒顺序和时机		补充说明
中餐	宾客入座后	斟酒从主宾开始，再按主人的顺序进行斟倒，以示对宾客的尊重。如果是两个值台员同时服务，则一个从主宾开始，另一位从副主宾开始，按顺时针方向进行	一般酒席斟酒可根据宾客的饮食习惯和要求而定。通常是等宾客到齐后开始斟酒
	宾客进餐中	应在宾客干杯前后及时为宾客添斟酒水；每上一道菜后也要添斟酒水；当宾客杯中酒液不到1/3杯时要及时添斟；在宾客互敬酒时，要尾随敬酒的宾客及时添斟	

续表

餐别	斟酒顺序和时机		补充说明
西餐		西餐宴会用酒较多，几乎每道菜跟一种酒，吃什么菜配什么酒，应先斟酒后上菜，其顺序为女主宾、女宾、女主人、男主宾、男宾、男主人、续酒时，可不拘次序	

实训三　在中餐和西餐中，不同的酒水分别以什么斟倒量为最佳？（见表5－4）

表5－4　**斟酒量的掌握**

餐别	常用酒水	斟倒标准
中餐	饮料、白酒、红酒	▶均为八分满，以示对宾客的尊重
西餐	饮料	▶为八分满
	红葡萄酒	▶为红葡萄酒杯的1/2
	白葡萄酒	▶为白葡萄酒杯的2/3
	白兰地酒	▶为白兰地酒杯的1/5
	香槟酒	▶斟香槟时分两次进行，先斟至杯的1/3，待泡沫平息后，再斟至杯的2/3

实训四　应如何为宾客徒手斟酒？（见表5－5）

表5－5　**斟酒的程序和方法**

步骤	程序与标准	补充说明
斟酒准备	▶双手消毒 ▶检查酒水质量 ▶擦拭酒瓶 ▶准备一块消毒过的服务布巾	仔细认真
徒手斟酒	▶斟酒时，服务员侧身站在宾客右侧，按先宾后主的次序斟酒 ▶左手持布巾背在身后，右脚向前，右手持瓶向前伸出 ▶将酒瓶商标朝向宾客，用右手为宾客斟酒 ▶斟酒时要掌握好酒瓶的倾斜度并控制好倒酒的速度，瓶口不能碰杯口 ▶酒量适度后，将瓶口微微抬起并顺时针旋转45°收瓶，再用左手手中的布巾将留在瓶口的酒水拭去	▶在1分钟内完成10人位酒水的斟倒 ▶表情自然、放松，面带微笑；动作熟练、优雅

【案例 5－1】

如何为宾客以托盘的方式斟酒？

表 5－6　　托盘斟酒的程序和方法

步骤	程序与标准	补充说明
斟酒准备	▶检查酒水标志和酒水质量 ▶擦拭酒瓶 ▶按规范合理装盘（托盘中的装盘）	仔细认真
托盘斟酒	▶站在宾客右后侧，按先宾后主的次序斟酒 ▶左手手盘，右脚向前，侧身而立，保持平衡 ▶向宾客展示酒水、饮料、示意宾客选用 ▶待宾客选定酒水、饮料后，直起上身，将托盘移至宾客身后，托盘移动时，左臂要将托盘向左后方自然延伸，避免托盘碰到宾客 ▶用右手从托盘上取下宾客所需酒水为其斟倒 ▶斟酒时要掌握好酒瓶的倾斜度并控制好倒酒的速度，瓶口不能碰到杯口 ▶酒量适度后，将瓶口微微抬起并顺时针旋转 45°，然后收瓶，将酒瓶放入手盘内	▶表情自然、放松，面带微笑 ▶动作熟练、规范 ▶注意托盘的平稳性

任务五　结账服务礼仪

结账服务是对宾客服务的最后一个环节，也是宾客对餐厅服务质量感受的最后过程。良好的结账服务礼仪可以给宾客的用餐和餐厅服务人员的服务画上一个完美的句号，也可以使宾客对餐厅服务质量形成最终的良好印象，为宾客的下一次光顾打下良好的基础。

餐厅结账服务礼仪

（一）餐厅结账基本服务礼仪

1. 服务员应随时留意宾客的用餐情况，宾客示意结账时，应及时提供服务。账单应正确无误，呈递动作标准、规范。

2. 当把宾客的用餐细目送到收款台后，结款服务人员要准确、迅速地把食品的单价标上，计算好用款总数。

3. 宾客付账时，服务员应与宾客保持一定距离，宾客准备好钱款后再上前收取。收取现金时应当面点验。结账完毕，服务员应向宾客致谢，欢迎宾客再次光临。

4. 结账时宾客如需要转账，一定请宾客填写账号并签字。

5. 结账后宾客如要继续交谈的，服务员应继续提供相关服务，不可懈怠。

（二）结账方式及其对应服务礼仪

1. 宾客以现金方式结账

服务人员用托盘将账单送到宾客前面，并且站到负责结账宾客的右后侧，轻声告知，提醒宾客核对账单。然后用钱夹把钱收进托盘送回账台，并把找回的余款送到结账宾客的面前。

2. 宾客以签单方式结账

服务人员应核实宾客的身份，核对无误、请宾客留下有效的联系方式后方可签单。

3. 宾客以支票方式结账

服务人员要先将支票上各项内容仔细查看（如印签名是否齐全、是否有最高金额的限制、是否有密码等），然后要求宾客出示有效身份证件，准确无误后方可接受。

4. 宾客以信用卡方式结账

服务人员应核实查看信用卡的有效使用日期，核对“止付”名单。将宾客在餐厅消费总额刷卡后并附上分项账单请持卡人检查、核对和签名，服务人员核对宾客签名是否与卡背面的签名一致，确认无误后将信用卡送还给宾客。

（三）结账服务常用语

——先生，您的账单。

——对不起，请您付现金。

——请在这里签上您的名字和房间号。

——请付××元。谢谢。

——先生（小姐），这是找给您的钱和收据，谢谢！

——希望您晚餐吃得满意。

——希望您对这里的菜肴多提宝贵意见。

——非常感谢您的建议。

——十分感谢您的热心指教。

——再见，欢迎您再次光临。

任务六　送餐服务礼仪

客房送餐服务是星级酒店为方便宾客、增加收入、减轻餐厅压力、体现酒店服务水准而提供的服务项目。包括早、午、晚餐、夜宵、饮料服务，也包括总经理赠送给酒店重要宾客的花篮、水果篮、欢迎卡片等，此外，重要宾客在酒店的生日礼物，节日送给全部或部分住客的礼品等也是其服务范围。

一、客房送餐基本服务礼仪

（一）客房送餐服务应讲究服务的准确性和及时性。服务人员要记录下宾客的姓名、房间号、用餐人数、用餐品种、规格、数量、送餐时间、特殊要求等，要适时推销酒水。

（二）如餐饮部不能提供宾客所需的菜品，应礼貌地向宾客解释，并建议同类相似口味的菜品。记录完要向宾客重述一遍宾客的姓名、房间号、用餐人数、用餐品种、所点的菜品、规格、数量及送餐时间，以免出错。

（三）送餐的时间要把握好，离预约的时间要恰到好处。一般早餐要求在20分钟内送到客房，午餐和晚餐要在30分钟内送到客房。

（四）送餐员要根据宾客订餐的内容及数量准备好送餐餐具和调味品，备好账单，按照要求摆放整齐并注意卫生。

二、酒店送餐服务礼仪情境实训

实训一 当送餐服务人员将宾客餐点送至客房后，应如何对宾客进行就餐服务？

1. 进入客房前需先敲门或按门铃，得到宾客的允许后才能进入。见到宾客，礼貌地对宾客说："某某先生/小姐，这事您订的早（午或晚）餐。您希望我把餐桌摆放在什么位置呢？这是您的客房送餐账单，请过目。麻烦您签名好吗？谢谢您！请问还有什么需要我为您效劳的吗？非常感谢您使用我们酒店的客房送餐服务，祝愿您有愉快的一天/祝您用餐愉快/祝您有好胃口！"

2. 按照宾客要求摆好桌后，如果宾客还需要其他服务，则站立在一旁，按餐厅就餐的规格为宾客提供服务（餐厅就餐服务请参照模块三内容）。

3. 如果要求送餐的宾客是残疾人或生病的宾客，送餐员应提供周到、细致的特殊服务。

4. 如果宾客不再需要其他服务，则应请宾客签单或付现金，然后礼貌道别，轻轻关上房门。

实训二 客房送餐对客服务后、送餐员应如何处理后续服务和账务问题？

1. 送餐员返回送餐部后，要将签好的账单或现金及时送到收银台。

2. 配合客房服务员，估计宾客的用餐时间，在宾客用餐结束后将餐具及时回收和清洗，收取和清点餐具时要检查有无破损，若有遗失或破损要设法追回。

【知识拓展】

内容　餐饮服务礼仪中的禁忌

一、忌饮酒

班前不饮酒。酒是一种能刺激人神经的饮料，不少人酒后面红耳赤，酒气熏人；轻者会使工作受到影响，重者可能还会惹出麻烦。作为一名餐厅服务人员，每天都要接待四面八方的来客，倘若因酒醉而出现差错，即影响正常的服务工作，又败坏餐厅或酒店的声誉。因此，餐厅服务员上班前和工作时间应该禁止饮酒。

二、忌吸烟

岗上不吸烟。若一边工作一边叼着烟有失仪表、有碍卫生、污染环境、欠缺文明。所以，餐厅服务员在岗上不准吸烟。

三、忌异味

诸如葱、蒜、萝卜之类，这些食品吃了以后，会在口腔中留下一种令人难闻的气味。由于餐厅服务员要和宾客打交道，说话间若散发出异味，会令宾客讨厌。所以，餐厅服务员上岗前，不准吃葱、蒜及萝卜之类的异味食品。

四、忌餐中扫地和客粮撵走

服务员在宾客进餐过程中不应扫地。此时扫地，一方面会污浊菜点、污染空气和影响环境；另一方面还可能被误解成在有意轰撵宾客走。“客粮不撵”是指在业务繁忙，餐厅周转不开时，服务员不要用不文明的语言轰撵宾客。可以通过主动递茶送巾和询问结账等巧妙的方式，使宾客理解并体谅餐厅候餐顾客的情况，餐毕后迅速离座。

五、忌旁听客语和盯瞅奇客

宾客在交谈中不旁听、不窃视、不插嘴。如遇有特殊情况要与宾客相商时，也不能骤然打断宾客的谈话，最好采取暂先停立一旁、目视宾客的做法，待宾客理解你有事要找他时，再向宾客说声：“对不起，打扰了您的谈话”，然后再说问题。在接待一些服饰打扮或相貌奇特的宾客时，餐厅服务员应做到：不目盯久视，不惊奇窃笑，不交头接耳，不品评讨论。这些举动容易使人产生不满情绪，严重的还可能发生不应有的摩擦。

六、忌语不要讲

“忌语不要讲”，是指宾客忌讳的词语，餐厅服务人员不要讲。有些服务员由于缺乏对这类知识的学习，不懂得语言艺术的重要性有意无意地伤害了宾客或引起某些不愉快的事情发生。例如，一些人常用“要饭吃?”一词来征询宾客点菜点饭，这使人听起来很不舒服。因为，人们习惯把这句话视为贬义。所以，最好改用“您想用点什么主食?”等使人听起来顺耳的话。另外，在服务员向宾客介绍餐位时，“单间儿”一词也属于“忌语”。因为，“单间儿”在医院常指临危病人的房间，在监狱为重犯死囚关押的房间中国特色菜，在餐厅服务中，若用“单间儿”待客，实在让人难以接受。还是改用“雅座”或“雅间”为好。

七、忌私收客物和私收客礼

对宾客遗忘的物品要采取收验后妥善保管的办法。失主认领时，要认真负责地仔细核对证件，特征、数量，然后办理认领手续。当无人认领时，要及时上交领导妥善处理，绝不能揣入私囊或将其私分。顾客在用餐后，要送给服务员礼物表示心意时，宾客的心意可以领，但礼物不能收；若宾客执意要送，可暂收后交给领导处理。

【要点提示】

1. 酒店餐饮部服务人员引位服务礼仪。
2. 餐饮部服务人员点菜服务礼仪。
3. 餐饮部服务人员走菜和上菜服务礼仪。
4. 餐饮部服务人员点酒和斟酒服务礼仪。
5. 餐饮部服务人员结账服务礼仪。
6. 餐饮部服务人员送客服务礼仪。
7. 客房送餐服务礼仪。

模块四　酒店商务中心服务礼仪实训

【能力培养】

任务一　接待礼仪

一、商务中心基本接待服务礼仪（见图5－1）

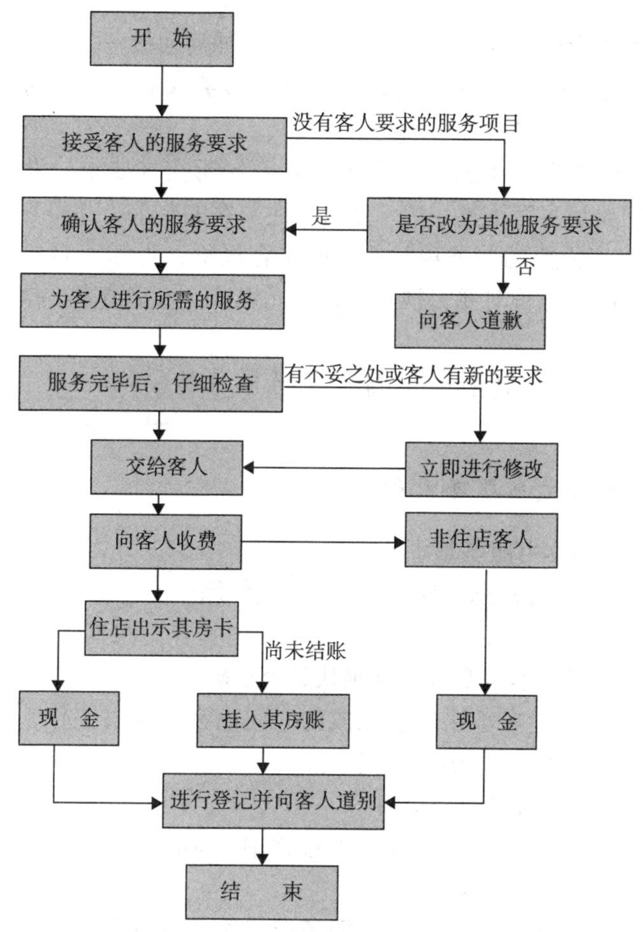

图5－1　商务中心服务流程

1. 商务中心室内安静无噪声，值班人员不得聊天及大声喧哗。

2. 商务中心服务员在接待宾客时应做到服务热情、礼貌待客。

3. 礼貌和仔细地询问宾客的要求，认真倾听，对于宾客提出的详细要求和特殊要求必要时进行记录。

4. 在宾客表达要求后，服务人员要向宾客重述一遍，以免其中有遗漏或误解等状况发生而影响服务质量。

5. 要详细告知宾客其使用的商务服务项目的费用，完成的时间等事项。

6. 文件要按照物品传递礼仪交给宾客，并礼貌地请宾客检查和认可。

二、酒店商务中心接待服务礼仪情境实训

实训 当宾客走进商务中心时，服务人员应如何迎接?

1. 当宾客走进商务中心时，值班员应立即微笑起立，按照问候礼仪标准问候宾客。

2. 礼貌询问宾客需办理业务的要求，认真倾听宾客要求，没有听清楚或不明白的地方一定要请宾客重复一边，然后复述宾客的要求，并得到宾客的确认。

3. 在进行宾客需要的服务项目前，向宾客报价，告知宾客各项服务的价格和估计完成的时间。报价时要目视宾客，目光坦诚，咬字清晰，报价准确。

任务二 商务文书服务礼仪

一、商务中心文书服务礼仪

（一）商务中心文书服务基本礼仪

1. 在为宾客提供商务服务时，应做到技能熟练。

2. 在为宾客提供文书服务的过程中要详细向宾客询问具体要求和特殊要求，在完成后要礼貌地让宾客过目检查和确认是否正确。

3. 服务人员要尽量在承诺宾客完成的时间内完成文书工作，如有延误的情况，需要恳请宾客的原谅，表示会尽快完成。

（二）商务中心的服务保密原则

1. 在为宾客处理电传和电报业务的过程中，应严格保守机密，不得向他人泄露。

2. 对接触到的有关酒店营业、客源情况或酒店与外界的通信内容，不得向他人透露。

3. 要对宾客的通信内容及发电报宾客的姓名、房号保密。

4. 发出的各种信息要反复核对，以防出错，并将宾客的电子文件底稿妥善

处理。

二、酒店商务中心文书服务礼仪情境实训

实训一　当宾客需要商务中心的复印服务时，服务人员应该如何处理？

1. 当宾客走进商务中心时，值班员应立即微笑起立，按照问候礼仪标准问候宾客。如果知道宾客姓名，应马上用宾客姓氏加上尊称称呼宾客。

2. 礼貌询问宾客办理业务的要求。要认真倾听宾客要求，没有听清楚或不明白的地方一定要请宾客重复一边，然后复述宾客的要求，并得到宾客的确认。

3. 在进行宾客需要的服务项目前，向宾客报价，告知宾客各项服务的价格和估计完成的时间。报价时要目视宾客，目光坦诚，咬字清晰，报价准确。

4. 完成复印服务后，要双手将文件递给宾客，并且将文件的看面和文字的正面朝向宾客。

5. 再次向宾客介绍收费标准，礼貌地请宾客签单。

6. 真诚地向宾客致谢，并欢迎宾客再次光临。

实训二　服务员如何接待需要打字打印的宾客？

1. 主动热情迎接宾客，介绍收费标准。

2. 接过宾客原稿文件，了解宾客要求及特殊格式的安排，浏览原稿，看是否有看不清楚的地方或字符。

3. 告知宾客大概完成的时间。

4. 文件打出后，请宾客校对。

5. 修改后，再校对一遍。

6. 将打好的文件交给宾客，为宾客开单收费，请宾客签字后，将账单转前厅收银处。

7. 填写“商中心日复印、打字报表”。

8. 每个文件都要询问宾客是否存盘及保留时间，如不要求保留，则删除。

实训三　当宾客需要发送传真时，服务人员应如何提供周到的服务？

1. 主动、热情地迎接宾客，问明发往国家和地区。

2. 查看宾客提供的国家、地区号码，确认无误。

3. 事先向宾客说明传真价格。

4. 传真发送后，要将“OK”报告单连同原件一起交给宾客。

5. 请宾客付款或签单，账单上注明传真号码及发送所用时间。

6. 将账单送至前厅收银处。

7. 填写“商务中心发送传真报表”。

【要点提示】

1. 酒店商务中心服务人员的接待礼仪。
2. 酒店商务中心服务人员商务文书服务礼仪。

模块五　酒店康乐服务礼仪实训

【能力培养】

任务一　娱乐项目服务礼仪

一、KTV 服务礼仪

（一）KTV 基本服务礼仪和注意事项

1. 在厅中不可提高嗓音，以能听到为准。
2. 不可斜倚靠墙或服务台。
3. 在服务中不可背对宾客，出厢房时应先倒退到门口。
4. 当宾客进入时，以亲切的微笑迎接宾客。
5. 除非宾客非常坚持，才可以唱歌，但以一曲为限，否则尽量婉拒。
6. 服务中，若有宾客歌唱完毕时，应礼貌性的鼓掌鼓励。

（二）KTV 服务礼仪情境实训

实训一　在迎接前来 KTV 唱歌的宾客时应采用哪些服务礼仪以做到热情周到的接待服务？

1. 按标准姿势站立于所属厅房门口恭迎宾客（请参照模块一“迎送宾客礼仪”内容）。

2. 宾客到来时，按标准向宾客行礼。

3. 在运用礼貌用语的同时，鞠躬 15°，并做出“里面请”的手势。

4. 迅速把房间门打开，请宾客入座，然后轻轻把房门关上。

实训二　宾客进房落座后应如何为宾客提供其他的服务？

1. 宾客进房入座确定后，轻敲房门进入房间站在电视机一侧，以行礼规范微笑鞠躬作自我介绍，并致欢迎词：“晚上好，欢迎光临！我是本房服务生，很高兴为您服务！”

2. 为宾客倒迎宾茶，以半跪式姿势给宾客侧身上茶，手拿水杯时不能拿杯上的1/3，应拿杯下的1/3处，用大拇指和食指、中指拿住水杯下1/3处，以小指作为桌面的支持点。上茶时要轻拿、轻放并做出请用茶的手势。

3. 通知总机开机，并询问宾客是看电视还是听歌，然后按宾客要求调好电视、电脑、功放（效果器打开），灯光调到柔和状态，音乐调到最佳效果。

4. 上开台生果、小食，并掀开生果保鲜膜示意宾客食用。

实训三 在宾客唱歌的过程中和结束唱歌后，服务员还应提供哪些服务并注意运用怎样的服务礼仪？

1. 中途服务过程中应不断清整台面、地面卫生，点歌、加酒，帮助宾客将酒具、香烟等物品归位，将长时间离开的宾客之杯具送到洗涤间清洗，及时准备好适量的机动杯具以备新到宾客之需。

2. 服务员在服务时可推销酒水或食品。随时注意宾客的进食程度及房间动向。做到眼勤、手勤、嘴勤、腿勤，准确判断宾客要求，做到有问必答，有求必应。每次进房第一时间观察是否有垃圾，及时端、擦、收、送。

3. 每个新来到的宾客进包房时，服务人员都应起身欢迎问候，询问宾客有何要求；每位宾客离开时致欢送辞。

4. 宾客叫买单时，应先问宾客是否还需要什么服务？如遇宾客消费没有达到最低消费，要提醒宾客，介绍可以打包拿走的物品。随时通知主管拿消费账单前来（宾客买单时，用眼睛的余光检查厅房的一切物品、设施是否损坏或遗失不见）。

5. 宾客起身要走时，要提醒宾客带好随身物品，并致欢送语“欢迎下次光临！”

二、桑拿洗浴服务礼仪

（一）桑拿洗浴基本服务礼仪和注意事项

1. 仪容仪表要求

请参看本书相关项目内容，在此不再赘述。

2. 岗位基本服务礼仪和注意事项

（1）更衣室

服务流程：问候宾客→帮助宾客开箱→协助宾客更衣→推销外卖商品→询问宾客是否结账→提醒宾客不要遗忘物品→询问宾客对本店的意见和建议→引领宾客至鞋吧换鞋。

★★注意事项：如果宾客有送洗的衣物，应迅速到洗衣房去领取，提醒宾客检查好浴衣和更衣箱，不要忘记自己的随身物品。

（2）鞋吧

服务流程：问候宾客→按手牌及相对应的鞋牌为宾客提供准确的更鞋服务→

欢送宾客。

注意事项：看清宾客手牌以免将鞋弄错，与更衣室服务员交接清楚哪位宾客买单，及时通知收银员。

(3) 收银员

服务流程：问候宾客→为宾客及时、准确的结算→唱收唱付→欢送宾客。

注意事项：结清的手牌要及时回牌，如遇宾客先走未结，须及时办理转账手续。对于结清未走的手牌，要做好保留手牌登记。

(4) 迎宾员

服务流程：问候宾客→对于临时大堂休息的宾客及时让座→询问宾客对本店的意见和建议→协助收银员照看好未买单的宾客，防止跑单→欢送宾客。

★★注意事项：时刻保持警觉，注意可疑的人和可疑的事儿，不允许宾客穿浴衣或拖鞋外出。

(二) 桑拿洗浴服务礼仪情境实训

实训一 怎样为宾客预订包房?

包房的预订工作由大堂副理、接待员负责。一般来讲，宾客的预订信息有两种情况：

1. 外线电话预订：在这种情况下，首先要问清宾客的姓名、地址、联系方式、洗浴人数及到达时间，然后做好预订登记。告之宾客到达酒店鞋吧拿到手牌后，跟总台说明预订的房间号，注意一定要告之预定的宾客包房最多保留的时限。一般情况下，外线电话预订包房的保留时限为到达时间后 1 小时。

2. 内线电话预订：这时，需要问清宾客的手牌号，及需用房间的标准，做好预定登记，并告知宾客该房间的保留时限。一般情况下，包房的保留时限为内线电话预订后 1 小时。

实训二 怎样为宾客提供提醒服务?

1. 坚持一客一提醒，一客多提醒。

2. 所有岗位，当宾客离开时，要有提醒。“先生/女士慢走，带好您的随身物品。”

3. 当宾客进入更衣室时要提醒：“先生/女士带好您的物品，锁好您的更衣箱，贵重物品请到总台寄存。”

4. 休息大厅随时巡视，当发现宾客把手牌或其他物品随处放置时，须及时提醒：“先生/女士，请保管好您的手牌（或物品）。”

实训三 怎样处理顾客之间的相互买单?

1. 当要走的宾客不买单、后走的宾客买单时，须下转账单、把先走宾客的账单结算出来，注明消费金额，经双方确认签字后，把该账单放在买单人的手牌盒内。

2. 两伙宾客不是一起进入，手牌没有登记在一起，在双方都未结账前通知总台其中一方买单。首先填写转账单，经买单人签字后把该账单连同转账单一起放在宾客的手牌盒内，然后在电脑账单上做好转账处理。当区域服务员遇到上述情况时，分别问清买单人与被买单人的手牌号，填写转账单，由买单人签字后送交总台。

三、游泳池服务礼仪

（一）游泳池基本服务礼仪

1. 服务员工作前应按规定换好工作服，佩戴工号牌，检查自身仪表仪容，准时到岗，通过班前会接受任务，服从工作安排，到岗应及时查看交接班记录。

2. 用清洗消毒液按 1∶200 兑水后对池边的躺椅、座椅和圆桌以及更衣室椅子等进行消毒，按规定摆放烟灰缸、撑起太阳伞。

3. 清理池边卫生，清洗游泳池边的瓷砖、跳台等。清洁淋浴间的地面、镜子和卫生间的洁具。同时检查宾客将使用的设施、设备是否完好，如淋浴的冷热水开关、更衣柜的锁等，有损坏及时修复。

4. 清查核对更衣柜钥匙，在登记册上写清场次、时间，并补充好更衣室里的棉织品、易耗品（沐浴液、洗发水等）。

5. 端庄站立在服务台旁，恭候宾客的到来。

6. 礼貌地递送衣柜钥匙和毛巾，引领宾客到更衣室，并提醒宾客妥善保管好自己的衣物。

7. 保证宾客游泳的绝对安全，勤于巡视泳池内动态。

8. 保持环境卫生。

9. 宾客离开时，主动收回衣柜钥匙，并礼貌地提醒宾客衣物是否遗忘；送客到门口，向宾客表示谢意，欢迎再次光临。

（二）游泳池服务礼仪情境实训

实训一　服务岗位的工作人员应如何接待前来游泳的宾客？

1. 热情迎宾，规范服务

迎宾时，服务人员应仪表整洁，精神饱满，热情、大方，面带微笑。宾客到来时，应表示欢迎，进行验票。对带小孩的宾客应提醒注意照管好自己的小孩，根据具体情况，提供救生圈等服务。

2. 关心宾客，严格管理

顾客进入游泳池前，服务员带领宾客到更衣室更衣。顾客的衣服用衣架托好挂在衣柜里，鞋袜放在衣柜下，贵重物品要宾客自己保管好，需要加锁的要为宾客锁好，钥匙由宾客自己保管。同时注意进入游泳池区域的宾客，要求进游泳池前须先冲淋，并经过消毒浸脚池。对喝酒过量的宾客，或患有皮肤病的宾客则谢绝入游泳池；禁止宾客携带酒精饮料和玻璃瓶饮料进入。

3. 细心观察，做好服务

做好服务、卫生工作，及时更换烟缸，同时收回不用的浴巾、救生圈等物。

4. 做好宾客离场服务

宾客离场时，收回更衣柜钥匙，主动与宾客道别。

实训二 救生员在工作中应注意哪些工作职责和礼仪?

1. 负责游泳池的救生及保洁工作。

2. 负责宾客游泳的绝对安全、勤巡视池内游泳者的动态，落实安全措施，发现溺水者要迅速冷静处理，做好抢救工作并及时向有关领导报告。

3. 认真做好每天的清场工作。

4. 负责游泳池水质的测验和保养及游泳场地的环境卫生。

5. 上班集中精神，不得与无关人员闲谈，救生台不得空岗，无关人员不得进入池面。

6. 由于游泳深浅不一，来的有大人、小孩，对此一定要注意勤在泳池边观察，注意游泳者的动向，防止发生意外，保证宾客的安全。

7. 如是室外泳池遇雷雨天气，要迅速安排宾客上岸，确保宾客安全。

四、高尔夫服务礼仪

（一）高尔夫基本服务礼仪

1. 仪容仪表

请参看本书相关内容，在此不再赘述。

2. 表情、姿态和手势礼仪

（1）阳光微笑是高尔夫从业人员的基本素养，标准如下：面向对方，嘴角上翘，可以微微露齿。

（2）姿态：坐、行姿态端正，请参看本书相关内容，在此不再赘述。

（3）手势：指示方向或事物要五指并拢伸开，不可戳指人或事物。有关礼仪详细内容参看本书相关内容，在此不再赘述。

3. 球童应具备基本服务礼仪标准

（1）球童的仪态

服务人员的仪态是高尔夫球员了解球场好坏的重要因素之一。正确的仪态是职业服务人员的基本礼仪素质，要始终保持标准仪态：

① 微笑的面容；

② 谦逊的语言；

③ 竭尽全力的诚意；

④ 宾客第一原则；

⑤ 迅速的行动；

⑥ 行走和站立时的标准请参看本书相关内容，在此不再赘述。

（2）一流球童服务标准（见表5－7）

表5－7　　一流球童服务标准

区分	一流球童标准
走路姿态	端正的身形，轻快的脚步
说话	有礼貌、清晰、简单明了
形象	以工作为己任，第一次见面就能给对方留下好的印象
动作	全身心地投入工作，所有的动作都会一丝不苟的完成
姿态	认真倾听顾客的谈话
印象	人文美德
礼节	问候与行礼搭配完美
化妆	了解自己的存在价值，非常自信的使化妆成为增强服务的手段

（二）高尔夫服务礼仪情境实训

实训一　发球台的服务人员应如何清点宾客的物品及球杆，并请宾客确认？

1. 出发前在出发室领到出发单后，马上安排对应的球童服务。

2. 清点宾客球杆数量，如果缺少球杆或球杆套应向宾客说明。

3. 发球台服务员点杆规范语言：

（1）××先生/小姐您好！您球包里有×木、×铁、×推，一共有×杆，您看对吗？

（2）当宾客应答后要说“谢谢”。

（3）注意说话时的语气亲切、吐词清楚、语调适中。

实训二　球童应如何向场内的宾客问候和自我介绍？

1. 宾客到时应向宾客问好。

2. 向宾客作自我介绍时应说：“先生（小姐），您好！（行15°鞠躬礼）很高兴为您服务，我是您今天的×号球童×××。”一定要说清楚自己的球童号，姓名。让宾客记住自己。

3. 提醒并带宾客做热身操。

4. 宾客打出好球后应喝彩，如“好球”。

5. 宾客打完球后，应向宾客说“您辛苦了”；宾客离开时应向宾客示意“再见”。

实训三 当宾客准备开球，球童应做好哪些准备和提供哪些服务？

1. 站好自己的位置。

（1）宾客要打球时，应站在宾客右后方45°角3~5码处为宾客看球。

（2）如遇到盲点可根据情况调整，切记不可站在妨碍宾客打球处，除传递杆或其他用具外尽量不要走上发球台。

2. 为宾客介绍球道。

（1）向宾客介绍球道（码数、标准杆、风向、第一落球点及安全距离）询问使用几号球杆。

（2）发球台介绍球道规范语言、动作：“××先生/小姐，您好！这里是×球道、×洞、PAP ××、× TEE 、××码，请问您用×号球杆开球”。

（3）当宾客告之使用球杆后，将球杆递给宾客并重复球杆的号码、第一杆所打方向及安全位置、距离、风向、有无OB或其他障碍。

实训四 当宾客打球的过程中，球童应使用哪些语言来助兴宾客？

1. 宾客打出好球时球童须喊“NICE SHOT”或“NICE BALL”（好球），与宾客分享快乐。

2. 当宾客击球上果岭或打出好球时，球童应欢呼“NICE ON”或“NICE SHOT”，发自内心的喝彩会使宾客备受鼓舞，从而提高打球兴趣。

3. 若宾客的球没打好时，应亲切安慰宾客或帮助分析原因，提出一些好的建议。

4. 规范语言：您需再打一个暂定球吗；您如果换另外一支杆也许感觉好一点；当宾客的球打进障碍区、OB \水障碍、沙坑时应安慰宾客并适当提出专业意见。

实训五 当球童遇到不会打球的宾客并可能造成危险时，应如何处理？

1. 球场宾客少时：球童在第一洞发现宾客不会打球时，应礼貌地向宾客说：先生/小姐，对不起！您的“差点”达不到球会规定的出场标准，按规定您不可以继续打球，如果您要继续，请让我代您去向出发台申请一下，看是否可以，请您稍等片刻，我很快回来（球童在第一洞以最快的方式回出发台汇报，由主管请示部门经理批准后方可出场）。

2. 当场上宾客多时，使用语言：第一次：先生/小姐，对不起，很抱歉地告诉您，从刚才您的击球来看，您的差点达不到球会规定的出场标准，请您跟我一起回场，您可以在练习场练球且有教练指导，谢谢！

3. 如不听劝阻，第二次：（先生/小姐）请理解和支持我们球会的球场规定，这是为了保证整个球场及所有打球宾客的打球秩序正常进行。如果您还继续的话，请原谅我们不能继续为您服务，否则我们要受处罚。

4. 第三次：（先生/小姐）我们一起回去吧（球童一边拉包或开车回场）！

任务二　酒吧服务礼仪

一、酒吧服务基本流程和礼仪

（一）酒吧基本服务流程和礼仪

1. 做好接待前各项准备工作以及各区域的卫生。
2. 熟悉服务程序和宾客要求。
3. 熟悉各种酒水品种、价格，各种杯具的特点、饮用方式。
4. 按照宾客的要求提供酒水和饮料。
5. 保持酒吧的整洁和整齐。
6. 按照规范迎宾、问候、致欢迎词。
7. 按照引位礼仪为宾客领位，待宾客入座询问宾客人数合理安排座位。
8. 根据不同的宾客介绍不同的酒水和饮料。
9. 下单时牢记宾客的要求。
10. 写酒水单时注意以下内容：日期、价格、品名、金额、单价不准涂改。
11. 巡台时，注意台面卫生，及时整理桌面。
12. 送客时，主动上前问好感谢；提醒宾客拿好随身物品。

（二）酒吧服务礼仪礼貌用语

1. 先生、小姐晚上好，请问几位？
2. 这边请！
3. 今晚用些什么酒水？
4. 先生、小姐这是你需要的酒水，请慢用。
5. 打扰一下，收拾一下台面好吗？
6. 请问还需要点什么？
7. 抱歉让您久等了！
8. 您慢走！请带好随身物品。

二、酒吧服务礼仪情境实训

实训一　在迎接顾客时，应如何运用接待服务礼仪？

1. 迎宾员应保持身体直立与自然，准备迎接来酒吧的顾客。

2. 当知道顾客的名字时，应称呼其名字。如果是新顾客，以先生/小组/女士代称招呼。

3. 查询顾客预订的细节。询问宾客："您是否预定?"，并查核预订："×××先生，你订的是两个人的，对吗?"若顾客没有预订要向顾客问："先生，您一共几位?"，"您要吸烟区还是非吸烟区?"

4. 如果酒吧客满可介绍其他酒吧给顾客。

5. 如果在预订方面有任何问题，要向主管汇报并请顾客稍等。

实训二 在迎接顾客之后，专门的领位员应如何引领宾客入座?

1. 领位员以最快速度引领顾客到餐桌前。当领位员不在领位台时，应有其他服务员帮助顾客。

2. 领位员应告诉顾客可以挑自己喜欢的台子。

3. 使用礼貌用语。

4. 领位员带顾客时步伐的快慢应与顾客一致。

5. 领位员应主动拉椅子请顾客坐下。一般情况下，女士优先。

6. 比较热闹的聚会应安排在不打扰其他顾客的地方；行动不便的顾客应在靠近门口的地方；年轻的情侣一般安排在安静的地方。

实训三 服务人员如何向宾客出示酒单?

出示酒单是酒吧服务中的一个细节，但在这细微之处，也是体现酒吧服务水准的舞台，因此，作为酒吧的服务员，应做好下列的服务规范，给酒吧的服务增添光彩：

1. 酒单递给宾客时，应保持酒单打开状态。

2. 酒单应从右边呈给顾客。

3. 酒吧的服务员应熟悉每日的特色饮品。

4. 一般在开胃酒后马上给顾客出示菜单，顺序为女士优先，主人最后。

实训四 服务人员应如何为宾客点单?

点单服务工作是当顾客坐下之后，服务人员进行的下一项服务的内容，其工作要领是：

1. 必须告诉顾客每日特色品种。

2. 向顾客介绍酒吧的特色和促销活动。

3. 如顾客点的饮品没有，必须立刻通知顾客。如顾客赶时间应尽快给顾客点单，不要向顾客推荐准备时间长的饮品。

4. 应该按正确的顺序点单（女士优先，主人最后）。

5. 不要向顾客推荐三种以上的饮品。

6. 服务员应清楚各式饮品的配料及制作方法，掌握并介绍有关知识。

7. 作为服务人员应学会向顾客推销饮品的配菜。

8. 当点酒时，要重复顾客点的酒。

实训五　服务人员如何为宾客提供饮料服务？

1. 尽快把饮料拿到桌上并说明，注意不要打扰顾客。

2. 所有饮料应用托盘服务。

3. 所有饮料应用右手从顾客的右侧服务。

4. 在顾客的饮料用完之前应问顾客是否需要另一杯饮料。每次添加饮料时必须重复饮料酒水名称。拿走脏杯子，摆上新杯子，同时把用过的器皿拿走，例如，搅拌棒等。

实训六　服务人员应如何为宾客提供酒水服务？

1. 在服务之前要检查以下各项：

（1）确认是顾客点的酒。

（2）顾客所点的酒的正确年份。

（3）酒的温度是否适当。

（4）酒的商标是否保存良好。

（5）酒的瓶身是否干净。

（6）拿酒时不要摇晃酒瓶，特别是红葡萄酒，因为它有沉淀物。

（7）向点酒人展示酒标，得以认可后才能进行下一步的服务程序。

（8）白葡萄酒应和冰、水均匀地放在桶里，餐巾放在冰桶上面。

（9）服务用餐巾必须干净。

（10）瓶口的酒封要用酒刀割开，以免倒酒时触及。

2. 服务之前要经顾客确认。

3. 酒瓶打开后，服务员应询问点酒人是否希望品尝。

（1）如果答案是肯定的，服务员要从顾客的右侧用右手服务，在得到允许后再优先女士、后主人顺序开始服务。

（2）如葡萄酒有任何问题必须马上汇报主管。

（3）酒标要面向顾客，即使在倒酒时也一样。

（4）空酒瓶要从桌上撤掉，但千万不要把酒瓶倒放在冰桶内。

（5）如剩下的酒不多，在平均分配给顾客后要有礼貌地问顾客：“您还需要另一瓶吗？”

（6）香槟在45°时打开，用布巾包住瓶口，小心取出软木塞。

实训七　服务员员如何为宾客递账单？

1. 拿账单时，应用干净的账单夹把账单和签字笔一起递给顾客。

2. 当顾客要求结账时，不能让顾客等账单超过两分钟。

3. 账单夹应放在要结账的顾客面前，并打开账夹和笔一同递上：“您的账单，先生/女士。”当账单放在顾客面前时，服务员应退后几步。

4. 当顾客把现金或信用卡放到账单夹里时，服务员应走上前拿账单夹，在交到收款台前要确认检查。

5. 顾客结完账后服务员应向顾客表示谢意：“非常感谢您，欢迎您再来。”

实训八 服务员如何送别宾客?

1. 当顾客站起时服务员应帮宾客拉椅子（女士优先）。如有可能，顾客应被送到酒吧门外。

2. 告别时应面带笑容：“再见，先生/女士，欢迎您再来。”“谢谢您的光临，祝您愉快”。

任务三 健身服务礼仪

一、健身房基本服务礼仪

（一）健身房服务人员基本服务礼仪

1. 准确运用迎接、问候、告别语言。
2. 对常客和回头客能称姓名或职衔。
3. 服务态度主动、热情。
4. 熟悉掌握健身房工作内容、工作程序。
5. 熟悉各种健身器材设备的性能、作用和使用方法。
6. 能够指导会员使用健身器材设备。

（二）健身房服务人员预订服务礼仪

1. 要用规范语言主动、热情接待会员预订。
2. 会员电话预订，铃响三声内接听。
3. 准确记录会员姓名、有效证件、使用时间，并复述清楚，取得会员确认。
4. 对已确认的会员预订，要通知有关服务人员提前做好安排。

二、健身服务礼仪情境实训

实训一 健身房指导员如何向宾客展示器械和设备的使用?

健身房健身指导员在演示器械使用操作、动作技术和其他需要运用肢体语言直观说明的内容与项目时，需要与会员保持一定的间隔距离。这样既能保证会员看清楚自己的操作示范，又能预防对自己操作示范的妨碍。展示距离的长短依据所演示项目与内容的特点和要求可在1.0~3.0米之间，特别情况除外。

实训二　在宾客健身的过程中，服务或指导人员应保持怎样的待命距离？

待命距离适用于为有一定训练基础和水平，但仍需监控的会员的服务过程中。待命距离特指健身指导员在会员随时有需求、但现时尚未要求为其提供服务时所应该与之保持的距离。适当的待命距离一般在3.0米以外，但必须是被会员视线所及的地方。

任务四　美容美发服务礼仪

一、美容美发基本服务礼仪

（一）热情迎候，并将宾客引领到休息室，帮助宾客接挂衣帽，递上杂志或茶水。

（二）美容美发完毕，要用手镜打闪提供后视服务，并礼貌地征求宾客的意见。

（三）及时为宾客提供账单明细，收款准确。

（四）送客时，协助宾客穿戴衣服，拿取寄存箱内的物品，礼貌告别。

二、美容美发服务礼仪情境实训

实训一　引位服务人员应如何接待前来美容美发的宾客？

1. 服务人员向宾客热情微笑、并自我介绍：“××小姐/先生”，“您好！我是×××，很高兴为您服务。”

2. 礼貌询问宾客是否有重要随身物品需要寄存。提醒宾客：“××小姐/先生，请您把贵重的物品放入包内，把柜子锁上保管好钥匙。”

3. 服务人员要礼貌、详细地询问宾客的美容美发需求，并向宾客推荐适合的美容和美发师。

4. 礼貌地提醒宾客：“如果您在接受服务的过程中有任何的不满，不舒服的地方，请您告诉我好吗？谢谢！”

5. 按照引位服务礼仪标准，引领宾客到达美容美发的地点接受服务。

实训二　待宾客开始做美容时，服务人员如何为宾客提供美容服务？

1. “××小姐/先生，这边请，您躺这张床”，边讲边双手轻扶顾客后背，协助其躺在美容床上。

2. 蹲下来放好顾客脱下的鞋。

3. 将披在宾客背上的浴巾拿开，把新的浴巾及被子盖在宾客身上。

4. 美容师坐下，带上一次性口罩，给宾客做头部放松，同时向宾客讲解此次美容的具体步骤和手法，以及要使用的美容工具和产品。

5. 可适当地向宾客推销有助于宾客美容的新产品和体验。

6. 随时询问宾客是否感到不舒服，及时调整美容手法和位置等。

7. 当美容项目做完后，用毛巾将宾客的头包好，提醒宾客："您可以在床上休息放松一下，有事您可以叫我。"

【要点提示】

1. 酒店康乐部娱乐项目服务礼仪。
2. 酒店康乐部酒吧服务礼仪。
3. 酒店康乐部健身服务礼仪
4. 酒店康乐部美容美发服务礼仪。

【思考训练】

1. 酒店前厅部门服务人员迎送宾客时应运用哪些服务礼仪？
2. 酒店前厅部门服务人员接受宾客问询时应运用哪些服务礼仪？
3. 酒店"金钥匙"对客服务礼仪有哪些？
4. 酒店大堂副理对客服务礼仪有哪些？
5. 酒店前厅服务人员接受和处理宾客投诉的礼仪有哪些？
6. 酒店前厅服务人员传递物品、鲜花和馈赠礼品的礼仪有哪些？
7. 酒店客房部服务人员进入客房的礼仪有哪些？
8. 客房与餐饮部协作为宾客客房送餐时应遵循哪些服务礼仪？
9. 客房部服务人员在酒店内遇到宾客时的应答礼仪有哪些？
10. 酒店餐饮部服务人员在为宾客引位时应运用哪些服务礼仪？
11. 餐饮部服务人员为宾客点菜时的服务礼仪有哪些？
12. 餐饮部服务人员在走菜和上菜时运用的服务礼仪有哪些？
13. 餐饮部服务人员为宾客点酒和斟酒时应运用哪些服务礼仪？
14. 餐饮部服务人员在为宾客结账时的服务礼仪有哪些？
15. 餐饮部服务人员的送客服务礼仪有哪些？
16. 酒店商务中心服务人员在接待宾客的过程中应具备哪些接待礼仪？
17. 酒店商务中心服务人员在为宾客提供商务文书服务时应运用哪些服务礼仪？
18. 酒店康乐部各娱乐项目的基本服务流程和具体服务礼仪有哪些？
19. 酒店康乐部美容美发的基本服务流程和具体服务礼仪是什么？

项目六　酒店职业工作中音乐礼仪

【主要内容】

本项目包括“音乐与环境”、“功能视角下看音乐”以及“环境音乐与酒店艺术”三大模块。模块一主要内容包括广义的环境音乐、环境音乐的“潜移默化”和环境音乐的“美”；模块二的主要内容包括生活中的环境音乐、表演中的环境音乐；模块三的主要内容包括我以酒店看音乐与环境音乐运用小技巧。

【学习目标】

1. 了解什么是环境音乐、环境音乐的基本要素和基本特征。
2. 熟知环境音乐的分类，每种分类形式的特点及使用。
3. 熟知环境音乐在酒店行业中的使用原则及注意事项。

模块一　音乐与环境

【能力培养】

音乐是一种特殊的社会语言，伴随人们的一生，充斥在生活中的各个角落。从最初婴儿在母亲腹中感受的胎教音乐，到出生后的成长、走入校门、步入社会、组建家庭、迈入迟暮，音乐总是萦绕在身边。作为一种独特的艺术形式，音乐具有很强的表达能力、叙述能力以及潜移默化的能力。其中，又以环境音乐最具有代表性。

任务一　广义的环境音乐

环境音乐（ambient music）是指在不以音乐为主题的活动中，介于人们有意识与无意识欣赏，为了某种需要而播放的音乐作品，是集声学、心理学、生理学等学科为一体的综合产物。其形式通常是以中央音乐控制系统播放 CD、VCD 音乐，也可以采用小型乐队或乐器进行现场演奏，目的是通过在酒店、咖啡厅、办公室、商场、超级市场、旅游活动甚至是家庭生活等不同环境的使用来改善心理、生理环境，起到渲染感情、烘托主题；改善工作环境，提高工作效率；营造舒适氛围、创造经济收益等作用。可以说首先，环境音乐的安排带有一定目的性；其次，环境音乐播放的时间长短、音响强度都是以受众群体的精神愉悦进行选择；最后，环境音乐跟随不同环境所要达到的目的显示出不同的特点。

环境音乐从古至今始终贯穿于人们的生活中。远古时代的劳动歌曲、船夫号子等，运用统一的劳动节奏鼓舞劳动者的情绪、消除疲惫，提高劳动热情。战争中的行军作战，运用铿锵有力、激昂奋进的音乐鼓舞士气，使他们英勇善战。宫廷中的各种家宴庆典，运用优美华丽的音乐渲染气氛。早期环境音乐的使用还带有一定局限性。19 世纪末 20 世纪初，英、美、法、日等国家纷纷发展环境音乐，并逐步将音乐运用到现代生活中。《纽约时报》记载："1886 年，美国芝加哥一汽车公司的经理弗朗克·摩顿在他的工厂中，进行演奏音乐的试验。"从人最基本的衣食住行到社会上的各种社交活动，环境音乐都会以多种风格、多种形式弥漫其中，起到美化环境的作用。21 世纪是精神领域的全新开拓期，人们更加关注环境音乐对个人情绪、内心世界方面的改善。环境音乐因其特殊功效被广泛地运用于各个场面。例如，在商场中使用优美、浪漫的环境音乐，一方面可以掩盖环境噪声，创造愉快舒适的购物环境；另一方面可以放慢顾客脚步、延长购物时间，提高商场销售业绩。据研究显示，合理有效地环境音乐会促使商场的销售量高于普通环境下的 38%。在旅游酒店、餐饮场所中环境音乐的使用原则更为重要，它不仅是酒店品味与形象的象征，更是缩短顾客与环境之间距离的必要条件。《国家旅游酒店星级的划分与评定》（GB/T14308—2003）中已将环境音乐作为四星、五星级酒店必备的一个标准。

任务二　环境音乐的"潜移默化"

一、音乐的非鉴赏性

环境音乐与以音乐为主题的活动（音乐会、演唱会等）含义不同。它不是以欣赏音乐为主要目的，而是将音乐作为背景，烘托气氛、塑造形象、突出主题。例如，酒吧一般会播放带有怀旧色彩的音乐，像民谣、古典吉他曲、爵士乐等有韵味的音乐，目的不是让宾客去欣赏，而旨在营造一种氛围环境。再如电影中的环境音乐也有此特点，欣赏意味不浓，目的是衬托主题个性，激发观众的审美意象。在电影《狮子王》中，我们看到的画面是蓝天、白云、辽阔的草原和狮子王辛巴与朋友们的快乐玩耍，明快优美的旋律一直伴随始终，让观众不仅在视觉上有直观形象，还可以产生相应的听觉形象，见图 6－1。

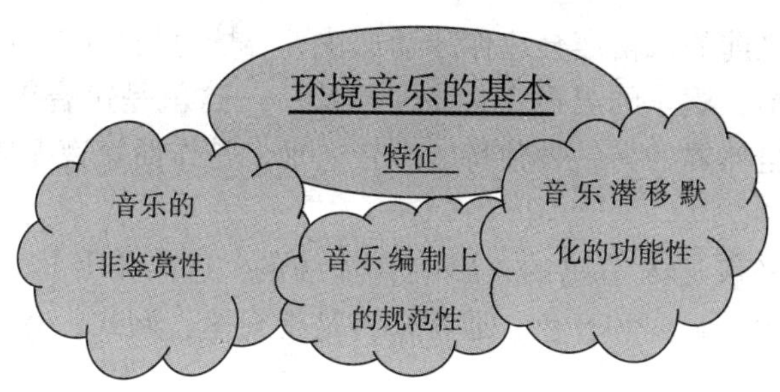

图6－1　环境音乐的基本特征

二、音乐编制上的规范性

环境音乐是在不同的环境下使用相应的音乐，以达到其应有的诱导性功能。因此，环境音乐的使用有其内在的规范性、编制性。适用场合的不同、主题功能的差异性、受众群体的需求性都是影响和决定环境音乐的类别。如果错误地使用则会达不到预期效果，甚至会适得其反。因此，环境音乐需要专门的从业人员、专家根据不同的情况进行编制。例如，在酒店播放环境音乐是希望为宾客提供一个良好的停留居住环境，使宾客得到愉悦享受。但是此类音乐的选择要根据消费群体、时间段的不同进行选择，不能只凭着音乐的娱乐性、鉴赏性而定。商务消费者占多数的酒店，大厅播放的音乐就要舒缓、节奏轻快。这里强调的是音乐的功能性，而非单纯意义上的鉴赏性。

三、音乐潜移默化的功能性

音乐是人类社会生活中不可缺少的一部分，音乐的功能自然是不言而喻的。贝多芬说过："音乐应当使人类的精神迸发出火花。"音乐可以传递感情、振奋精神、陶冶情操。环境音乐作为音乐形式中的一种，自然对人日常生活的方方面面都起到积极作用。如日常工作劳动中的背景音乐，可以营造良好的工作环境，减少工作中的疲惫感，提高劳动效率，调动劳动积极性；生活中的环境音乐，目的是减轻生活负担，疏解平时工作积攒下的压抑情绪，从而提高生活质量；娱乐场所中的环境音乐，对消费者来说是为获得轻松休闲的心态，享受高品质的生活，对于商家来讲，就是创造良好的娱乐环境，促进消费，提高经济效益。

任务三　环境音乐的"美"

自然界的很多声音都会影响人的情绪，例如，周围人群的吵闹声会令人心烦意乱；火车开车之前的汽笛声会让你脉动加快，心情急切；旷野中的鸟儿叽喳声使你感到心旷神怡；欢乐的笑声令你备受感染……这就是声音带给人们的感受。音乐又是不同于自然界的另一种独特的声音艺术，是作曲家遵循固有的原则与要求创造出来的音响。

音乐是如何来表达人情感的，影响人情绪的？这离不开构成音乐的基本要素，包括音的长短、强弱和音色，通常来讲是指旋律、调式、音色、节奏、力度等要素。

1. 环境音乐是非鉴赏性的音乐。在不以音乐为主题的活动中，介于人们有意识与无意识欣赏，为了某种需要而播放的音乐作品，是集声学、心理学、生理学等学科为一体的综合产物。

2. 环境音乐的基本特征是音乐的非鉴赏性、音乐编制的规范性和音乐潜移默化的功能性。

模块二　功能视角下看音乐

【能力培养】

环境音乐同所有的音乐形式一样，根据其功效、目的、适用场合及表演形式的不同，有着多种分类方式。下面只对其中两种分类形式详细阐述，了解不同标准下环境音乐的适用环境。

任务一　生活中的环境音乐

一、应用于居家生活中的环境音乐

居家生活中的环境音乐主要包括家庭生活中的饮食起居、社区建设、公园、休闲广场等周边环境中使用的环境音乐。这里的环境音乐与周边建筑、人文景观等共同服务于人们的日常生活，一方面掩盖喧嚣嘈杂的城市噪声；另一方面创造舒适优美的生活环境，消除日益繁忙的工作带给人们的压力和疲惫感。繁忙紧张的工作之余，人们都希望获得一个安心舒适的家庭环境。这不仅包括居住小区的景色，居住房间的舒适程度而且也包括室内外的环境音乐。

除了室外环境，居家生活中音乐的播放也是极为普遍。人们完全可以依据自己的喜好，在家中放置各式各样的播放器，如音响、DVD、MP3. MP4. MD 等，随心所欲的播放自己喜欢的音乐，或安静中的缓慢音乐、或休闲中的劲爆音乐、或冥想音乐、或交响乐、或民族音乐。音乐的风格依心情及环境而定。

二、应用于学校生活中的环境音乐

学校生活中的环境音乐主要包括校园不同学习区域、课间或课外活动以及学校各种活动中播放的音乐。闻名世界的日本音乐教育家铃木镇一先生认为："所有的孩子都会准确而又带着地方口音讲他们自己祖国的语言。因此，我努力为孩子们创造这种音乐的环境，用播放录音带的方法，让孩子们聆听音乐，培养其才能。"[①]铃木先生的这一说法证明了环境音乐对于幼儿成长的重要性。目前，以音乐促进学习，以音乐提高记忆力的做法成为各个国家研究的重点。"超级学习法"是世界上较为流行的以环境音乐帮助记忆的方法。其研究者保加利亚的乔治·洛扎诺夫、德国的杰汉尼斯·舒尔兹等人通过聆听音乐来刺激人的大脑，从而产生超常的记忆力和思考力。使用节奏缓慢、旋律优美的音乐作为背景，将学习材料按照音乐的节拍念出，学生记忆的同时大脑完全处于放松状态，记忆的敏感度会大大增强，学习效率自然而然会得到提高。

三、应用于旅游产业中的环境音乐

在百度百科中是这样定义的，旅游产业是凭借旅游资源和设施，专门或者主要从事招徕、接待游客、为其提供交通、游览、住宿、餐饮、购物、文娱六个环节的综合性行业，其主要由旅游业、交通客运业和以饭店为代表的住宿业三大支柱产业构成。因此，旅游产业中的环境音乐主要包括旅游景点、酒店、宾馆等场合所使用的音乐。

（一）应用于旅游活动中的环境音乐

旅游本身就是一种文化产业，人们不再是普通的游山玩水，而是去陌生的环境中寻找新的体验，感受当地的文化，以丰富自己的阅历。这类旅游活动主题性、目的性非常明确，因此，其环境音乐的使用也更有指向性和目的性。著名的深圳景点——锦绣中华是一座反映中国历史、文化、艺术、古代建筑和民族风情最丰富、最生动、最全面的实景微缩景区，也是目前世界最大的微缩景区。该景区号称"纵览五千年文化，荟萃八万里风情"，园中近百处景点按照中国区域位置进行分布，并以"锦绣中华微缩景区"和"中华民俗文化村"两大旅游景区将大江南北的壮丽河山尽揽其中。为了更好地突出自然风光，生动地再现我国的历史文化及民俗风情，1989 年深圳旅游局专程聘请星海音乐学院罗德栽教授为景区设计、编辑和制作环境音乐，以风情万种的民族乐曲开启文化之窗，彰显中华民族浓郁深厚的文化底蕴。

---

① 祖振声著：《音乐熏陶与灵性启蒙》，明天出版社 1988 年版。

1. 应用于民俗旅游活动中的环境音乐

民俗文化是一个地区与民族在长久的历史进程中深远文化的结晶，具有浓厚的民俗特色与地方特征，是其独一性与特色性的表现。除了大众化的民俗庆典，如春节、中秋节、劳动节等，不同的少数民族又各有自己独特的民俗活动，如壮族的三月三歌节、彝族的火把节、傣族的泼水节等。民俗活动中使用的环境音乐具有很强的指向性和代表性。《爱的火把节》、《七月火把节》这类歌曲一定是在彝族火把节中运用。听到《泼水节之歌》，一定会想到这是傣族的欢庆节日。这就好比说起《难忘今宵》，大家就知道过春节了，二十多年来，这已经成为春节晚会中的保留曲目，共同祝愿着祖国神州无限好；响起《十五的月亮》，大家就知道十五中秋佳节到了，又是亲人相聚一堂的日子。民俗中的环境音乐不仅是不可或缺的，同时也具有排他性。每一种节日都是独特的，如果将环境音乐不顾民俗节日的特征任意交换，就会不伦不类失去了民俗旅游的重要意义。

2. 应用于医疗养生旅游中的环境音乐

应用于医疗养生中的环境音乐主要包括医院、疗养院等场所使用的环境音乐。从病人角度来看，音乐可以缓解病人对自身病痛的紧张感、焦虑感、恐惧感，给病人创造一个舒适轻松的环境。有调查显示，优美的音乐可以治疗神经性的疾病，包括抑郁症、躁狂症等，还可以调节心血管系统、内分泌系统和消化系统的功能，促使人体分泌一种有利于身体健康的活性物质，从而改善体内血液的流动和神经传导。从医生的角度讲，音乐可以拉近自身与病患之间的距离感、紧张感，特别是在手术中会减轻主治医师的压力，使手术顺利进行。例如医疗养生旅游较为发达的日本、韩国、新加坡等国的这些场所对环境音乐的运用不仅是美化环境，更主要是使游客在轻松愉悦的环境下获得医疗美容治疗效果。

（二）应用于酒店业的环境音乐

酒店业中的环境音乐应用是至关重要的。前厅、餐厅、酒吧、歌舞厅、咖啡厅、客房等场所的环境音乐各有不同，是将音乐功能、酒店功能与宾客心理紧密结合，给宾客以舒适感和温馨感，使其有宾至如归的感觉。例如，江南庭院式的酒店回响的是柔美幽雅的江南丝竹乐，委婉、低吟，仿佛将人带到江南水乡。如果播放摇滚乐或者古典音乐，则会造成一种不和谐的感觉。此项内容我们稍后展开讲解。

（三）应用于商业活动中的环境音乐

在各种商业活动中，商家为了改善经济效益，提高销售业绩，会利用各种方法加以改变，其中很重要的一个方面就是利用音乐。环境音乐不仅仅是风格、层次与品位的象征，更是用来调节商业环境的气氛，利用音乐潜移默化的影响消费者购买欲望，促进营销，提高经济效益。《法制晚报》曾与新浪网站《生活频道》联合就消费者对商场环境音乐的感受进行调查，其结果显示，大多数消费者赞成商场播放环境音乐，但其中近 80% 的消费者表示经常会因为商场播放音乐的音量过大或者节奏过快感到心情烦躁，有时会因此放弃消费。细节影响整体，环境音乐的播放一定要考虑环境、人与时间的因素。就商业特色而言，音乐是很具有代表性的装饰。如在销售云南特色的饰品店中，播放彝族、白族等少数民族音乐，曲调欢快流畅，则会与店内饰品交相辉映，营造浓郁的民族氛围，突出小店的风格，从而吸引更多的顾客带动商家销售。

就时间而言，不同时间段播放的音乐各不相同。上午，一天之中充满活力与朝气的时间，为了迎接顾客的到来，欢快、振奋的迎宾乐曲是必不可少，会刺激消费者的购买欲望；下午，可以选择舒缓休闲的音乐，使人在优美的音乐中精神得到放松，自然而然地延长逗留时间。营业结束的时候，轻柔的送别曲会营造良好的商场形象。促销活动、节假日期间，可以选择欢庆喜悦的音乐，鼓励消费者购物。

（四）应用于运输业的环境音乐

运输业中的环境音乐一般指在飞机、火车、轮船、候机室、候车厅等场合使用的背景音乐，其目的一方面是消除游客在买票、候机、候车过程中产生的焦躁情绪，减轻旅途中可能会产生的疲惫状态，使旅途变得轻松愉快。节假日期间，候机室、候车大厅会变得异常拥挤，室内充斥着说话声、吵闹声、叫卖声，这些因素都可能造成旅客心情烦躁、焦虑不安，为此还出现过“旅途综合症”。如果播放旋律优美恬静的环境音乐，就能起到一定安抚情绪、缓解疲劳的作用。另一方面，工作人员每天重复同样的工作，这种单一性会产生厌烦感，特别是节假日期间，繁重的工作任务会磨去工作者的耐心和热情，适当的环境音乐会平息心中的焦躁，使工作变得轻松些。

四、应用于工业活动中的环境音乐

工业活动中的环境音乐主要包括工厂、企业、办公室等使用的音乐，它体现了人性化的管理制度。为此，姆扎克公司开始对环境音乐对工业活动产生的影响进行调查。这是一家以制作环境音乐而闻名的企业。为了证明环境音乐的时效性，该公司以仪器制造者为对象，通过每半个小时的间隔，调查音乐播放前后，以及音乐节奏与强度的变化对其产生的影响。最初半小时，工人在没有任何音乐背景下进行工作，之后音乐转变为缓慢的弦乐曲，又过了半个小时，音乐转变为活泼欢快的流行曲。姆扎克公司这一测试结果表明，音乐播放前后，工作效率提高了 10% ~20%，风格前后变化导致工作效率再度提升 15 个百分点。这个实验说明，环境音乐可以缓解工作中一成不变的枯燥感，而适当的变换音乐风格，则可以刺激劳动者的肾上腺素，提高工作效率。根据这一情况，姆扎克公司提出，环境音乐可以在这两个时段进行播放，每次播放以15分钟最为合适，间歇时间在10~20分钟左右，其音乐风格也从平缓、安静逐步变得活泼、明快。音乐声音能舒缓疲劳感，风格转变能刺激大脑神经变得兴奋、活跃，激发工作的兴趣和热情，以充足的精力投入工作中。

五、应用于社交场合中的环境音乐

社交场合的环境音乐主要包括生日宴会、公司聚会、商务谈判等社交场合中所使用的背景音乐。男女初次相会，用什么来拉近两人之间的距离？枯燥的谈话只会让彼此更加尴尬。如果这时能响起优美的小提琴，整个场面就会显得温馨、浪漫，拘束紧张的气氛也就一扫而空；公司聚会，用什么来烘托气氛，带动大家热情，拉近领导与员工之间的距离？仅有美食与好酒是远远不够的。如果这时能加入活力四射的流行音乐，就能让大家在优雅之后尽显真情；商务谈判中，用什么来缓解谈判中出现的僵持？沉默是解决不了任何问题的。如果轻松优雅的音乐能够一直奏响，让双方在对立中获得片刻安静、大脑神经得到暂时休息，也许谈判还能进行下去，并获得双方满意。这就是社交场合中的环境音乐，营造氛围，打造环境，在潜移默化中影响周围的方方面面。见图6－2。

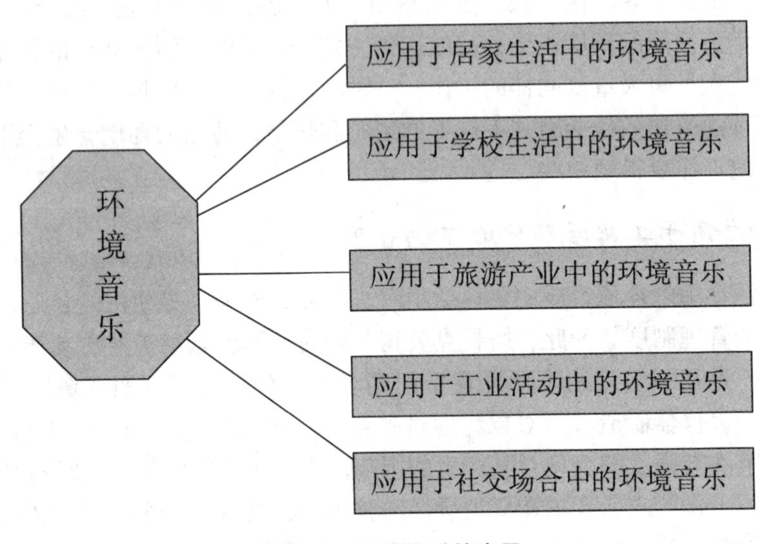

图6－2　环境音乐的应用

任务二 表演中的环境音乐

环境音乐的表演形式不是单一的，而是根据不同场合、不同环境特点、不同的风格需求进行选择。大体可分为器乐类、人声类、器乐与人声的结合以及音乐与自然界声音的组合四种形式。

一、器乐类

器乐曲形式是环境音乐最为普遍的表演形式，因为它具有比人声更为广泛的音域、丰厚饱满的和声效果以及形式多样的表演特点。从乐器角度讲，可分为西洋乐器和民族乐器。西洋乐器主要包括弦乐器、铜管乐器、木管乐器、打击乐器和键盘乐。其中，各种乐器又以不同的组合形式来演绎各个时期的音乐作品，如弦乐四重奏、交响乐团、钢琴协奏等，这些演奏形式经常被用于表现高雅的古典音乐。随着社会的发展，电子乐器成为新时期下的产物，以电钢琴、电子琴、电吉他、电贝司为首的电声乐器以一种独特的声音演绎时代的流行音乐、摇滚乐、爵士乐，并成为新时期音乐界的宠儿。如北京后海、三里屯的酒吧一条街，电声乐器就成为酒吧间里的主导。民族乐器的种类更为繁多。除了民间古老的传统乐器，如二胡、琵琶、扬琴等形成的民乐组合，不同少数民族又有各自的器乐类型。藏族的扎木聂、牛角胡；蒙古族的马头琴；苗族的芦笙、唢呐等。乐器的种类虽然很多，但是在不同的地区不同场合，环境音乐选择乐器也是各有差别的。在酒店的大堂使用电子乐器演奏的流行音乐就会使周围的环境氛围不协调，破坏了整体环境的品质感、层次感；在以民族特色为主题的场合播放西洋音乐同样也会不伦不类。环境音乐应该与整体环境相统一，这是我们在选择中应遵循的首要前提。

二、声乐类

人声是大自然最美的天然乐器。它虽不如器乐声音的丰厚饱满，但是毫无修饰、毫无矫作宛如午后温暖阳光下一缕醇香绵长的茶香，清风微扬时，直至心间。这就是声乐，流传于大街小巷、流行于各大场所，成为生活中最熟悉的音乐形式。目前，声乐唱法主要包括美声唱法、民族唱法、通俗唱法以及新兴起的原生态唱法。不同的演唱形式推动了我国音乐的发展，也为人们带来更多赏心悦耳目的艺术享受。

三、器乐与声乐的混合

这类环境音乐在生活中使用的很频繁，它比单一的使用声乐或是器乐更具有渲染性和感染力。比较经典的运用这种形式就是流行于现代的 MIX CLUB，它不同于以往的 CLUB，而是将 MIX 这种音乐风格贯穿其中，将大家熟悉的音乐以一种新的音乐构成进行编辑，并加入人声、环境音效等，以达到更为劲爆、动感的音乐。此外，在一些大型的民俗节日中，器乐与声乐的结合也是极为常见。

四、音乐与自然声响的结合

随着电子乐的发展，人们对音乐的追求不再仅仅满足于乐器或是人声所能发出的声音，而是希望能够脱离喧嚣都市带来的压力，贴近自然，走入自然中。“万物皆有声”，自然界的每一种声音，鸟鸣声、水流声、落叶声、淅淅沥沥的雨滴声，都会使你忘却烦恼，醉心于无限的遐想中。电子合成器的出现满足人们的这一需求，它将音乐与大自然的声音相结合。例如，牧野真理子创作的音乐专辑《涓》，将钢琴轻柔的音乐声置于大地万物声音之中，每每响起使身心得到放松舒缓。这类音乐经常用于轻音乐休闲吧、音乐疗养机构。

综上所述，环境音乐的分类方法有很多，按照音乐风格进行划分，环境音乐可分为柔和舒缓类、热情激烈类、活泼欢快类和风趣讽刺类，按照地域类别划分，音乐还可分为亚洲、欧洲、北美洲等。总之，不管环境音乐如何划分，其作用都是以鉴赏为辅，潜移默化的社会功能性为主，渲染环境、消除工作中的疲劳感、提高工作效率、增加劳动的趣味性等。下面依据环境音乐的分类，对环境音乐在旅游职业中的运用进行分析。

【要点提示】

1. 环境音乐大体可应用于居家生活、学校活动、旅游产业、工业活动、社交场合等，其中旅游产业中又包括旅游活动、商业活动、酒店业、运输业。

2. 根据环境音乐的表演方式可分为四种类别：器乐类、声乐类、器乐与声乐的混合、音乐与自然音响的结合。

模块三　环境音乐与酒店艺术

【能力培养】

在环境音乐的分类中我们提到，旅游产业中环境音乐主要应用于酒店、宾馆、旅游景点等场所。如今的酒店不再是原始意义上只满足人们居住的旅馆，而是集居住、商务、餐饮、休闲、娱乐为一体的综合性酒店。游客不仅要缓解身体上的疲劳感，更需要在心理上获得自由和谐的满足感，消除异地居住所带来的陌生紧张情绪。因此，环境音乐已然成为酒店经营发展中不可或缺的文化之一。它的合理运用在酒店与宾客心灵间架起沟通桥梁，既满足了宾客的心理需求，突出酒店的品位与形象特点，又在无形中提高了从业人员的服务质量与工作效率。

任务一　我以酒店看音乐

一、轻柔愉悦性原则

无论是外出办事还是游山戏水，轻松舒适、温馨惬意的环境都是大家所期盼的。环境音乐的目的就是营造这种氛围，使疲惫紧张的心情得以释放，哀愁痛苦得以舒展。音乐种类不同，其风格更有特色。轻松愉快的音乐总能让人心旷神怡、宁静舒畅。因此，酒店使用环境音乐遵循的首要原则是轻柔愉悦性原则。

（一）音乐作品的时间性选择

酒店的环境音乐通常采用旋律优美流畅、格调高雅华丽、节奏舒缓轻松的乐曲。像古典音乐、轻音乐以及改编为单旋律、单乐器演奏的流行音乐等。当然，这些乐曲的选择带有一定的时效性。例如圣诞晚会等大型宴会的召开，音乐选择可以采用阶段性设置。最初是节奏欢快、旋律轻巧的音乐带动整个宴会活跃的氛围；随着宴会进行，音乐可采用一些旋律平缓、节奏缓慢的奏鸣曲，让宾客在欢悦之后有种放松的感觉；宴会结束之时，庄重肃穆的音乐再次奏响，宾客会产生言犹未尽的感觉。

（二）音乐作品的地点性选择

音乐作品的选择要考虑到地点的适宜性，不能混淆，否则会适得其反。例如，酒店大堂是代表酒店品牌形象的场所，音乐的选择自然要符合该酒店的主要服务宾客群体，优美的钢琴曲或是现场的钢琴演奏都是一个非常好的选择。中餐厅是彰显民族文化气息的场合，古香古色的装点再搭配清新优雅的民间音乐则更为相得益彰。如果在快餐厅中播放缓慢轻柔的音乐，进餐者会放慢节奏边吃边聊，自然也会影响餐厅的客流量。

地处我国南部的某佛教圣地的某星级酒店，不仅酒店客房干净，环境清幽，设施简单，一张床，一个蒲团，一壶茶，让客人在清心寡欲之中体会内心的宁静。而且还在大堂播放佛教的音乐，庄严中不失柔和，肃穆中带有恬远。恬淡宁静的音乐徘徊在酒店不同区域，使得入住宾客即使非佛教之徒，也顿感清凉爽净、一切烦恼皆烟消云散。不同特色的环境音乐与酒店不同场景之间形成意境互补性，以动态的音乐衬托静态的酒店不同场景。

（三）音响设备的技术性要求

环境音乐是改善环境的一个辅助手段，但切忌喧宾夺主，影响整体氛围。因此，高品质、高效果、高端化的音响设备是每个酒店必备的基础设施。但并不是高档的音响设备就能营造出高雅的环境，音响系统设计是有其固定原则的。

1. 远离环境噪声

环境噪声主要包括室外噪声、作业噪音和顾客噪声。室外噪声指沿街传来的车流声、叫喊声等；作业噪声是指室内的空调、通风系统等产生的噪声；顾客噪声则是指顾客之间、顾客与服务人员之间的交谈声以及人员的走动声，这些噪声的存在都会影响环境音乐的效果，音响系统的设计就要考虑到这些方面，尽量远离环境噪声。

2. 采用多音箱配置

声音均匀适度是整个音响系统设置的基本要求，也是产生优质环境音乐的必要条件。要想声音均匀适度，多音箱、小功率系统是首选。将音箱在固定区域的天花板上以正六边形加圆心的方式均匀分布，六边形的边长相当于音箱到地面距离的两倍。这样设置，可以使音量分散均匀，没有明显的声源方向性。

3. 正确使用环境音乐系统

有了合适的环境音乐系统，还要正确合理地使用。操作人员要有娴熟的专业技能，熟悉不同环境下适宜搭配的音乐风格，避免由于过多的混声效果导致声音浑浊不清，破坏整体环境。再有，音量的控制也要把握到位，以不干扰宾客的正常谈话为前提，跟随环境变化进行调整。

二、主题功能性原则

不同的酒店、同一酒店的不同部门其环境音乐的设计与应用也是各不相同。以酒吧和咖啡厅为例。这两个场所都是宾客们闲聊、交际的场所。它是以带有罗曼蒂克式的浪漫、高贵典雅的气息、略带小资的情调吸引顾客，音乐选择适合西洋音乐中的轻音乐，如莫扎特轻巧明快的奏鸣曲、肖邦华丽优美的圆舞曲、理查德克莱德曼演绎行云流水般的现代钢琴曲等。柔和的灯光、幽静的气氛、曼妙的音乐，宾客马上就融入高雅、浪漫的氛围中，遗忘了世俗繁忙，感受喧嚣都市中偶尔的悠闲生活。

主题活动的不同，环境音乐的选择也有所差别。例如举办歌舞晚会，音乐要以热闹欢快为主；平安夜圣诞节，音乐则以圣诞之歌为主，伴随西洋轻巧明快的儿童乐；举办新年晚会，音乐就以喜气洋洋的民乐为主，凸显中国“年”的氛围；举办婚宴，自然是庄重的婚礼进行曲为主。总之，音乐一定要依附于活动的主题进行选择。

【案例 6 -1】

消失的“九寨之美”

九寨之美美在九寨的水、九寨的山，还有九寨的藏家人情。扎西次仁是一位藏族小伙，在北京读完大学之后，他回到家乡搞起旅游业，经营一家藏族特色的餐馆。他认为凭借自己在大城市的眼界，加上对时尚潮流的熟知，生意一定会红红火火。浓郁的民族装饰、地地道道的藏族口味，香甜的青稞美酒，一开始确实吸引了很多游客前来进餐。可是好景不长，周围店铺陆续增加好几家餐馆，竞争压力也随之加大。为了突出特色，扎西次仁在餐馆中增加了现场歌舞表演这一环节。他认为游客大部分都是汉族同胞，流行音乐是大家熟知的，演唱这类歌曲一定会吸引游客，让他们有回到家乡的感觉。可是，结果恰恰相反，表演播出后，大家的反响并不好，有的顾客反映餐厅的口味不正宗，有的顾客说节目不伦不类，乱糟糟的影响谈话聊天。餐厅的生意一落千丈。扎西次仁百思不得其解，原本应该成为特色的表演，怎么反而影响了餐厅的生意。后来顾客的一句话点醒了他，这位顾客说：“我们来到九寨除了欣赏九寨的美，就是感受九寨独特的藏族文化。流行音乐虽然也很美，符合大众口味，但是没有了藏族特色，没有了藏族的文化在其中，岂不是失去了游玩的意义！”

从这个案例中我们看到，扎西次仁为了迎合大众的口味，播放流行音乐，以为会招揽生意，殊不知恰恰起到了相反的作用。地方资源特色不仅仅包括地方的自然景观，也包括当地的民俗文化、民族文化、地域文化。以民歌为特色的环境音乐也成为民族文化开发的重点，成为当地文化的主题性标志。因此，只有将民族音乐艺术与民俗景观相结合的形式才会得到游客的认同与关注。就如同案例中顾客所说的一样，“没有了藏族的特色，没有了藏族的文化在其中，岂不是失去了游玩的意义！”

三、环境融合性原则

环境音乐设计还要遵循环境融合性原则，即与建筑物风格、经营特色相融合，也要与宾客的需求相融合。

（一）与建筑物风格、经营特色相融合

建筑物风格、经营特色各不相同，音乐的选择也各有特色，这是为了体现环境设置的整体性、一致性。只有整体风格一致、环境融合，宾客才能切身感受到美的存在，享受“美”所带有的快乐。例如，欧式风格的西餐厅，环境音乐就要以欧美音乐为主，可以是轻柔浪漫的钢琴曲，也可以是悠扬舒缓的小提琴，还可以是低声吟唱的欧美流行歌曲；古朴典雅、青砖碧瓦的中国传统文化酒店，萦

绕的是古琴、编钟、竹、萧演奏的悠悠古乐，委婉、低吟，仿佛带你走入一幅祥和宁静、田园牧歌式的画面；中西合璧的文化餐厅，既有古朴文化的印记，也要体现典雅高贵的气息，音乐选择的范围比较广，轻音乐、古典音乐、轻松的爵士乐都可以采用，让宾客感受到的不仅仅是品尝一杯品质上等的香浓咖啡和美味菜肴，更是一场文化之旅、心灵之旅。酒吧的音乐也各不相同，休闲型酒吧是以结构短小、轻松明快，通俗易懂的轻音乐为主，爵士吧则是采用节奏鲜明、活力动感的爵士乐，让宾客们在自由奔放中释放自我。

（二）与宾客的需求相融合

不同的环境拥有不同的宾客。热力四射的迪吧聚集较多的一定是青少年而非中老年，咖啡厅则是商务人士洽谈之后的休闲会所。酒店接待的宾客是来自不同国家、不同民族、不同肤色的五湖四海的宾客，他们的成长环境、教育水平、自身修养及宗教信仰各不相同。因此，背景音乐的选择既要与环境相融合，更要与宾客的需求相融合。外国游客较多的酒店则以西洋乐为主；倘若在佛教地区兴建的带有佛教建筑色彩的酒店，观光的宾客多是带着虔诚与朝拜的心理，居住之中如能响起清净致远的佛教音乐，庄重肃穆之心油然而生。总之，音乐的选择一定要与宾客的年龄、职业、国籍、文化层次等相融合，要与酒店的整体环境融为一体，使宾客在和谐自由的境界感受身心多维的情感体验。

任务二　有效运用环境音乐需考虑的因素

一、熟知风格，合理使用

音乐是最古老的艺术形式。在人类还没有产生语言的时候，声音的高低强弱成为思想与情感的基本表达方式。随着人类劳动的发展，音乐雏形随之诞生——劳动号子。至此，音乐在世人面前打开了长久序幕，成为人们抒发情感、表现情感、寄托情感的表达方式，并在熏陶、感染的过程中，潜移默化地影响人们的心灵，使其获得美的滋润与享受。音乐的特性表现在乐曲形式、题材、体裁、风格等方面是多种多样的。从演奏形式上进行划分，包括声乐和器乐两种方式；从乐曲体裁进行划分，声乐体裁中包括清唱剧、音乐剧、合唱、康塔塔、牧歌。艺术歌曲、小夜曲等，器乐体裁则包括交响曲、协奏曲、奏鸣曲、圆舞曲、随想曲等；从音乐风格进行划分，包括轻音乐、乡村音乐、摇滚音乐、拉丁音乐、宗教音乐、爵士音乐等；从地域性进行划分，可分为西洋乐和民乐，而民乐又可分为民间音乐（江南丝竹乐、广东小调等）和少数民族音乐（回族的花儿、纳西族的纳西古乐、侗族大歌、苗岭飞歌、壮族山歌等）。总之，音乐种类繁多，要想找到合适的音乐首要一点是了解音乐、熟知音乐，知道每种音乐的特点、风格、创作背景、表现内容，在此基础上才能做出明确选择。

二、以人为本，相得益彰

环境音乐的选择有众多原则，但其基础是以人为本，是以人为中心设置的、是一种在快乐与幸福、自由与轻松中实现人与环境的完美结合。通过音乐，劳动者提高了工作效率、带动劳动热情；学习者增进了学习动力、提高审美能力；娱乐者放松心情，体验高品质生活。希腊哲学家柏拉图就说过“如果教育适当，节奏和声音比什么都深入人的心灵，比什么都扣人心弦。人人知道，当我们的耳朵感受音乐旋律时，我们的精神就会起变化。”毕达哥拉斯则认为：“如果我们把各种优美的音调融合在一起，就能使各种行为缺陷转化为美德。”因此，我们在选择环境音乐的时候，一定要考虑到人的因素，要根据不同酒店不同顾客的不同需求选择相宜的环境音乐。

三、与景为宜，恰当选曲

环境音乐的实质就是利用音乐的声响效果，烘托周围环境，从而营造出一种轻松愉快的氛围。因此，各个场所的主题功能、风格特色、环境需求就成为选择环境音乐的一个重要标准。著名的香港迪士尼乐园是全球第五个以迪士尼乐园模式兴建、迪士尼全球的第十一个主题公园。它以美国小镇大街、探险世界、幻想世界、明日世界等公园为主题，结合香港的文化特色，构思一些专为国人而设的游乐设施、娱乐表演及巡演。为了打造主题文化，突出主题形象，每一个乐园都配有主题音乐，或是迪士尼电影动漫中的音乐、或是专为乐园创作的主题音乐，经典的形象设计、精美的建筑景致、精彩的环境音乐，使游客在幻想王国中流连忘返。

旅游活动中环境音乐与景观的相宜性是如此重要。那么，旅游产业中的一个重要的项目——酒店业，音乐同样即辅助环境，也成为营造环境必不可少的条件之一。我们以酒店为例，具体谈谈关于环境音乐的运用中应注意如下事项：

1. 打造彰显品位风格的大堂

酒店大堂是彰显酒店整体形象、品位格调、文化氛围的代言者。每位入住的宾客都希望能在异地他乡寻找到一个优雅舒适、温馨高贵的居住环境。因此，“阳春白雪”型的音乐成为星级酒店背景音乐的主题风格。宽敞明亮的大厅、舒适温暖的氛围、高贵优雅的格调，再搭配明快轻柔的旋律，宾客很快就能消除陌生感，身心自如，步履轻松的入住酒店。前厅背景音乐的选择很重要。音乐与环境的适配性会影响到酒店的整体形象。环境音乐的选择可以有个性、可以大胆，但要与整体相宜，以免产生突兀的感觉，破坏了酒店的整体氛围。

【案例6-2】

宾客的建议

小陶是北京某酒店前厅经理。日前，他接到一位宾客的建议："关注一下前厅的背景音乐"。事情是这样的：某天下午，这位顾客的一个朋友前来看他，因为大堂人少，环境很优雅，两人就在此闲聊起来。但是，那天大堂播放的背景音乐是一首带有RAP感觉的流行乐，节奏感很强，声音又比较大，原本安静休闲的环境变得有些嘈杂，感觉周围一切变得闹哄哄的，让人烦躁不安。这位宾客因为经常出差入住这家酒店，自然对整体环境、服务设施很了解，所以就对酒店提出了以上的建议。事情就有了最开始的一幕。

本案例中，我们可以看出由于音乐的不恰当破坏了整体环境。前厅彰显了一个酒店的形象、品位和格调，前厅的音乐恰恰是营造这种氛围的重要手段。这个案例中，顾客的建议就是明确指出音乐与环境的不适合，影响到了顾客间的正常交谈。日本中山大学的丸山欣哉民在有关感受性相互左右的研究中指出：倾听不同频率的声音刺激会对视觉产生不同的影响。舒缓轻柔的音乐回荡在前厅，仿佛与前厅构成一种空间美，使宾客马上融入到轻松、舒适的境界。

2. 创建风格迥异的餐厅

音乐的选择是为餐厅环境服务的，其风格必然要符合餐厅的主题文化。有人形象地说：如果说中餐文化像是一首混声大合唱，那西餐就像是一支浪漫的小夜曲；如果说中餐厅充满了一股阳刚之气，那西餐厅则富有一种阴柔之美；中餐厅营造的是一种公众交友的场所，而西餐厅则是在制造私密幽会的空间，可见中西餐饮文化本质的差异。理解这些差异，分析比较这些差异，在经营管理中巧妙地处理这些差异，是餐饮企业面临的一个重要问题。

特色餐厅需要针对不同的主题特色进行选择。如果是少数民族风味，地道的民族音乐自然是必不可少，如果是江南水乡的特色餐厅，那么江南丝竹之乐、民间古琴古曲是重要选择。总之，环境音乐的播放需要和其餐厅环境相联系，这是形成风格的一个重要方面。这一点在环境音乐融合性原则中详细提到，在此不作重复。

3. 装点休闲惬意的娱乐场所

都市的喧嚣、繁忙的工作成为现代人不可摆脱的压力根源。人们需要找到不同场所释放压力，排解郁闷。为此，各大酒店均增设酒吧、咖啡吧、茶座等休闲娱乐场所供宾客消费。不同场所，其音乐的选取也是各有特色。咖啡吧，休闲典雅，略带小资情调的浪漫生活，音乐的选择种类很多。如果是欧式化的古典风格，音乐可以选择西方的古典音乐，典雅高贵却不失华丽。如果是现代的中式风格，音乐则以现代轻音乐为主，像理查德克莱德曼的钢琴曲。此外，布鲁斯、古典吉他曲、乡村音乐都是一个很好的选择。当然，任何一种音乐都没有绝对的适合与不适合，只要整体风格与环境相宜就可以。

酒吧环境则与咖啡吧不尽相同，前卫独特的装修，迷幻四射的灯光，到处弥漫着奢靡的气息。音乐的选择应该更富有动感。强劲火爆的流行乐、个性十足的爵士乐都可以使人精神彻底放松，身心得到解脱。音乐使人放松，使人沉浸其中，遗忘世间很多烦恼。但要注意略带忧伤凄凉的音乐最好不要使用，以免营造一种悲伤氛围，给宾客心理蒙上阴影，增加伤感之情。

4. 营造温馨舒适的客房

宾客入住酒店，看重酒店整体环境的同时，最为关注的就是客房。舒适温馨的客房让宾客有如回到家一样，自由自在，舒缓放松身心。恰当的客房背景音乐会给宾客营造一个个性化、独有的空间。因此，酒店要充分考虑到不同顾客的异质需求，通过背景音乐管理系统提供多种选择空间。通常背景音乐系统是通过智能布线，隐藏安装，利用视频服务器、采编工作站、机顶盒、应用软件完成视讯服务系统，并将多个音源接入各个房间及任何需要的地方。宾客在房间内可以自由选择喜爱的音乐，打造舒适温馨的居住环境。

四、区分时段，选择风格

环境音乐选择同样需要考虑不同的时间段，选择不同的音乐类型。一天之中，不同时间的音乐是有所变化的。清晨之时，心情明快、舒适，播放欢快、轻松的音乐可以使人精神焕发，神清气爽。中午，宾客一般需要午休，这时的音乐可以缓慢柔情，带有一些催眠的作用。夜晚，经过一天的繁忙，有些宾客可能会想要安静，这时的音乐不要持续播放，可以间歇性、时段性的播放。据一项研究表明，“人耳听觉能够感受从每秒钟震动 16 次到 20000 次的音高差别，但在音乐中主要使用的、可明显表示音高的是从约每秒中震动 20 次到 5000 次范围内的音”。[①] 也就是说，长时间的高音量刺激或是长时间的播放音乐都会降低听众的感受，引起听觉疲劳。

当然，酒店的环境音乐需要考虑时段播放，餐饮、购物、旅游中，环境音乐同样会受到时间段的影响。欢快动感的音乐可以在宾客较多的时间段播放，愉悦大家的心情，同时快节奏的音乐也加快宾客的消费速度，提高顾客流动率。客流

① 罗小平、黄虹著：《音乐心理学》，三环出版社 1989 年版。

量较少的时候，可以放些舒缓悠闲的音乐，放松顾客的心理，延长他们的逗留时间。

环境音乐从古代时期的劳动歌曲就已经兴起，但真正发展是最近几十年才开始的。本项目只是就环境音乐在旅游产业中的应用做粗略介绍，更进一步的内容会在系列教材《酒店实用美学》中详细展开。总之，我们对于环境音乐的应用要主动探索，勇于创新，在了解宾客需求、熟知音乐风格、掌握环境特色的基础上合理运用，通过音乐来美化酒店环境、提高酒店经营环境。

【要点提示】

1. 环境音乐的使用原则包括轻柔愉悦性原则、主体功能性原则、环境融合性原则。

2. 环境音乐在使用中需要考虑的因素：熟知风格、合理使用；以人为本、相得益彰；与景为宜，恰当选曲；区分时段、选择风格。

【思考训练】

1. 环境音乐作为音乐的一种形式，它的特殊性表现在哪几个方面？与日常生活中的流行歌曲有着怎样的差别？

2. 环境音乐如何来影响人的情绪？

3. 请举两个例子，说明音乐的基本要素对周围环境的影响。

4. 居家生活中，环境音乐的使用原则有哪些？

5. 环境音乐的应用无处不在，列举几个生活中的场景，来说明环境音乐的重要性。

6. 旅游从业人员在构建旅游场所的时候，选择环境音乐时应遵循哪几项原则？

7. 作为酒店业的管理者，如何选择音乐来营造完美的环境氛围？

8. 在旅游职业中，环境音乐的使用应考虑哪些因素？

9. 案例分析：

燕莎商场的特殊客人

2006年3月，北京燕莎商场开始一天正常的营业。商场王经理临时接到一个通知，上午将迎来一批特殊的宾客，这些宾客是来自于西班牙皇家马德里的足球俱乐部成员。考虑到顾客的特殊性，想到既不能让宾客们在异地他乡有陌生感，又要让他们感受到中国独特的民族风情，王经理马上联系商场的音响师，对环境音乐做了一个特殊的变化。当西班牙皇家马德里足球俱乐部成员刚到商场购物时，燕莎播放的背景音乐是节奏欢快跳跃的西班牙乐曲。而后，当他们购物结束即将离开商场的时候，背景音乐又变成了中国传统民族乐曲，这暗示着中国人的热情欢送和希望他们再次光临。这种细节的变化却迎来了“皇马”全体球员的一致好评，纷纷称赞说：“走遍世界，第一次在异地他乡有了家的感觉。”

请分析：北京燕莎商场是根据什么原则来设计环境音乐的？

10. 案例分析：

如此播放音乐合适吗？

最近，北京某酒店前厅主管杨光比较郁闷，原本是煞费苦心，一番斟酌才定下的方案，结果最后实施却没有得到大家的好评。原来，酒店要举办新年庆典活动。为了营造春节的“年”味，前厅、咖啡吧、客房的走廊都贴着对联、挂着彩灯，二十四小时播放着旋律轻快激昂，富有动力的广东小调《步步高》。这一派景象真是年味十足，红红火火。可以几天下来，同事们反映“年”味火得有点过了，天天这首歌曲太闹心，有时宾客较多，音乐还响个不停，感觉影响交谈。有的宾客也反映，音乐不停地响让人心烦，有时想安静一下。

这个案例说明了什么问题？如果你是前厅主管，你该如何做？

11. 请为下列几处场合选择合适的环境音乐：

酒店客房	*Jambalaya*
上海餐厅	《海边的阿蒂丽娜》
粤餐厅	《小夜曲》
西餐厅	《彩云追月》
酒吧	《初醒》
瑜伽馆	《你的眼神》

项目七　宗教礼仪与中外民俗

【主要内容】

本项目由“世界三大宗教礼仪”、“我国少数民族礼仪禁忌”与“我国主要酒店客源国礼仪与禁忌”三个模块构成。模块一“世界三大宗教礼仪”，主要内容包括佛教、基督教和伊斯兰教的起源、派别、教规教义、主要节日及常用礼仪禁忌等；模块二“我国少数民族礼仪禁忌”，主要内容包括蒙古族、回族、维吾尔族、藏族、苗族、壮族、满族和朝鲜族的民族风俗礼仪、节日庆典及主要禁忌；模块三“我国主要酒店客源国礼仪与禁忌”，主要内容包括日本、韩国、新加坡、泰国等亚洲国家和中国港澳台地区，欧洲的英国、法国、德国、意大利以及美洲的美国和加拿大，大洋洲的澳大利亚等主要客源国的习俗礼仪及主要禁忌。

【学习目标】

1. 认识世界三大宗教的起源、派别、教规教义、主要节日及常用礼仪禁忌。
2. 熟悉我国主要少数民族的风俗礼仪、节日庆典及主要禁忌。
3. 知晓我国主要客源国国家的习俗礼仪及主要禁忌。
4. 理解宗教信仰对民俗礼仪的反映与影响。
5. 灵活运用所掌握的宗教礼仪及中外民俗礼仪知识。

模块一　世界三大宗教礼仪

【能力培养】

宗教一词，一说为拉丁语中的 religare，意为联结或再结，即“人与神的再结”；一说在拉丁语中为 religio，意为敬神。在汉字语源中，宗从“宀”、从“示”；意为“宇宙神祇（古祇字作示）所居”。宗也有“尊祀祖先”或祭祀“日月星辰，江河海岱”之意。宗教是奉祀神祇、祖先之教。在历史发展中，宗教一词被赋予了各种不同的意义。

宗教是一种社会历史现象，有其自身发生、发展和演变的过程，经历了在不同形态下的各自发展阶段。在近、现代又有新的发展。在人类历史开端时期，没有也不可能发生宗教。宗教观念是在社会生产力达到一定发展，人的思维具有抽象概括能力时才出现的。

任务一　佛教礼仪

一、佛教的起源与传播

公元前6世纪至前5世纪，释迦牟尼在古印度创建佛教，以后佛教广泛传播于亚洲很多国家和地区，对许多国家的社会政治和文化生活产生过重大影响。创始人释迦牟尼生于今尼泊尔境内的迦毗罗卫，是释迦族的一个王子。他在青少年时即感到人世变幻无常，深思解脱人生苦难之道，29岁出家修行。得道成佛（佛陀，意译觉者）后，在印度恒河流域中部地区向大众宣传自己证悟的真理，拥有越来越多的信徒，从而组织教团，形成佛教。在世界三大宗教中佛教创立最早，人数大约为3亿人，主要分布在东亚与东南亚地区，传入中国也最早；佛教分大乘佛教、小乘佛教和藏传佛教。

二、佛教礼仪的内容

（一）佛门弟子的行仪

佛门弟子是指学佛的弟子从学佛一开始，就要求对其行为举止进行规范和调整；在不同的阶段，有不同的规矩，从“三皈五戒”直到“三千威仪，八万细行”。

（二）佛门弟子基本礼仪

1. 称谓

佛教在各国的教制、教职不尽相同，称谓也不完全一致。在我国寺院中主要负责人称“方丈”即“住持”，负责内部事务人员称“监院”，负责对外联络的人称“知客”，他们被尊称为“长老”、“高僧”、“大师”、“法师”。佛教徒中出家的男性称“比丘”，简称“僧”，俗称“和尚”；出家的女性称“比丘尼”，简称“尼”，俗称“尼姑”。

2. 威仪

是指僧尼的行、站、坐、卧时应保持的威仪德相，即行如风、站如松、坐如钟、卧如弓。

3. 受戒

是接受佛教戒律的仪式。受戒后出家的僧尼必须严格遵守佛教的各种清规戒律。

4. 合十

合十或称合掌，这是指教徒之间或与他人见面时行的一种礼。合十时双手手心相对并拢，手指朝上，置于胸前，口中念道“阿弥陀佛”，以示诚意。

5. 顶礼

顶礼是向佛、菩萨或上座行的礼。行礼时双膝跪下，舒两掌过额头承空，头顶叩地，以示头触佛足，毕恭毕敬，可谓“五体投地”。

6. 朝山

指佛教徒到名山大寺去进香拜佛。

（三）一般信众的礼仪

一般信众是指对佛教有好感，相信佛教所讲的道理，但没有正式成为佛教徒的信徒。一般人到寺庙里去，虽然不是正式的佛教徒，但为了礼貌起见，也应该注意自己的行仪。

三、主要派别

佛教中的主要派别有大乘佛教与小乘佛教。在对佛祖的看法上，小乘佛教把释迦牟尼当做教主，而大乘佛教则把他当做神通广大、法力无边的神，在修持方法和结果上，小乘佛教追求个人解脱，大乘佛教则认为应以普度众生、成佛度世为最高目标。小乘佛教主张“我空法有”，而大乘佛教则认为“法我皆空”。

四、佛教的主要节日庆典

（一）世界佛陀日

世界佛陀日即“哈舍会节”，又称“维莎迦节”。世界佛教徒联谊会 1954 年规定，公历 5 月间的月圆日为“世界佛陀日”，即把佛的诞辰、成道、涅磐合并在一起的节日。每到这时，一些佛教盛行的国家举行全国行的大规模庆祝活动。

（二）佛诞日

佛诞日又称“浴佛节”，是纪念佛教创始人释迦牟尼诞生的节日。由于说法不一，所以世界各国佛诞节的时间也不相同、我国汉族地区的佛教徒以农历四月初八为佛诞日；日本在明治维新以后改用公历四月八日为佛诞节，又称花节。

（三）成道日

成道日是纪念释迦牟尼成佛的节日。相传释迦牟尼是在 12 月 8 日悟道成佛，这一天即为佛成道节。我国汉族地区，每逢农历十二月初八（腊八）要以大米及果物煮粥，称为“腊八粥”供佛，并逐渐演化为腊月八日吃“腊八粥”的民俗。而世界各国佛寺及僧众每逢此日都要举行以诵经为中心的纪念活动。

（四）涅磐日

涅磐日是纪念释迦牟尼逝世的节日。由于南北佛教对释迦牟尼逝世年月的说法不一，所以过节的具体日期不尽相同。中国、日本等国的大乘佛教，一般以每年农历二月十五日为涅磐节。每年此日，各佛教寺院都要悬挂佛祖图像，举行涅磐大会，诵《遗教经》等。

任务二　基督教礼仪

一、基督教的起源与发展

基督教发源于公元1世纪巴勒斯坦地区犹太人社会，公元392年，罗马皇帝狄奥多西一世宣布基督教为国教。公元1054年，基督教分化为公教（在中国称天主教）和正教（在中国称东正教）。天主教以罗马教廷为中心，权力集中于教宗身上；东正教以君士坦丁堡为中心，教会最高权力属于东罗马帝国的皇帝。16世纪，德国、瑞士、荷兰、北欧和英国等地发生了宗教改革运动，它产生出脱离天主教会的基督教新教教会。领导人物是马丁·路德、加尔文等人，他们建立了新教和圣公会，脱离了罗马天主教。中国所称的“基督教”，基本上都是这个时候产生的新教。

现今的基督教主要包括天主教、东正教和新教三大派别，还包括宣称跟其他教会有着不同历史渊源和信念的基督教派。基督教 Christianity 是世界上信徒最多、分布最广的宗教，遍布世界242个国家和地区，是世界上第一大宗教。

二、主要派别简介

（一）天主教（Catholicism）

天主教也称“公教”，又因为它以罗马为中心，又称罗马公教。16世纪传入中国后，因其信徒将所崇奉的神称为“天主”，因而在中国被称为天主教。位居最高者为教皇，下有宗主教、牧首主教、省区大主教、都主教、大主教、教区主教等。

（二）东正教（Orthodox Eastern Church）

东正教也称“正教”，又因为它流行于罗马帝国东部希腊语地区的教会发展而来，故也称“希腊正教”。

（三）新教（Protestantism）

新教为16世纪宗教改革运动中脱离天主教而形成的各个新宗派及从这些宗派中不断分化出来的各个新宗派的统称，也译为“抗罗宗”或“更正宗”。中国的新教各教会则自称基督教或耶稣教，而不称新教。

三、基督教基本礼仪

（一）称谓

对教会神职人员，可按其教职称为主教、牧师、神父、长老等，以示尊敬；与教会神职人员相对，普通信徒之间可称平信徒。我国平信徒之间，习惯称“教友”。

（二）洗礼

洗礼是基督教的入教仪式。经过洗礼后，就意味着教徒的所有罪都获得了赦免。洗礼的方式有两种：点水礼和浸水礼。

（三）礼拜

礼拜是信徒门在教堂中进行的一项包括唱诗、读经、祈祷、讲道和祝福的宗教活动，通常在每周日举行，即“主日礼拜”。

（四）祈祷

祈祷也称祷告，指向上帝和基督耶稣求告的宗教仪式。其内容可以是认罪、感谢、祈求和赞美等。祈祷有口祷和默祷两种形式。

（五）唱诗

唱诗即领唱或合唱赞颂、祈求、感谢上帝的赞美诗。这些赞美上帝的诗歌，大多有高音、中音、次中音、低音四部，以供合唱之用。

（六）告解

俗称忏悔，这时信徒单独向神职人员表白自己的过错或罪恶，并有意悔改的宗教仪式。

（七）终傅

终傅是基督徒临终前请神职人员为其敷擦“圣油”（一种含有香液的橄榄油），用以赦免其一生罪过的宗教仪式。

（八）守斋

基督教规定，教徒每周五及圣诞节前夕（12 月 24 日），只食素菜和鱼类，不食其他肉类。天主教还有禁食的规定，即在耶稣受难节和圣诞节前一天，只吃一顿饱饭，其余两顿只能吃得半饱或者更少。

（九）婚配

教徒结婚可在教堂举行，并由牧师或神父主持婚礼仪式。在询问男女双方是否同意结为夫妇，得到双方肯定回答后，主礼人诵念规定的祈祷经文，宣布他们为合法夫妻，并向新婚夫妇祝福。

四、节日庆典

（一）圣诞节

圣诞节是为了纪念耶稣诞辰的节日。由于历法不同，大多数教会定于每年的

12 月 25 日为圣诞节，东正教会则定为每年的 1 月 6 日或 7 日。这是西方国家每年最隆重的节日。

（二）复活节

复活节是纪念耶稣复活的节日。耶稣复活的意义在于战胜死亡。公元 325 年，基督教会规定每年春分月圆后的第一个星期天为复活节，一般在每年 3 月 21 日至 4 月 25 日。

（三）圣灵降临节

据《新约圣经》记载，耶稣“复活”后第 40 日“升天”，第 50 日差遣“圣灵”降临，门徒领受圣灵后开始传教。据此，基督教会规定，每年复活节后第 50 天为圣灵降临节，又称“五旬节”。

任务三　伊斯兰教礼仪

一、伊斯兰教起源

伊斯兰教起源于公元 6 世纪的阿拉伯半岛，创始人为穆罕默德。“伊斯兰”是阿拉伯语，意为“和平”、“顺从”，其宗旨是主张人类和平相处，顺从真主安拉的意志。信仰伊斯兰教的人被称为“穆斯林”，意为“顺从者”、“和平者”。伊斯兰教是一种在世界上举足轻重的宗教，分布在 204 个国家和地区。伊斯兰教的经典为《古兰经》。由于伊斯兰教的信众皆称穆斯林，所以伊斯兰教民族和国家也可称穆斯林民族和国家。伊斯兰教主要派别为逊尼派和什叶派。

二、伊斯兰教基本礼仪

（一）交往

伊斯兰教注重人际交往，十分重视礼仪。穆斯林相见，先要互相问安，后再交谈。同辈相见，行握手礼。十分亲密的友人，行拥抱亲吻礼。

（二）称谓

伊斯兰教信徒称“穆斯林”，无论在什么地方，信徒之间不分职位高低，都互称兄弟，或叫“多斯提”（波斯语意为好友、教友）。

（三）大、小净

进礼拜殿前须作大、小净和脱鞋。一般性的礼拜可做小净，即洗净脸和手脚等。大净则是从头到脚依次洗遍全身。

（四）禁露羞体

伊斯兰教认为，男子从肚脐到膝盖、妇女从头到脚都是羞体。在公开场合，男女穆斯林必须穿着不露羞体的衣服，女性必须戴面纱和盖头。

三、节日庆典

（一）古尔邦节

古尔邦节是全世界伊斯兰教徒最重大的节日。“古尔邦”，汉语的意思是“宰牲”，所以古尔邦节又称“宰牲节”。时间是伊斯兰历12月10日。这一天除举行宗教仪式外，还要宰杀羊、牛、骆驼。

（二）开斋节

开斋节是穆斯林最隆重的节日之一，在伊斯兰教历的9月29日或10月1日。九月全月封斋，最后一天寻找新月，斋期届满的次日为开斋节。这一天，穆斯林要沐浴更衣，男人涌向清真寺，妇女在家做礼拜；然后探亲访友，举行庆祝活动。

（三）登宵节

伊斯兰教历7月17日为登宵节，纪念传说中穆罕默德夜晚上天朝见安拉。登宵节夜晚，穆斯林举行礼拜、祈祷等活动。

（四）圣纪节

伊斯兰教历3月12日为圣纪节，是穆罕默德诞生和逝世的日子。穆斯林到清真寺举行圣会，集体诵读《古兰经》，宣扬穆罕默德的生平事迹。

（五）阿术拉节

“阿术拉”一词是阿拉伯语的音译，意思是“十”，也就是伊斯兰教历的1月10日，是安拉创造人、天国乐园、火狱的日子。不少国家的穆斯林很重视这个日子，称此日为阿术拉节。

【案例7－1】

不洁的左手

焦雪梅是一名白领丽人，她机敏漂亮，待人热情，工作出色。有一回，焦小姐所在的公司派她和几名同事一道，前往信仰伊斯兰教的某国洽谈业务。可是，平时向来处事稳重、举止大方的焦小姐，在访问那个国家期间，竟然由于行为不慎，而招惹了一场不大不小的麻烦。事情的经过是这样的：焦小姐和她的同事一抵达目的地，就受到了东道主的热烈欢迎，在随之为他们特意举行的欢迎宴会上，主人亲自为每一位来自中国的嘉宾递上一杯当地特产的饮料，以示敬意。轮到主人向焦小姐递送饮料之时，一直是“左撇子”的焦小姐不假思索，自然而然地抬起自己的左手去接饮料，见此情景，主人却神色骤变，重重地将饮料放回桌上，扬长而去。

原来，在那个国家里，人们的左右手有着明显的分工。正规情况下，右手被视为“尊贵之手”，可用于进餐、递送物品以及向别人行礼。而左手则被视为“不洁之手”，用左手递接物品，或是与人接触、施礼，在该国被人们公认为是一种蓄意侮辱。

【要点提示】

内容	佛教	基督教	伊斯兰教
起源	公元前6世纪至前5世纪，释迦牟尼在古印度创建。	公元1世纪巴勒斯坦地区犹太人社会。公元392年，罗马认可基督教为国教。	公元6世纪的阿拉伯半岛，创始人为穆罕默德
基本礼仪	称谓、威仪、受戒、合十、顶礼、朝山	称谓、洗礼、礼拜、祈祷、唱诗、告解、终傅、守斋	交往、称谓、大、小净、禁露羞体、葬礼
教义	四圣谛、三法印、八正道、十二因缘	信仰“上帝”、信仰“基督救赎”、信仰“灵魂不灭，世界末日”	信阿拉、信天使、信经典、信先知、信后世
教规	“五戒”和“十善”		念功、礼功、斋功、课功、朝功
主要派别	大乘佛教、小乘佛教	天主教、东正教、新教	
主要节日	世界佛陀日、佛诞日、成道日、涅磐日	圣诞节、复活节、圣灵降临节	古尔邦节、开斋节、登宵节、圣纪节、阿术拉节

模块二　我国少数民族礼仪禁忌

【能力培养】

我国是一个统一的多民族国家，全国共有56个民族，其中汉族人口约占全部人口的92%，其他55个少数民族人口约占8%。在长期的历史发展过程中，我国各少数民族在礼貌、礼节、礼仪、饮食、禁忌等方面形成了不同的风俗习惯和文化特点。

任务一　蒙古族的民俗礼仪

蒙古族的分布几乎遍及全国各地，主要聚居在内蒙古自治区。“蒙古”是蒙古人的自称，其意为“永恒的火”。蒙古族有自己的语言文字，蒙古语有内蒙古、卫拉特、巴尔虎布利亚特三种方言。

一、蒙古族礼仪习俗

热情好客、待人诚恳是蒙古族人民的传统美德。见宾客边握手边问好：“塔赛奴（您好）！”宾客进入蒙古包后，家庭主妇便向宾客双手敬献喷香的奶茶。同时摆上黄油、奶皮子、奶豆腐、炒米等食品，供宾客食用。宾客告别时，全家出蒙古包欢送，祝宾客一路平安，并欢迎再次光临。

献哈达是蒙古族人民的一种传统礼节。哈达是一种礼仪用品。拜佛、祭祀、婚丧、拜年以及对长辈和贵宾表示尊敬等都需要使用哈达。对长辈献哈达时，献者略弯腰向前倾、双手捧过头、哈达对折起来，折缝向着长者；对平辈，双手平举送给对方；对小辈，一般将哈达搭在脖子上。敬鼻烟是蒙古族牧民的一种日常见面礼。晚辈同长辈相见时，晚辈曲身鞠躬，双手捧着鼻烟壶，敬献长辈，长辈用左手接受，用后归还。同辈相见时用右手相互交换鼻烟壶，双方闻后归还。

二、蒙古族节庆

蒙古族的节日与汉族基本相同，蒙古族最隆重的节日是“白节”。此外，别具民族特色的节日是“鲁班节”、“那达慕”大会和“祭祖节”。鲁班节每年农历四月初二举行。那达慕大会每年公历 12 月中旬举行。祭祖节每年农历六月二十日举行。

（一）白节

这是蒙古族人民一年之中最盛大的节日，相当于汉族的春节，亦称“白月”。传说与奶食的洁白有关，含有祝福吉祥如意的意思。节日的时间和春节大致相符，除夕那天家家都要吃手把肉，也要包饺子、烙饼；初一的早晨，晚辈要向长辈敬“辞岁酒”。

（二）那达慕大会

那达慕大会于每年夏秋季牧闲时举行。“那达慕”在蒙语中有娱乐或游戏之意。内容有摔跤、赛马、射箭、舞蹈以及物资交流等。

（三）鲁班节

鲁班节是云南省通海县一带蒙古族人民的传统节日，每年农历四月初二举行，为期一天。居住在这里的蒙古族人民从其他兄弟民族那里学会了建筑技术。为了纪念和庆祝在土木建筑方面取得的成就，他们就把农历四月初二定为鲁班节。

（四）祭祖节

祭祖节，每年农历六月二十日举行，是纪念成吉思汗的节日。

三、蒙古族禁忌

蒙古族禁忌主要有以下几种：串亲访友时，走到主人家门前，当狗扑过来时，不要拿马鞭、棍子、石头打狗。不准把马鞭、木棍带入室内，携带的东西不能放在屋内西北角供佛的地方。吃饭时，不能在长辈落座前就座，不能坐到正中位置。父母健在，儿孙不论多大年龄均不准过寿，只能过本历年。辞行后，出门不要立即上马或上车，在离开房舍一二十米后在上马或上车。家中有病人，忌讳来客闯病房，牧民家中有重病或病危的人时，一般在蒙古包左侧挂上一根绳子，若将绳子的一端埋在东侧，说明家里有重病患者，不待客。串门要注意主人外屋门上方有无标志，如有弓箭、红布悬挂，表示家中有正在坐“月子”的产妇（未满月的产妇），不要闯月子。忌蹬门槛，也是蒙古族禁忌之一。到牧民家做客，出入蒙古包时，绝不许踩蹬门槛。蒙古族崇拜火，认为火神或灶神是驱妖辟邪的圣洁物；所以人们进入蒙古包后，禁忌在火炉上烤脚，更不许在火炉旁烤湿靴子或鞋子，不得跨越炉灶或脚蹬炉灶，不得在炉灶上磕烟袋、摔东西、扔脏物；不能用刀子调火，将刀子插入火中，或用刀子从锅中取肉。蒙古人认为水是纯洁的神灵，忌讳在河流中洗手或沐浴，更不许洗女人的脏衣服或向河流中扔脏物。蒙古族忌讳生人用手触摸小孩的头部，旧观念认为会对孩子的健康发育不利。

任务二　回族的民俗礼仪

回族是回回民族的简称，是我国分布最广的少数民族，主要聚居于宁夏回族自治区，人口约9百多万，是中国少数民族中人口较多的民族之一。回族主要信仰伊斯兰教，居住较集中的地方建有清真寺，又称礼拜寺。

一、回族礼仪习俗

回族的仪礼习俗包括人生仪礼和生活礼节两大部分。人生仪礼，主要是从生到死之间的若干重大阶段的仪礼。如在中国回族自形成以来主要有诞生礼、命名礼、满月礼、百日礼、抓周礼、割礼、婚礼、丧礼等。生活礼节主要是见面礼、待客礼等。

回族的命名礼是在婴儿诞生的当天或三天之内，必须请一位阿訇给婴儿举行命名礼。阿訇向婴儿耳朵里吹气并或念宣礼词，意思是把一个刚出生的小孩儿，由清真寺之外呼唤到清真寺之内，一生下来就要成为一个当然的穆斯林。当阿訇举行这种仪式后，便从回教众多的先贤中选出一个美名，告诉家里人，以示吉庆、俊美。

回族的见面礼是无论男女老少，他们见面相互问候时，通用一种祝安词“色俩目”，也叫见面语。一般是晚辈先向长辈致礼；平辈亲友相逢，年幼者向年长者致礼；教民与阿訇相遇，教民先致礼；宾客见了主人，宾客先致礼；出门在外的要向当地留住者先致礼；乘骑者对步行者先致礼；男对女先致礼。回族在相互致礼时，同时还握手，关系非常密切的相互伸出右手相握，左手还会抚在对方的右臂上，意为亲如一家。有些地方的回族在致礼时，右手置抚胸前，腰微微前躬，表示从内心敬重对方，衷心地祝愿。回族在见到汉族等其他不信仰伊斯兰教民族同胞，只握手问好，不说“色俩目”。

二、回族节庆

回族有三大节日，即开斋节、古尔邦节和圣纪节。古尔邦节与开斋节的内容请参看模块一的伊斯兰教介绍，这里不再赘述。圣纪节为伊斯兰教的三大节日之一。相传穆罕默德诞辰和逝世都在伊斯兰教历的3月12日，穆斯林为了纪念伊斯兰教圣人穆罕默德创建的伊斯兰教，在他诞辰和逝世的这天举行集会是为圣纪节。除此之外，还有小的节日和纪念日，如法图麦节、登霄节、阿舒拉节等。

三、回族禁忌

饮食方面回族禁食猪、狗、驴、骡、马、猫及一切凶猛禽兽。禁猪习俗与伊斯兰教基本相同，这里不再赘述。回族禁食自死的牲畜、动物以及非伊斯兰教徒宰的牲畜。回族一般不多吃鸽子肉，传说鸽子保护过穆罕默德，所以回族当中有“吃鸽子肉要用金刀来宰”的说法。回族人忌讳别人在自己家里吸烟、喝酒；禁用食物开玩笑，也不能用禁食的东西作比喻，如不得形容辣椒的颜色像血一样红等。凡人饮用的水井、泉眼，一律不许牧畜饮水。也不许任何人在附近洗脸或洗衣服。取水前一定要洗手，盛水的容器中的剩水不能倒回井里。回族的日常饮食很注意卫生，凡有条件的地方，饭前、饭后都要用流动的水洗手，回族人就餐时，长辈要坐正席。晚辈不能同长辈同坐在炕上，须坐在炕沿或地上的凳子上。对食用的畜禽忌说“肥”，而说“壮”；忌说“杀”，而说“宰”；忌说“肉”，而说“菜”，如“牛菜”“羊菜”。在信仰方面，禁止崇拜偶像等；在社会行为等方面，禁止放高利贷，赌博等。

任务三　维吾尔族的民俗礼仪

在中国西北边陲新疆，有一座白雪皑皑的天山，天山脚下聚居着一个能歌善舞的民族——维吾尔族。“维吾尔”是维吾尔族的自称，意为“团结”或“联合”，总人口达900多万人。维吾尔族主要聚居在新疆维吾尔自治区天山以南的喀什、和田、阿克苏、库尔勒地区，其余散居在天山以北的伊犁等地。维吾尔族有自己的语言文字，维吾尔语属阿尔泰语系突厥语族，文字为以阿拉伯字母为基础的拼音文字。

一、维吾尔族礼仪习俗

维吾尔族人在遇到尊长或朋友时，习惯把右手按在前胸中央，然后身体前倾，连声问好。维吾尔族待客和做客都很讲究。如果来客，要请宾客坐在上席，摆上馕、各种糕点、冰糖等，先给宾客倒茶水或奶茶。吃饭时家里来了宾客，即使宾客已吃过饭，主人也盛情邀请宾客与他们一起共餐。吃完饭后，由长者领作“都瓦”（祈祷与祝福），待主人收拾完食具，宾客才能离席。吃饭时宾客不可随便拨弄盘中食物，不可随便到锅灶前去，一般不把食物剩在碗中，同时注意不让饭粒落地；如不慎落地，要拾起来放在自己跟前的“饭单”上；吃饭时宾客不能东张西望。吃饭时长者坐在上席，全家共席而坐，饭前饭后必须洗手，洗后只能用手帕或布擦干，忌讳顺手甩水，认为那样不礼貌。如果天色已晚，宾客起身告辞时，热情的主人总要盛情地挽留宾客住在家里；主人总是拿出最好的被褥给宾客用，第二天清晨主人要早起，为宾客准备早餐。如果是贵客和远道而来的亲戚到家，有条件的家庭要宰羊热情款待宾客，条件差一点的至少也要杀一只鸡，用丰盛的食物招待宾客。

二、维吾尔族节庆

维吾尔族信奉伊斯兰教。传统节日有：肉孜节、古尔邦节、诺鲁孜节等。维吾尔族十分重视传统节日，尤其以过“古尔邦”节最为隆重。届时家家户户都要宰羊、煮肉、赶制各种糕点等。屠宰的牲畜不能出卖，除将羊皮、羊肠送交清真寺和宗教职业者外，剩余的用作自食和招待宾客。过肉孜节时，成年的教徒要封斋1个月。封斋期间，只在日出前和日落后进餐，白天绝对禁止任何饮食。肉孜节意译为“开斋节”。按伊斯兰教教规，节前一个月开始封斋。期满30天开斋，恢复白天吃喝的习惯。开斋节前，各家习惯炸馓子、油香、烤制各种点心，准备节日食品。节日期间人人都穿新衣服，戴新帽，相互拜节祝贺。

三、维吾尔族禁忌

维吾尔族饮食禁忌与伊斯兰教基本相同：禁止吃猪肉、驴肉、狗肉和骡肉，禁止吃自然死亡的牲畜，禁止吃未经阿訇念经宰杀的牲畜和家禽，禁止饮酒及饮用含有酒精的饮料，禁止吃凶猛禽兽的肉，禁止吃一切动物的血；吃饼或馒头要用手掰成小块吃，不能整个拿着吃；吃剩残物不要乱扔；用餐时不要从餐布或主人面前跨过；禁用左手取用食物。

在衣饰方面忌讳衣服短小、袒胸露背和公共场合穿短裤；外衣一定要求过膝，妇女裤脚要贴住脚面；参加室外活动，男子必须戴帽子，女子必须戴头巾或帽子，忌讳头发全部裸露在外，忌穿过薄过透的衣服。

住宅建筑忌讳大门朝西开；忌讳在建筑物上用人、猪或其他动物绘制图像。接受物品时要用双手，忌单手，特别是左手接物；维吾尔族妇女在聚会、请客、举行仪式时，男女不能同桌；妇女不能进入清真寺，不能为死者送葬，割礼时妇女不得入内。

任务四　藏族的民俗礼仪

藏族是主要居住在中国境内使用藏语的民族，主要聚居在西藏自治区及青海，四川、甘肃、云南等省。藏族是汉语的称谓，西藏在藏语中称为“博”，生活在这里的藏族自称“博巴”，“巴”藏语意为“人”。

一、藏族礼仪习俗

（一）献哈达

献哈达是藏族人民日常交往中常见的一种礼仪，常在朝觐佛像、建房竖柱、认错、拜会尊长、送别迎亲、馈赠亲友时使用，表示敬意、祝贺、表达纯洁、诚挚之心。哈达有蓝、白、黄、绿、红 5 种颜色，最常见的为白色哈达，象征纯洁、吉利。送接哈达讲究：下辈向上辈或高僧活佛敬献哈达，要微微躬身，双手捧着献于手上或置座前桌上，献后后退数步方能转身离去，以示尊敬；长辈给晚辈赠送哈达可直接挂在对方颈上，平辈献哈达只需献于手上；接受哈达者，身体要微微前倾，恭敬地用双手接过，然后举过头顶挂在自己颈上，以示谢意。有事求人则要到对方家献哈达，将哈达献于主人家神龛前，对方应允则留下哈达，不应允则当面退还。向对立的一方献哈达，对方接受了哈达，意味着矛盾可能化解。

（二）磕头

藏族人朝觐佛像、佛塔、活佛及拜谒长者，都要磕头。磕长头，一般是在有宗教活动的寺庙中进行；磕长头时两手合掌高举过头、自顶、自额、至胸拱揖三次，然后匍匐在地，伸直双手画地为号，如此反复进行。磕短头，也在寺庙中进行，合掌连拱三次，然后拱腰到佛像脚下，用头轻轻一顶，表示诚心忏悔。拜谒长者，要磕短头，表示尊敬祝福。

（三）敬酒、敬茶

常见为敬青稞酒、敬酥油茶。敬酒以满杯为敬，主人先喝，宾客喝酒时，先用食指蘸酒向天空弹三次，祝“扎西德勒”后再喝；若宾客酒量不大，经主人同意，也可不喝，以表示礼节。一般敬酒，主人先请宾客喝三口、添三次再一满杯饮干，如此主人家会很高兴。敬酥油茶也是藏家的日常礼节。敬茶时讲究长幼有序、主客有序和尊卑有序。先长辈、父母、宾客和尊者，再晚辈和主人。若有客来，主人要用清水将碗洗净、揩干、用火烘干，然后再斟茶，用双手捧献于宾客前，宾客饮用后，主人会很快添上，除非宾客以手盖碗表示不能再饮为止。刚开始斟茶时不能将碗倒满。宾客喝过一口后，主人可斟满，以表示主人大方、不吝啬。宾客告辞时，茶碗里的茶不能全喝完，表示对主人的尊敬和有礼貌。

二、藏族节庆

（一）藏历新年

藏族称新年为“洛萨”。藏历年古时曾以麦熟为岁首或麦收为岁首。藏历新年是藏族人民最隆重的节日，藏历新年相当于汉族的春节，是一年最大的节庆。

藏民族过年是从藏历十二月二十九日开始的。晚上家家户户要团聚在一起吃“古突”（面团肉粥），以此辞旧迎新，求得太平康乐。一家人在欢声笑语中吃完九道“古突”后，举着火把，放起鞭炮，呼喊着“出来”，走到十字路口祈望来年好运。

（二）雪顿节

雪顿节是藏族传统节日，每年藏历七月一日举行，为期四五天。在藏语中，“雪”是酸奶的意思，“顿”是“宴”之意，从字面解释，“雪顿节”就是“酸奶宴”，于是雪顿节便被解释为喝酸奶子的节日。后来逐渐演变成以演藏戏为主，故又称其为“藏戏节”。届时，拉萨市附近的居民身着鲜艳的节日服装，扶老携幼，提上酥油桶，带上酥油茶，来到罗布林卡。在繁茂的树荫下搭起帷幕，在绿茵上铺上地毯，摆上果品佳肴，席地而坐，边饮边谈，载歌载舞，观看藏戏，享受节日的欢乐。下午各家开始串帷幕做客，主人向来宾行“松准聂塔”（酒礼），唱各种不同曲调的劝酒歌。

（三）林卡节

藏族是一个十分热爱大自然的民族，他们根据高原气候、环境和生活条件，形成一种独特的民族习惯，即逛林卡（花园、林园）。每年藏历五月一日到十五日，人们走出庭院，来到浓荫密布的林卡，搭起帐篷，享受大自然的恩赐。四川阿坝藏族羌族自治州，藏历五月初四，往往以家庭、家族或寨子为单位外出游玩，大家在野外撑起帐篷，熬起砖茶，备有酸奶等各种食品，唱歌跳舞以致尽兴。

（四）沐浴周

每年藏历七月上旬，在整个西藏的广大农牧区和城乡，都有一个星期的群众性洗澡活动，这就是藏族特有的一年一度的沐浴周。在这7天中，男女老少纷纷来到河溪之中，尽情嬉戏，野宴，每天日出而出，日落而归。

三、藏族禁忌

主人接待宾客时，无论是行走还是言谈，总是宾客或长者为先，使用敬语，如在名字后面加个“啦”字，以示尊敬和亲切，忌讳直呼其名；迎送宾客，要躬腰屈膝，面带笑容、室内就座，要盘腿端坐，不能双腿伸直，脚底朝人，不能东张西望；敬茶，酒，烟时，要双手奉上，手指不能放进碗口；接受礼品，要双手去接；赠送礼品，要躬腰双手高举过头。

宾客进门时绝对不要踩踏门槛；吃饭时要食不满口，咬不出声，喝不出响，拣食不越盘。接受敬酒时，宾客须先用无名指蘸一点酒弹向空中，连续三次，以示祭天，地和祖先，接着轻轻呷一口，主人会及时添满，再喝一口再添满，连喝三口，至第四口时，必须一饮而尽。喝酥油茶时，主人倒茶，宾客要待主人双手捧到面前时，才能接过来喝；藏族人绝对禁吃驴、马和狗肉，有些地区也不吃鱼肉。藏族人忌在别人后背吐唾沫，拍手掌；行路遇到寺院，玛尼堆，佛塔等宗教设施，必须从左往右绕行；不得跨越法器，火盆；经筒，经轮不得逆转；忌讳别人用手触摸头顶；忌讳触摸藏服。

任务五　苗族的民俗礼仪

苗族是中国西南部地区人口较多的少数民族之一，主要分布在贵州、湖南、云南、湖北、海南、广西等省区。在中国古代典籍中，早就有关于五千多年前苗族先民的记载，这就是从黄河流域直到长江中游以南被称为“南蛮”的氏族和部落。苗族有自己的语言，苗语分三大方言：湘西、黔东和川黔滇。苗族是个能歌善舞的民族，尤以情歌、酒歌享有盛名，芦笙是苗族最有代表性的乐器。

一、苗族礼仪习俗

苗族勤劳朴实、开朗大方、热情好客，不论熟人还是陌生人，见面后常以一句“鸟荣”（一切可好）互相问候。当苗族看到一个外族人会讲苗语时，认为这是对苗族人民的尊重，将把宾客奉为上宾接待。苗族人接待宾客时，主人会穿上节日盛装。男主人到村寨外的路旁，恭迎宾客光临。宾客到家门口时，男主人以唱歌的形式叫门，告知女主人贵客已经临门，女主人唱着歌开门迎客。

苗家以鸡、鸭为待客的佳肴，而且视其心、肝最为珍贵。宾客来访，尤其是远道来的贵客，苗族人习惯先请宾客饮牛角酒，然后杀鸡招待。按苗族传统的礼节，吃鸡时，鸡头是要敬给老人的。为了表示对宾客的最高敬意，主人常常把鸡头给宾客，这时懂礼貌的宾客就应该双手接过鸡头，然后再转献给在座的老人或长者。鸡肝、鸡杂要敬老年妇女，鸡腿则是留给小孩的。有的地方还有分鸡心的习俗，即由家里年纪最大的主人用筷子把鸡心或鸭心挟给宾客，但宾客应把鸡心平分给在座的老人而不能自己吃掉。

如果碰上苗族人家吃饭，主人必定邀宾客入席。如果宾客吃了或另有安排，要加实相告，不能以一句“不吃”加以拒绝，否则被认为不尊重主人。切不能一声不吭地离开，这样苗族会认为你没有礼貌。当你离开苗族主人家时，一定要有礼貌地说声“哇周”，意为“谢谢”，感谢苗家对你的盛情款待。当主人把宾客送到门口或寨外，叮嘱宾客下次再来时，宾客应说“要来的”，而不能说“不来了”，否则也被认为不懂礼貌。

二、苗族节庆

苗族过去信仰万物有灵，崇拜自然，祀奉祖先，节日较多。传统节庆按功能含义分为农事活动节庆、物质交流节庆、男女社交、恋爱、择偶节庆、祭祀性节庆、纪念性、庆贺性节庆。除传统年节、祭祀节日外，还有专门与吃有关的节日。如吃鸭节、吃新节、杀鱼节、采茶节等。过节除备酒肉外，还要必备节令食品。糯米饭是苗族节庆、社交活动中的必备食品，许多地区的苗族常用糯米面做成汤圆，也作为节日期间的一种食品。无论婚丧嫁娶必须备有酒、酸肉、酸鱼，否则视为失礼。

苗年一般先在正月第一个卯日，历时三、五天或十五天。年前，各家各户都要备丰盛的年食，除杀猪、宰羊（牛）外，还要备足糯米酒。年饭丰盛，讲究“七色皆备”、“五味俱全”，并用最好的糯米打“年粑”，互相宴请馈赠。

杀鱼节多在江边，由妇女带上饭、腊肉、香肠等酒菜，只要捉到鱼，即燃起篝火，架锅煮鱼直到尽兴方归。“祭鼓节”是苗族民间最大的祭祀活动。一般是七年一小祭，十三年一大祭。于农历十月至十一月的乙亥日进行，届时要杀一头牯子牛，跳芦笙舞，祭祀先人。

龙舟节是每年农历五月二十四至二十七日，此时万人盛装，云集江边，参加龙舟出发前的献祭活动。比赛开始，几十条龙舟破浪前进，两岸锣鼓、礼炮齐鸣，观众呐喊惊天动地。岸上还举行对歌、跳芦笙舞等活动。入夜，余兴未尽，青年男女相聚对歌，倾诉真情。

三、苗族禁忌

苗族忌讳别族人称呼自己为“苗子”，认为这是带侮辱和挑衅性的语言。苗族人忌食狗肉。苗族祖先神位所在的地方不让人坐，也不许人们在家里或在夜间吹口哨。在一些巫事活动中忌讳直说禽畜之名，把鸡鸭猪狗隐称为“尖嘴的、扁嘴的、拱槽的、守家的”等，认为蛇、虎是有灵性的动物，所以说话时也忌讳直说其名，把蛇隐称“花绳子”，把虎隐称为“老猫”。一般主人的卧室，外人不得随意进入。老人面前不跷二郎腿，走路不从别人面前走过而要从背后绕行。苗族十分忌讳戴孝的人进入自己家。

任务六　壮族的民俗礼仪

壮族是中国少数民族中人口最多的一个民族，大多居住在广西、云南、广东等地。壮族的先民属古代百越族群，建国后经过民族识别，统一称为壮族。壮族有自己的语言和文字。

一、壮族礼仪习俗

壮族是个好客的民族，到壮族村寨任何一家做客的宾客都被认为是全寨的宾客，往往几家轮流请吃饭，有时一餐饭吃五、六家。平时有相互做客的习惯，如一家杀猪，必定请全村各户每家来一人，共吃一餐。招待宾客的餐桌上务必备酒，方显隆重。敬酒的习俗为“喝交杯”，其实并不用杯，而是用白瓷汤匙。两人从酒碗中各舀一匙，相互交饮，眼睛真诚地望着对方。婚丧嫁娶、盖房造屋，以及小孩满月、周岁等红白喜事，都要置席痛饮。实行男女分席，但一般不排座次，不论辈分大小，均可同桌。

宾客到家，必在力所能及的情况下给宾客以最好的食宿，对宾客中的长者和初次见面的宾客尤其热情。用餐时须等最年长的老人入席后才能开饭；长辈未动的菜，晚辈不得先吃；给长辈和宾客端茶、盛饭，必须双手捧给；先吃完者要逐个对长辈、宾客说“慢吃”再离席。

路遇老人要主动打招呼，男的要称“公公”，女的则称“奶奶”或“老太太”；在老人面前不跷二郎腿，不说污言秽语，不从老人面前跨来跨去。杀鸡时，鸡头、鸡翘须敬给老人。路遇宾客或负重者，要主动让路，若遇负重的长者同行，要主动帮助并送到分手处。

二、壮族节庆

壮族最隆重的节日莫过于春节，其次是七月十五中元节、三月三、清明上坟、八月十五中秋，还有端午、重阳、尝新、冬至、牛魂、送灶等，几乎每个月都要过节。

春节一般在腊月二十三过送灶节后便开始着手准备，要把房子打扫得窗明几净，二十七宰年猪，二十八包粽子，二十九做糍粑。除夕晚，在丰盛的菜肴中、最富特色的是整只煮的大公鸡，家家必有。壮族人认为，没有鸡不算过年。大年初一喝糯米甜酒、吃汤圆（一种不带馅的元宵，煮时水里放糖），初二以后方能走亲访友，相互拜年，互赠的食品中有糍粑、粽子、米花糖等，一直延续到十五元宵，有些地方甚至到正月三十，整个春节才算结束。

三月三按过去的习俗为上坟扫墓的日子，届时家家户户都要派人携带五色糯米饭、彩蛋等到先祖坟头去祭祀、清扫墓地，并由长者宣讲祖传家史、族规，共进野餐。还有的对唱山歌，热闹非凡。

三、壮族禁忌

火塘、灶塘是壮族家庭最神圣的地方，禁止用脚踩踏火塘上的三脚架以及灶台。壮族忌讳戴着斗笠和扛着锄头或其他农具的人进入自己家中，所以到了壮家门外要放下农具，脱掉斗笠、帽子；登上壮族人家的竹楼，一般都要脱鞋；壮族是稻作民族，严禁捕杀青蛙，也不吃蛙肉。壮族青年结婚，忌讳怀孕妇女参加，怀孕妇女尤其不能看新娘；妇女生孩子的头三天（有的是头七天）忌讳外人入内；忌讳生孩子尚未满月的妇女到家里串门。

任务七　满族的民俗礼仪

满族原称满洲族，辛亥革命后改称满族。主要分布在中国的东三省，另外，在内蒙古、河北、山东、新疆以及北京、成都、兰州、西安等地有少数散居。满族有自己的语言和文字。

满族人好歌舞，古代舞蹈多由狩猎、战斗的活动演化而来。历史上满族男子喜穿青蓝色的长袍马褂，头顶后部留发梳辫，戴圆顶帽，下穿套裤。妇女则喜欢穿旗袍，梳京头或“盘髻儿”，戴耳环，腰间挂手帕。满族入关后，其服装与汉族服装趋于一致，但旗袍却以其独特的魅力流传下来，成为中国妇女的传统服装。

一、满族礼仪习俗

满族有尊上、敬老、好客、守信的美德。在待人接物方面，满族有严格的礼节要求。如有宾客来家，全家人都要穿戴整齐，到门外去迎接。满族自古有内眷不避外客的习俗，特别是初次登门的宾客，主人还要主动向宾客介绍内眷，以示敬意。宾客在家吃饭，也有一定规矩，“酒要斟满、茶斟半碗”，因为有“酒满敬人、茶满欺人”之说；宾客不放筷子，主人不能先放下筷子。主客之间边吃边说，小辈绝对不许插嘴，但格格（未出嫁的姑娘）例外。

满族人孝敬长辈，注重礼节，在路上遇见长辈，要侧身微躬，垂手致敬，等长辈走过再行；在同辈人中年轻的见了年长的也要施礼问候。亲友相见，除握手互敬问候外，有的还行抱腰接面礼。外出做客时，长辈与小辈不能同席，父子不同桌，小辈一般都另开一桌。过春节时要拜两次年，年三十晚上拜一次，为辞旧岁，年初一再拜一次，叫迎新春。

二、满族节庆

满族的许多节日均与汉族相同，另外，满族还有自己独特的民族节日。节日期间一般都要举行珍珠球、跳马、跳骆驼和滑冰等传统体育活动。

颁金节是满族“族庆”之日。1635 年农历 10 月 13 日，皇太极发布谕旨，正式改族名“女真”为“满洲”，这标志着一个新的民族共同体的形成。1989 年 10 月，在丹东“首届满族文化学术研讨会”上，正式把每年的 12 月 3 日定为“颁金节”。各地满族同胞在农历十月十三日满族命名日自发地举行纪念活动，以示纪念满族的诞生。但活动时使用的名称则不尽相同，或称“命名日”，或称“诞生日”，或称“纪念日”等。

“走百病”是满族妇女的节日，一般在正月十六日。当晚，妇女们三五成群结伴远行，或走沙滚冰，或嬉戏欢闹，叫做“走百病”。“添仓节”是每年正月二十五，满族农村家家讲究煮黏高粱米饭，放在仓库，用秫秸棍编织一只小马插在饭盆上，意思是马往家驮粮食，丰衣足食。第二天，再添新饭，连着添三回，这个节至今在东北农村保留着。

二月二俗称“龙抬头日”。当日晨，满族人家把灶灰撒在院中，灰道弯曲如龙，故称“引龙”。然后在院中举行仪式，祈求风调雨顺。全家人还要吃“龙须面”和“龙鳞饼”。妇女们这天不能做针线活。开山节是在每年秋季中秋以后或农历 9 月中旬（具体时间不定）为采集草药获得丰收而进行的祝福活动。在过去东北满族村落中每年开山节都要面对长白山，进行祝福祷告，感谢山神给予采药人的丰富恩赐，在这一时期采到的人参则要供奉在自家的神龛。

三、满族禁忌

满族认为鸦、鹊为吉祥之鸟，狗是他们的朋友。满族人忌捕食乌鸦、喜鹊，不准打狗、杀狗，不吃狗肉，不穿用狗皮缝制的衣服，不铺狗皮褥，忌讳戴狗皮帽或狗皮套袖的宾客。满族将西墙作为供奉祖先的神圣部位，不准在此挂衣物、张贴年画；西炕俗称“佛爷炕”，供有“祖宗板子”。忌讳人们尤其是女人随便坐卧。通常宾客也不得在西炕休息，更不许将狗皮帽子或鞭子放在这里。

任务八　朝鲜族的民俗礼仪

一、朝鲜族礼仪习俗

朝鲜族最大的聚居区是吉林省延边朝鲜族自治州。朝鲜族素以讲究礼仪而著称，有“东方礼仪民族”的美誉。尊重长辈、礼貌待人、群体内团结互助等许多社会习俗一直是朝鲜族人民的传统美德，这些习俗构成了朝鲜族人民日常人际交往中道德规范的重要内容。

在路上晚辈见到长辈，必须使用敬语问候请安、恭敬地站立路旁让道。与长辈同行时，年轻人应该走在后面，若有急事非超前不可，须向老人说明情况后方可超前。晚辈对长辈说话必须用敬语，同辈人之间初次见面，要使用敬语互通姓名，握手问好，以示文雅、谦恭。

吃饭时，盛饭、盛汤、夹菜，必须先敬老人；有的还给老人专摆单人桌，由媳妇、儿子恭顺地把食物端到老人面前，等老人举匙就餐了，全家才能开始吃饭。陪客用餐时，匙要放在汤碗里，若把匙子放在桌上就表示已经吃完了，因此，主人绝不可以先把匙子放在桌上，否则被视为严重失礼，无异于“令客住嘴罢食”。家宴中，父子一般不同席，就是因为有儿子或晚辈不能在父亲或长辈面前饮酒的习俗。如果非同席不可，晚辈则应举杯背席而饮，以示尊敬。酒席上按年龄的大小依次倒酒，并依年龄的大小依次举杯；与年龄大的人碰杯时，年龄小的人将自己杯子的上部碰在对方杯子的下部，以示谦恭。

二、朝鲜族节庆

朝鲜族节日与汉族基本相同。此外，有三个家庭节日，即婴儿诞生一周年、“回甲节”（六十大寿）、“回婚节”（结婚六十周年纪念日）。朝鲜族一向崇尚礼仪，注重节令。每逢年节和喜庆的日子，饮食更加讲究，所有的菜肴和糕饼，都要用辣椒丝、鸡蛋片、紫菜丝、绿葱丝或松仁米、胡桃仁等加以点缀。

朝鲜族春节除夕全家守岁通宵达旦，节日期间，男女老少纵情歌舞，压跳板、拔河等，热闹非凡，人们扶老携幼争相观看。上元节是每年农历正月十五日举行，节期一天，这天要先到祖坟送灯，然后在堂内挂灯，院内挂天灯，院门两旁挂壁灯，还要到河里放灯船，吃药饭、五谷饭，喝聪耳酒。

洗头节是阴历六月十五日，这一天被视为黄道吉日。清晨，男女老少都到河边洗头，传说用向东流的溪水洗头是很吉利的。晚上，人们还要在家里举行洗头宴，唱洗头歌，然后全家老少高高兴兴地坐在一起，吃一顿丰盛的晚餐。

回婚节即结婚60周年纪念日。举行回婚节必须具备如下三个条件：一是老两口都健在；二是亲生子女都在世；三是孙子孙女无夭折。因此，谁家能举办回婚节是很大的荣耀，亲朋好友都要前来祝贺，一对老人穿上年轻时的结婚礼服，相互搀扶着入席，大家频频举杯祝福，比年轻人的婚礼更为热闹隆重。

三、朝鲜族禁忌

朝鲜族人非常尊重老人，晚辈不能在长辈面前喝酒、吸烟；吸烟时，年轻人不得向老人借火，更不能接火，否则便被认为是一种不敬的行为；年轻人忌用单人饭桌，因其只用于老人；忌男子下厨做饭、洗衣；忌家中女眷，尤其年轻女眷与男客同席饮酒；忌讳人称“鲜族”，这是日本侵略时代留下的蔑称；喜食狗肉，但婚丧与佳节不吃。

【要点提示】

序号	民族	节庆
1	蒙古族	白节、那达慕大会、鲁班节、祭祖节等
2	回族	开斋节、古尔邦节、圣纪节等
3	维吾尔族	肉孜节、古尔邦节、诺鲁孜节等
4	藏族	藏历新年、雪顿节、林卡节、沐浴周等
5	苗族	农事活动节庆、物质交流节庆、男女社交、恋爱、择偶节庆、祭祀性节庆、纪念性、庆贺性节庆等
6	壮族	春节、中元节、三月三、清明节、中秋节，端午节、重阳节、冬至节等
7	满族	春节、元宵节、二月二、端午节、中秋节、颁金节、走百病、开山节等
8	朝鲜族	春节、上元节、洗头节、婴儿生日节、“回甲节”、“回婚节” 等

模块三　我国主要酒店客源国礼仪与禁忌

【能力培养】

任务一　亚洲国家及中国港澳台地区习俗礼仪

一、日本习俗礼仪

日本全称为日本国，位于亚洲东部、太平洋西侧，是一个群岛国家。与中国、韩国、朝鲜、俄罗斯隔东海、黄海、朝鲜海峡和日本海而遥遥相望。全国总面积37万多平方公里，人口1.25亿，是世界上人口密度较大的国家之一。日本文化受西方文化影响较大，是东西方两种文化交融的典型国家。首都东京。

（一）宗教信仰

日本人大多信奉神道教和佛教。少数人信奉基督教和天主教。日本的佛教是从中国传入的。

（二）节庆

1. 新年（1月1日），庆祝方式与中国春节相似。
2. 成人节（1月15日），是满20岁青年的节日。
3. 儿童节，有男孩节和女孩节之分。男孩节也叫端午节，女孩节是每年3月3日。
4. 樱花节，从每年的3月15日到4月15日。
5. 其他节日，如敬老节（9月15日）、文化节（11月3日）等。

（三）礼仪习俗

日本人在待人接物及日常生活中，十分讲究礼貌，注重礼节。日本人善于用礼貌用语，最常用的敬语有“拜托您了”、“请多多关照”、“打扰您了”等。日本人与人见面时善行鞠躬礼，初次见面向对方鞠躬90度，而不一定握手，只有见到朋友才握手；在国际交往场合，则行握手礼。

日本人与他人初次见面时，通常都要互换名片，否则即被理解为是不愿意与对方交往。一般情况下，日本人外出时往往会带上好几种印有自己不同头衔的名片。日本人打招呼要称呼他们的姓，只有家人和朋友才称呼名字。日本人看人，不是注视对方的双眼及脸部，而是看对方的脖子部位，他们认为盯着对方的脸部是不礼貌的行为。

日本人一般不在家招待宾客，如有事需要拜访，应事先约好。日本人接待宾客会很恭敬地为宾客敬茶斟酒，主人斟酒时壶嘴不能碰到酒杯口。日本人好饮酒，不以喝醉为耻。现在日本人外出大多穿西服。和服是日本传统的民族服装，在隆重的社交场合或节庆时才穿和服。

（四）禁忌

1. 颜色禁忌

日本人不喜欢紫色，认为紫色是悲伤的色调；最忌讳绿色，认为绿色是不祥之色。日本人喜爱红、白、蓝、橙、黄等色。红色被当做吉庆幸运的颜色。

2. 数字禁忌

日本人忌讳“4”，主要是“4”和“死”的发音相似，很不吉利；他们对送礼特别忌讳“9”，；还忌讳三人一起“合影”。他们认为中间被左右两人夹着，这是不幸的预兆。

3. 花卉禁忌

日本人忌讳赠送或摆设荷花，对菊花或装饰花图案的东西有戒心，因为它是皇室家庭的标志，一般不敢也不能接受这种礼物或礼遇。日本人喜爱松、竹、梅。

4. 送礼禁忌

日本人送礼物时忌送梳子，因为“梳子”的发音与“苦死”相近。

5. 动物禁忌

日本人对装饰有狐狸和獾图案的东西很反感，认为狐狸“贪婪”和“狡猾”，獾“狡诈”；很讨厌金眼猫和银眼猫，认为见到这样的猫，会感到丧气。日本人喜爱鹤、龟等动物。

【案例7－2】

不该送的木梳

一位日本宾客在某酒店住店期间，身体发生不适，服务员小张陪宾客去医院看病，并在宾客生病期间给予了周到的照顾，为此宾客非常感谢，临别时送给小张一只日本钢笔。作为回赠，小张精心挑选了一把仿古木梳送给宾客，结果日本宾客却感到了不快。事后小张才知道日本人很忌讳别人送梳子给自己。

二、韩国习俗礼仪

韩国全称为大韩民国，位于东亚朝鲜半岛南部。面积9.9万平方公里，人口4000多万。韩国文化是东西方文化的交融体，历史上受中国文化影响较大。首都首尔。

（一）宗教信仰

韩国以信奉佛教为主，佛教徒约占全国人口的1/3。

（二）节庆

韩国的农历节日与我国近似，也有春节、清明节、端午节和中秋节等。自古以来，还流行在端午节妇女荡秋千的传统习俗。

（三）礼仪习俗

韩国是一个礼仪之邦，居民普遍注重礼貌礼节。如晚辈对长辈，下级对上级，规矩严格，表示特别的尊重。与长辈握手时，还要以左手轻置于其右手之上，躬身相握，以示恭敬。与长辈同坐，要保持姿势端正、挺胸，绝不敢懒散；若想抽烟，须征得在场长辈的同意；用餐时不可先于长者动筷等。男子见面，可打招呼，相互行鞠躬礼并握手，但女性与人见面时，通常不与他人握手，只行鞠躬礼。

韩国人一般不轻易流露出自己的感情，在公共场所不大声说笑。妇女笑时还用手帕捂住嘴，防止出声失礼。在韩国，妇女十分尊重男子，双方见面时，总是女性先向男子行鞠躬礼，致意问候；男女同坐时，一般男子位于上座，女子下座。

韩国人称呼他人时爱用尊称或敬语，很少会直接叫出对方的名字。如果交往对象拥有能够反映其社会地位的头衔，那么韩国人在称呼对方时一定会屡用不止。韩国人与外人初次交往时，非常讲究预先约定，遵守时间，并且十分重视名片的使用。上门拜访习惯带上小礼品，但不能送外国烟；接物时必须用双手，不能把礼品当场打开。

（四）禁忌

1. 数字禁忌

韩国人忌讳的数字是“4”和“13”，因音与“死”相同，韩国人对发音相似的“私”“师”“事”等字尽量不用。

2. 饮食禁忌

韩国人早餐不吃稀饭，也不喜爱吃带甜酸味的热炒菜肴。一般不吃过腻、过油、过甜的食物，并且不吃鸭肉、羊肉和肥猪肉。

3. 送礼禁忌

韩国人反对崇洋媚外，倡导使用国货。在赠送礼品时，宜选择鲜花、酒类和工艺品，最好不是日本货。

三、新加坡习俗礼仪

新加坡全称是新加坡共和国，位于东南亚马来半岛的南端，是一个由 50 多个大小岛屿组成的岛国，人口 310 多万，华人最多，约占总人口的 76%。首都新加坡。

（一）宗教信仰

因人口构成不同，主要信奉宗教为佛教、印度教、伊斯兰教、信奉天主教和基督教。

（二）节庆

1. 春节

华裔新加坡人过春节时，风俗习惯与我国大体相同。

2. 食品节

新加坡把每年 4 月 17 日定为全国法定节日。节日来临时，食品店准备许多精美食品，国人不分贫富，都要购买各种食品，合家团聚或邀请亲友，以示庆贺。

（三）礼仪习俗

新加坡人待人接物彬彬有礼，总习惯笑脸迎送宾客，在人际交往中讲究礼貌、以礼待人。在新加坡，不讲礼貌不仅会让人瞧不起，而且办事还会寸步难行。新加坡人在社交场合与宾客相见时，一般都惯行握手礼。在与东方人相见时，也有施鞠躬礼的习惯（即轻轻鞠一躬）。

新加坡人有准时赴约的良好习惯，他们认为准时赴约是对宾客的尊重和礼貌。与新加坡人交谈时，要回避民族、宗教、政治方面以及与邻国关系之类话题，闲谈话题的一般都是一些见闻和一些在经济方面的成就，切不要就所提供的食品说什么幽默与玩笑话。

新加坡人对吉祥字、画等都有特殊的感情。对“喜”“福”“吉”“鱼”字都非常喜欢，认为这些字都预示着吉利。新加坡人酷爱花草，“兰花”是他们偏爱的花种。新加坡人偏爱红色，认为红色艳丽夺目，对人有激励作用；还把红色看成是庄严、热烈、刺激、兴奋、勇敢和宽宏的象征。

（四）禁忌

1. 数字禁忌

新加坡人忌讳说话时口吐脏言，不喜欢“4（死）”、“7”这样消极等数字。

2. 语言禁忌

新加坡人对“恭喜发财”之类的话反感，认为这有教唆他人发不义之财的意思，是挑逗、煽动他人损人利己的有害言语。

3. 动物禁忌

新加坡人忌讳乌龟，认为这是种不祥的动物。

4. 行为禁忌

新加坡的印度裔人、马来裔人忌讳左手传递东西或食物，忌讳双手叉腰，用食指指人。

5. 生活禁忌

在新加坡，大年初一扫帚必须收藏起来，绝不许扫地。他们认为这天扫地会把好运气都扫走。

四、泰国习俗礼仪

泰国全称泰王国，面积51万平方公里，人口6000万左右。泰国被称为“千佛之国”、“黄袍佛国”、“白象之国”，首都曼谷。

（一）宗教信仰

泰国境内遍布着千余座佛教寺庙，泰国人大多数笃信佛教，该国以小乘教为国教。男子成年后必须去寺庙至少当3个月的和尚，即使王公贵族也不例外。和尚穿黄衣，故泰国也有“黄衣国”之称。

（二）节庆

1. 元旦，又称佛历元旦，是泰国的主要节日，庆祝非常隆重。
2. 水灯节，又称佛光节（泰历十二月十五日，公历11月间举行）。
3. 送干节，也叫求雨节（每年3~5月举行）。
4. 春耕礼，每年5月举行，是由国王亲自主持的泰国宫廷大典之一。

（三）礼仪习俗

泰国人进寺庙烧香拜佛或参观时，每个人必须脱下鞋子方可进庙；必须衣冠整洁，若在庙堂中赤胸露背，衣冠不整，会被认为玷污了圣地，对神佛失敬。

泰国人常用的礼节是行“合十”礼。朋友相见，双手合十，稍稍低头，互相问好。晚辈向长辈行礼，双手合十举过前额，长辈要回礼以表示接受对方的行礼；年纪大或地位高的人还礼时双手可不过胸，行礼时双手举得越高越表示尊敬对方。若有位尊者或年长者在座，其他人无论或蹲或跪，头部都不得超过尊者、长者头部，否则是极大的失礼。给长者递东西必须用双手。给人递东西者要用右手，因为他们认为左手不洁。传递物品时不能扔过去，认为这样做是不礼貌的行为，不得已这样做了要说声“对不起”。别人坐着时，不可把物品越过他的头顶；从坐着的人身边经过时，要略微躬身以示礼貌。

（四）禁忌

1. 行为禁忌

泰国人最忌触摸头部，因为他们认为头是智慧的所在，是最宝贵的。若打了小孩子的头，他们就认为一定会生病。泰国人睡觉忌讳头向西方，忌用红笔签名，因为头朝西和红笔签字都意味着死亡。泰国人忌脚底向人和在别人面前盘腿而坐，忌用脚把东西踢给别人，也忌用脚踢门。妇女就座时双腿要并拢，否则会被认为无教养。在泰国，男女仍然遵守授受不亲的戒律，故不可在泰国人面前表现出男女过于亲近。

2. 色彩禁忌

泰国人忌讳褐色，而喜欢红色、黄色，并习惯用颜色来表示不同的日期。如星期一为黄色，星期二为粉红色，星期三为绿色，星期四为橙色，星期五为淡蓝色，星期六为紫红色。

五、我国台湾地区习俗礼仪

我国台湾地区包括台湾岛及澎湖列岛、钓鱼岛等 80 多个岛屿，总面积 3.6 万平方公里，人口 2000 多万，省会台北。

（一）宗教信仰

我国的台湾地区信奉佛教和道教的信徒占全省人口的 34%；信奉天主教、基督教的约占 3%；另外还有部分居民信奉伊斯兰教、天理教、轩辕教、大同教等。

（二）节庆

台湾同胞重视祖国传统文化，非常注重过传统的农历节日，如春节、端午节、中秋节等，同时，受西方文化的影响，也过西方的一些如圣诞节、情人节等节日。

（三）礼仪习俗

台湾同胞很讲究社交礼貌，无论见面、会友，还是交际、拜访，在举止言行方面，他们特别注意尊重他人。在民间一般都以红色为吉祥的象征，探亲访友他们总习惯把礼物用红纸包起来送人。台湾同胞很喜欢数字“6”，有“六六顺”之说，又因“6”与“禄”同音，又是有钱财、有福气的吉祥表示。在社交场合与宾客见面时，一般都以握手为礼。

（四）禁忌

台湾同胞忌讳别人打听他们的工资、年龄以及家庭住址。最讨厌有人冲他眨眼。认为这是一种极不礼貌的行为。忌讳以扇子、手巾、雨伞、甜果、粽子和剪刀赠人。

六、中国港澳地区习俗礼仪

香港由香港岛、九龙半岛和新界组成，面积 1070 平方公里，人口 600 多万。澳门面积 18 万平方公里，人口 40 多万。

（一）宗教信仰

港澳地区的人士主要信仰佛教、道教，也有一部分人信仰天主教和基督新教。

（二）节庆

港澳地区人士重视祖国的传统节日，如春节、清明节、端午节、中秋节和重阳节等，节庆方式与祖国内地相似。西方的情人节、复活节、圣诞节等在这里也很热闹。

（三）礼仪习俗

港澳地区的人士在社交场合与宾客相见时，一般是以握手为礼。亲朋好友相见时，也有用拥抱和贴面颊式的亲吻礼。向宾客表达谢意时，往往用叩指礼：即把手指弯曲，以几个指尖在桌面上轻轻叩打，以表示感谢。

（四）禁忌

港澳地区的人士忌讳别人打听自己的家庭地址，忌讳询问个人的工资收入、年龄状况等情况。对“节日快乐”之语很不愿意接受。因为“快乐”与“快落”谐音，是很不吉利的。忌讳“4”，因为“4”与“死”谐音，故一般不说不吉利的“4”。非说不可的情况下，常用“两双”或“两个二”来代替。

任务二　欧洲国家习俗礼仪

人们习惯上把欧洲细分为东、西、南、北、中五个区域，其中北欧的瑞典、芬兰、丹麦、挪威，西欧的英国、荷兰、法国、比利时，中欧的德国、奥地利、瑞士以及南欧的意大利、西班牙等国家，是世界最主要的酒店客源地区。

一、英国习俗礼仪

英国全称大不列颠及北爱尔兰联合王国，国土面积24.3万平方公里，人口约5800万。首都伦敦。

（一）宗教信仰

英国绝大部分人信奉基督教新教，只有北爱尔兰地区的一部分居民信奉天主教。

（二）节庆

英国除了宗教节日外，还有不少全国性和地方性的节日。圣诞节是英国在所有固定节日中最隆重的节日。在节前几个星期，就有几千万张圣诞卡和几百万只圣诞礼物的包裹从邮局送往各地亲友。到圣诞节，全家团聚在一起，共进丰盛的圣诞大餐。晚上还要进行各种娱乐活动，全国都沉浸在欢乐之中。

（三）礼仪习俗

英国人重视礼节和自我修养，所以也注重别人对自己是否有礼。英国人比较矜持、守旧，含蓄庄重，幽默风趣。他们很少在公开场合表露自己的感情，说话比较婉转，不爱跟别人进行毫无意义的争论。

年长的英国人喜欢别人称他们的世袭头衔或荣誉头衔，至少要用先生、夫人、阁下等称谓。见面时对初次相识的人行握手礼。若请英国人吃饭，必须提前通知，不可临时匆匆邀请。英国人时间观念强，约会造访都要提前安排，是否应邀必须及时给对方反馈。参加社交活动要准时出席。英国人若请你到家赴宴，可以晚去一会儿，但不可早到。

和英国人闲谈最好谈天气，不要谈论政治、宗教和有关皇室的小道消息。下班后，英国人不谈公事，特别不喜欢就餐时谈公事。“女士优先”在英国比世界其他国家都明显，与英国妇女交往时必须充分尊重她们。在宴会上，若英国人当主人，他可能先为女子敬酒，敬酒之后宾客才能吸烟、喝酒。当着英国人的面要吸烟时，要先获得许可。安排英国宾客住房时，要注意他们喜欢住大房间并愿独住的特点。在英国，朋友之间讲究送礼，但礼品不能送得过多过重，否则就会被误认为是在贿赂。

（四）禁忌

1. 数字禁忌

英国人对数字除忌“13”外，还忌“3”，特别忌用打火机或火柴为他们点第3支烟。一根火柴点燃第2根烟后应及时熄灭，再用第2根火柴点第3个人的烟才不算失礼。“星期五”对于英国人来说是不祥的日子。

2. 行为禁忌

与英国人谈话，若坐着谈，应避免两腿张得过宽，更不能跷起二郎腿，若站着谈，不可把手插入衣袋。忌当着英国人的面耳语，不能拍打肩背。忌右手拇指与食指构成“V”形时手背向外，这是失礼的动作。他们不喜欢别人问及有关个人生活的问题，如职业、收入、婚姻等，就是上厕所，也不直接说，而代之以“我想洗手”等。

3. 动植物禁忌

英国人忌用人像做商品装潢，忌用大象图案，因为他们认为大象是蠢笨的象征。英国人讨厌孔雀，认为它是祸鸟，把孔雀开屏视为自我炫耀和吹嘘。忌送百合花和菊花，认为它们意味着死亡。

4. 颜色禁忌

英国人偏爱蓝色、白色和红色，厌恶墨绿色如纳粹军服色，忌讳黑色认为是丧服颜色。

【案例7－3】

英语讲得不好

一位英国老妇到中国游览观光，对接待她的导游小姐评价颇高，认为她服务态度好，语言水平也很高，便夸奖导游小姐说："你的英语讲得好极了！"小姐马上回应说："我的英语讲得不好。"英国老妇一听生气了，"英语是我的母语，难道我不知道英语该怎么说？"老妇生气的原因无疑是导游小姐忽视东西方礼仪的差异所至。西方人讲究一是一，二是二，而东方人讲究的是谦虚，凡事不张扬。

二、法国习俗礼仪

法国全称是法兰西共和国，国土面积55.2万平方公里，人口5700多万，首都巴黎。

（一）宗教信仰

大多数法国人信奉天主教，少数信奉基督教新教和伊斯兰教。

（二）节庆

1. 新年

法国人过年，家中的酒要全部喝完，他们认为过年若不喝完家里的酒，来年就要交厄运。法国人过其他节日也大量喝酒，如每年7月4日的国庆节，5月8日的停战节等。

2. 万灵节

11月1日是法国人祭奠先人及为国捐躯者的节日，也称诸圣节。

3. 体育节

每年3月中旬的第一个星期日为法国的体育节。

4. 其他节日

如在法国北部，还要过鸡鸣节，这个节日的民族气息很浓。

（三）礼仪习俗

法国人初次见面，一般不需要送礼；第二次见面时，则必须送点礼物，否则就会被认为是失礼的。礼品的选择注意体现对主人的衷心赞美和诚挚，但不能过于亲密。法国人不赠送或接受有明显广告标记的礼品，而喜欢有文化价值和艺术水平的礼品。

法国人乐于助人，谈问题不拐弯抹角，但不急于下结论。法国人待人彬彬有礼，礼貌语言不离口。约会讲准时，不准时被认为是不礼貌的；在公共场所，不能随便指手画脚、挖鼻子、剔牙、掏耳朵，不喜欢听蹩脚的法语。在公共场所，他们从不大声喧哗。法国人行接吻礼时，规矩很严格，朋友、亲戚、同事之间只能贴脸或颊，长辈对小辈是亲额头，只有夫妇和情侣才真正接吻。

（四）禁忌

1. 颜色禁忌

法国人认为，黄色和红色是不吉利的颜色，认为黄色花象征不忠诚；忌黑桃图案，视之为不吉利；忌墨绿色，因为纳粹军服是墨绿色。

2. 动物禁忌

法国人忌仙鹤图案，认为仙鹤是愚蠢和不洁的象征。

3. 花卉禁忌

一般情况下，作为礼品送几支鲜花是最好不过了，但菊花、杜鹃花在葬礼上才使用。除此之外，有些法国人还认为核桃是不祥之物。

4. 生活禁忌

法国人最忌讳初次见面时询问对方的年龄，尤其是女子；忌送香水给一般的女人，在法国送香水给女人意味着求爱。

5. 数字禁忌

法国人有一个普遍的忌讳是不能请人坐 13 号座位、住 13 号房间；城镇的门牌号，也难以见到一个 13 号，往往以“12B”或“14B”来代替 13 号。

【案例 7－4】

不入座的宾客

北京某大酒店里举行一盛大宴会，各国在京的重要商人汇聚一堂，听取某大公司总经理关于寻找合作伙伴的讲话。会后，宾客被请到了大宴会厅，每张桌上都放着一盆大绣球似的黄澄澄的菊花插花，远远望去，甚是可爱。宾客按指定的桌位一一坐定，但引座服务员发觉，左边有几张桌子前仍有数名宾客站着，不知是对不上号还是有别的原因，于是她走上前去了解。原来，那些宾客都是法国人，由于她不懂法语，只得把翻译请来，交谈后获知，法国人认为黄菊花是不吉利的，因此不肯入座位。

三、德国习俗礼仪

德国全称为德意志联邦共和国，国土中面积 35.7 万平方公里，人口 8000 多万，首都柏林。

（一）宗教信仰

德国人大多信奉基督教新教和天主教，此外，还有东正教、伊斯兰教和犹太教。

（二）节庆

1. 慕尼黑啤酒节

除传统的宗教节日外，德国人还比较重视慕尼黑啤酒节。每年 9 月最后一周到 10 月的第一周要连续过半个月啤酒节，热闹非凡。

2. 科隆的狂欢节

科隆的狂欢节从每年 11 月 11 日 11 时 11 分开始，要持续数十天，到来年复活节前，40 天才算过完。

3. 妇女节

过完复活节后的第一周的星期四是妇女节。妇女们在这一天不但可以坐上市长的椅子，还可以拿着剪刀，在大街上公然剪下男子的领带。

（三）礼仪习俗

德国人与亲朋好友、熟人见面，一般行握手礼。与德国人握手时，务必要坦诚地注视对方，握手的时间稍长一些，晃动的次数稍多一些，力量稍大一点。情侣或夫妻见面时则行拥抱、亲吻礼。德国人重视称呼。一般情况下切勿直呼其名，可以称其全称或称其姓。德国人对职衔、学衔、军衔看得比较重。对有头衔者，在进行称呼时一定要加上头衔。对初次见面的成年人以及老年人，务必要称之为“您”，对于熟人、朋友、同龄者，方可以“你”相称。

德国人在礼节上讲究形式，约会讲准时。在交谈时，话题可以是原野风光、业余爱好、足球等体育运动，与外国人交谈时喜欢会讲德语的人。遵纪守法在德国被视为做人的一种美德。请德国人进餐，事前必须安排好。在宴会上，一般男子要坐在妇女和职位高的人的左侧。女士离开和返回饭桌时，男子要站起来以示礼貌。

（四）禁忌

1. 数字禁忌

德国人忌讳“13”与“星期五”，视之为不祥的日子。

2. 颜色禁忌

德国人对颜色禁忌较多，茶色、黑色、红色、深蓝色他们都忌讳。

3. 生活禁忌

忌讳在公共场合大声喧哗或窃窃私语。赠送礼品时，不宜选择刀、剑、餐刀和叉具等。

4. 动植物禁忌

德国人忌吃核桃，忌送玫瑰花、蔷薇花，不喜蝙蝠图案。

四、意大利习俗礼仪

意大利全称是意大利共和国，国土面积 30 多万平方公里，人口 5700 多万，首都罗马。

（一）宗教信仰

意大利人绝大多数信奉天主教。天主教在意大利有着很大的传统影响，首都罗马的梵蒂冈是世界罗马天主教的中心。

（二）节庆

1. 宗教节日

意大利人过基督教三节（圣诞节、复活节和受难节）的盛况为世人所瞩目。

2. 狂欢节

意大利的狂欢节在世界上也很有名。狂欢节在每年 2 月中旬进行，比德国狂欢节的时间短，和巴西的狂欢节过法也不相同。

3. 蛇节

蛇节无疑使害怕蛇的人望而生畏，因为这一天人们手中拿着蛇，街上爬着蛇。

4. 新年

意大利人在除夕放鞭炮，摔瓶子、花盆等，热闹非凡。

5. 其他

此外，意大利人的节日还有罗马建城节（4 月 2 日）、情人节（2 月 14 日）等。

（三）礼仪习俗

意大利人非常重视礼节，与他人初次见面时，礼数周全，极其客气。在一般情况下，大多会以握手礼作为见面礼节，并且会向对方问好。在熟人之间，常用举手礼、拥抱礼和亲吻礼。意大利人的身份观念较强，对别人的地位、等级十分重视。如果交往对象具有值得尊敬的头衔的话，必定再三提及以示重视。意大利人的名字在正式场合宜全称，在社交场合可称姓或直呼其名。意大利人社交时间观念差，经常迟到。在人际交往中，意大利人不但表情丰富，且有着许多独特的形体语言，尤其喜欢运用不同的手势来表达自己的思想感情。

（四）禁忌

1. 花卉禁忌

意大利人忌菊花，因为菊花是他们祭坟扫墓时才用的花。

2. 送礼禁忌

在意大利，如果要送一件礼物给朋友，千万不要送手帕，因为那象征着离别。

3. 行为禁忌

给意大利人倒酒时，切忌反手倒，这意味着“势不两立”。这源于黑手党的一种手势。

4. 生活禁忌

与意大利人的谈话内容可以是家庭、工作、新闻及足球，但不要与他们谈论政治和美国的橄榄球。

5. 数字禁忌

忌讳“13”与“星期五”，此外，对“3”这个数字也视为不吉利。

【案例7－5】

让人伤心的手帕

国内某家专门接待外国宾客的旅行社，有一次准备在接待来华的意大利宾客时送每人一件小礼品。于是，该旅行社订购了杭州制作的纯丝手帕，十分美观大方；手帕装在特制的盒内，盒上有旅行社社徽。中国丝织品闻名于世，料想会受到宾客的喜欢。酒店接待人员带着盒装的纯丝手帕，到机场迎接来自意大利的宾客。欢迎词热情、得体，在车上他代表旅行社赠送给每位宾客两盒包装甚好的手帕，作为礼品。没想到车上一片哗然，议论纷纷，宾客显出很不高兴的样子。特别是一位夫人，大声叫喊，表现极为气愤，还有些伤感。酒店接待人员心慌了，好心好意送人家礼物，不但得不到感谢，还出现这般景象。中国人总以为送礼人不怪，这些外国人为什么会如此反应？

在意大利和西方一些国家有这样的习俗：亲朋好友相聚一段时间告别时才时送手帕，取意为“擦掉惜别的眼泪”。在本案例中，意大利宾客兴冲冲地刚刚踏上盼望已久的中国大地，准备开始愉快的旅行，你就让人家“擦掉离别的眼泪”，人家当然不高兴，就要议论纷纷。那位大声叫喊而又气愤的夫人，是因为她所得到的手帕上面还绣着菊花图案。菊花在中国是高雅的花卉，但在意大利则是祭奠亡灵的。人家怎不愤怒呢！

五、俄罗斯习俗礼仪

俄罗斯全称为俄罗斯联邦，国土面积1707万平方公里，是世界上面积最大的国家；人口1.49亿，首都莫斯科。

（一）宗教信仰

俄罗斯人主要信仰东正教，这是该国的国教。

（二）节庆

俄罗斯人每年要过圣诞节、洗礼节、清明节和旧历年等。

（三）礼仪习俗

俄罗斯人与人相见，开口先问好，再握手致意。朋友间行拥抱礼并亲面颊。与人相约，讲究准时。见面时要称呼对方的名字和父名，只称呼姓是不礼貌的。对于有职务、学衔、军衔的人，最好加上头衔。对于贵宾，俄罗斯人通常会向对方献上“面包和盐”，表示给予对方崇高的礼遇。

（四）禁忌

1. 生活禁忌

俄罗斯人不以左手握手、进食、抽签；不以左手递送物品，起床不能左脚先着地；与俄罗斯人初次见面时忌问对方私事，不能在背后议论第三者，忌问妇女年龄。

2. 数字禁忌

俄罗斯人忌讳数字“13”，不喜欢“星期五”，视“7”为吉利数字。

3. 颜色禁忌

俄罗斯人忌讳黑色，喜欢红色。

4. 花卉禁忌

俄罗斯人忌讳送菊花、杜鹃花、石竹花和黄色的花。

任务三　美洲国家习俗礼仪

美洲分为北美洲和南美洲。美国和加拿大占北美洲面积的绝大部分和人口的大部分，是我国主要客源国。南美洲居民主要继承西班牙、葡萄牙等国的传统，也受当地传统的影响。

一、美国习俗礼仪

美国全称美利坚合众国，国土面积936万平方公里，人口约2.63亿，美国是一个移民国家，首都华盛顿。

（一）宗教信仰

在美国，主要宗教信仰包括基督教新教、天主教、东正教、犹太教或佛教等。

（二）节庆

1. 独立节

美国的国庆称“独立节”，在每年的7月4日举行。

2. 圣诞节

圣诞节是美国人最重视的节日之一。

3. 感恩节

感恩节也叫火鸡节，在每年11月的第四个星期四举行。

4. 父亲节

父亲节定在每年6月第三个星期日举行。

5. 母亲节

母亲节定在每年5月的第二个星期天举行，是子女为了感激父母养育之恩的传统节日。

6. 植树节

美国的植树节是为纪念农学家莫尔顿的提议而设立的。

（三）礼仪习俗

美国人以不拘礼节、自由自在而著称。与人相见时不一定以握手为礼，而是笑笑说声“Hi（你好）”就算有礼了；分手时也是习惯地挥挥手，说声“再见”。如果别人向他们行礼，他们也会用相应的礼节作答，如握手，点头，行注目礼，行吻手礼等。行接吻礼只限于对特别亲近的人，而且只吻面颊。称呼时也喜欢直呼其名，以示双方关系平等密切。

对于美国妇女，不要存男女有别的观念，要充分尊重她们的自尊心。见面时，如果她们不先伸手，不能抢着要求握手；如果她们已伸手，则要立即做出反应。美国人与人交往能遵守时间，很少迟到。他们通常不主动送名片给别人，只是双方想保持联系时才送。当着美国人如果想吸烟，须先问对方是否介意，不能随心所欲。在接待工作中，用火柴或打火机为美国人点烟时，切记不能连续点三支烟，正确的方法是一根火柴点一根烟，分别服务。

美国人平时不太讲究衣着，只有在正式的社交场合才讲究服饰打扮。美国妇女日常有化妆的习惯，在她们眼里，化淡妆是一种需要，也是表示尊重别人。美国人讲话，礼貌用语很多：“对不起”“请原谅”“谢谢”“请”等；美国人很重视隐私权，忌讳被人问及个人私事。

（四）禁忌

1. 数字禁忌

美国人忌“13”“星期五”等。他们认为“13”不吉利，会给人带来不幸。美国人对星期五也同样抱有恐惧心理。

2. 动物禁忌

美国人忌讳用蝙蝠作图案的商品和包装，认为这种动物吸人血，是凶神的象征。

3. 生活禁忌

美国人忌讳与穿着睡衣的人见面，这是严重失礼的。在交谈时应保持距离在50厘米左右，不要靠得太近，声音不可太大。

4. 送礼禁忌

美国人不提倡人际间交往送厚礼，否则被认为别有用心。

5. 饮食禁忌

饮食上忌食各种动物的脚爪和内脏，不吃蒜，不吃过辣食品，不爱吃肥肉，不喜欢清蒸和红烩菜肴。

二、加拿大习俗礼仪

加拿大国土面积 997 万平方公里，人口约 2700 万，首都渥太华。加拿大是一个移民国家。

（一）宗教信仰

加拿大人部分信仰天主教、基督教新教。

（二）节庆

加拿大人多为欧洲血统，所以节庆都是西方国家共有的，如圣诞节、感恩节等。

（三）礼仪习俗

加拿大人见面通常是握手致意，分手时也是行握手礼。熟人之间用拥抱礼节。一般场合，加拿大人称呼人时往往直呼其名，父子之间也是这样；但在正式场合，一般是连姓带名一同称呼。加拿大人讲究实事求是，与他们交往不必过于自谦，不然会被误认为虚伪和无能。加拿大人时间观念强，约会要事先约定，准时赴约。送礼应有目的，不随便送礼；生日、结婚、节日都要送礼。接受礼品者，应当面打开并致谢。

（四）禁忌

1. 花卉禁忌

除天主教、基督教新教的忌讳以外，加拿大人还忌讳别人赠送白色的百合花。加拿大人只有在葬礼上才使用这种花。

2. 颜色禁忌

在颜色方面，加拿大人一般不喜欢黑色和紫色。

3. 生活禁忌

在宴席上，加拿大人惯常喜用双数（偶数）安排座次。

4. 数字禁忌

对加拿大人来说，“13” 和 “星期五” 是忌讳的数字。

5. 行为禁忌

与加拿大人交谈时，不要插嘴、打断对方的话或是强词夺理。在家里忌讳吹口哨，忌打碎玻璃制品，忌打翻盐罐等。

任务四 大洋洲国家习俗礼仪

一、澳大利亚

（一）礼仪习俗

澳大利亚全称澳大利亚联邦，国土面积768万平方公里，人口1700万，首都堪培拉。

（二）宗教信仰

大多数澳大利亚人信奉天主教和基督教新教。

（三）节庆

1. 国庆节

国庆节是纪念首批移民到澳大利亚定居而设立的节日，于每年的1月26日举行。

2. 圣诞节

当北半球的国家在12月底欢度圣诞节的时候，位于南半球的澳大利亚正处于仲夏时节，所以澳大利亚的圣诞节与众不同，别有情趣。圣诞老人穿着大红皮袄、踏着雪橇，在烈日下大汗淋漓，与吃着冰淇淋的人们形成鲜明的对照，这是少有的庆贺景象。

（四）礼仪习俗

澳大利亚人见面时行握手礼，握手时非常热烈，彼此称呼名字，表示亲热。澳大利亚人办事爽快、认真，喜欢直截了当，也乐于交朋友。碰见生人喜欢主动聊天，共饮一杯酒后，就交上了新朋友。澳大利亚人注意遵守时间并珍惜时间。约会要事先约定，准时赴约，请客提前一周通知，被邀请者要明确反馈是否应邀。澳大利亚人酷爱体育运动，橄榄球、网球、赛马、游泳、冲浪、帆板及钓鱼是他们偏爱的项目。

（五）禁忌

1. 行为禁忌

在澳大利亚，即使是很友好地向人眨眼（尤其是妇女）也会被认为是极不礼貌的行为。

2. 动物禁忌

澳大利亚人认为兔子是一种不吉祥的动物，看到它会倒霉，因为这预示着厄运将要临头。

3. 数字禁忌

澳大利亚人对Z“13”很讨厌，认为“13”会给人们带来不幸和灾难。

4. 语言禁忌

澳大利亚人忌讳“自谦”的客套语言，认为这是虚伪和无能或看不起人的表现。

【要点提示】

1. 亚洲国家

国家	宗教信仰	颜色禁忌	数字禁忌	动植物禁忌	送礼禁忌	生活饮食禁忌
日本	神道教、佛教	紫、绿色	4、9	荷花、菊花、狐狸	梳子	“八筷”
韩国	佛教		4、13			早晨食稀粥，鸭、羊肉
新加坡	佛教		4、7	乌龟		
泰国	佛教	褐色				触摸头部

2. 欧洲国家

国家	宗教信仰	颜色禁忌	数字禁忌	动植物禁忌	送礼禁忌	生活饮食禁忌
英国	新教	墨绿、黑色	3、13，星期五	百合、菊花、大象、孔雀		
法国	天主教	墨绿、黄、红色	13，星期五	杜鹃花、菊花、仙鹤		不问年龄
德国	天主教、新教		13，星期五	玫瑰、蔷薇、蝙蝠		忌谈政治
意大利	天主教		3、13，星期五	菊花	手帕	
俄罗斯	东正教	黑色	13，星期五	菊花、杜鹃花、石竹花		左手递物

3. 美洲及大洋洲国家

国家	宗教信仰	颜色禁忌	数字禁忌	动植物禁忌	生活饮食禁忌
美国	新教		13、星期五	蝙蝠	穿睡衣见人
加拿大	天主教、新教	黑、紫色	13，星期五	白色百合	打断对方说话
澳大利亚	天主教、新教		13，星期五	兔子	故意眨眼

【思考训练】

1. 佛教、基督教和伊斯兰基本礼仪等方面有什么差异？

2. 蒙古族、回族、维吾尔族、藏族、苗族、壮族、满族、朝鲜族各自有哪些主要节日？

3. 我国亚洲主要客源国是哪些国家和地区？他们有什么风俗礼仪和禁忌？

4. 我国欧洲主要客源国是哪些国家？他们有什么风俗礼仪和禁忌？

5. 我国美洲和大洋洲的主要客源国是哪些国家？他们有什么风俗礼仪和禁忌？

参考文献

一、专著

[1] 何丽芳. 店礼仪［M］. 东经济出版社，2005.

[2] 王景平，连兴. 现代礼仪修养［M］. 国防工业出版社，2007.

[3] 金正昆. 礼仪金说——服务礼仪［M］. 陕西师范大学出版社，2008.

[4] 熊国铭，邢伟. 客源国（地区）概况［M］. 电子工业出版社，2009.

[5] 王明强. 旅游服务礼仪［M］. 中国劳动社会保障出版社，2009.

[6] 赵景卓，满相忠. 现代服务礼仪［M］. 中国物资出版社，2007.

[7] 李丽主编. 现代旅游服务礼仪［M］. 机械工业出版社，2008.

[8] 谷玉芬主编. 旅游服务礼仪实训教程［M］. 旅游教育出版社，2009.

[9] 国家旅游局人事劳动教育司编. 导游业务［M］. 旅游教育出版社，2005.

[10] 陈蔚德. 导游讲解实务［M］. 旅游教育出版社，2004.

[11] 张力仁. 导游业务［M］. 高等教育出版社，2003 .

[12] 文通. 新编现代酒店礼仪礼貌星级服务标准［M］. 中国纺织出版社，2008.

[13] 胡碧芳，姜倩. 旅游服务礼仪/21 世纪全国高等院校旅游管理系列实用规划教材［M］. 北京大学，2008.

[14] 瞿立新. 酒店服务标准——理论与实务［M］（复旦卓越·21 世纪酒店管理系列）. 复旦大学出版社，2008.

[15]［日］服部正著. 司有仑，张帆，顾建华译：环境音乐美学［M］. 中国人民大学出版社，1991.

[16] 宋瑾. 国外后现代音乐［M］. 江苏美术出版社，2003.

[17] 祖振声. 音乐熏陶与灵性启蒙［M］. 明天出版社，1988.

[18] 杨荫浏. 中国古代音乐史稿（下册）［M］. 人民音乐出版社，1981 .

[19] 李俊琦. 职业素质与就业能力训练［M］. 清华大学出版社，2009.

[20] 马培培. 谁偷走了你的敬业度［M］. 华文出版社，2008.

[21] 张其金. 敬业为魂［M］. 中国华侨出版社，2009.

[22] 杨秀君. 心理素质训练［M］. 上海交通大学出版社，2010.

[23] 闫燕. 意志力［M］. 中国画报出版社，2010.

[24] 赵国秋. 心理压力与应对策略［M］. 浙江大学出版社，2007.

[25] 李士，甘华鸣. 创新能力训练和测验［M］. 中国科技大学出版社，2008.

[26] 李惠波. 团队力量［M］. 清华大学出版社，2010.

［27］邓靖松．团队信任与管理［M］．清华大学出版社，2012.

［28］易钟．做最好的酒店领班［M］．广东省出版集团图书发行有限公司（广东经济），2011.

［29］何常明．自控力［M］．金城出版社，2006.

［30］罗旭华，王文慧．餐饮企业品牌经营［M］．高等教育出版社，2010.

二、论文

［1］马守仁．饮茶说音乐［J］．广东茶业，2004.

［2］曾华．酒店个性化服务［J］．企业家天地，2009.

［3］王芬，王沛，刘军波，肖亚波．饭店个性化服务的探讨［J］．商品与质量，2010.

［4］周希贤，程新康．当代大学生适应能力体系构架［J］．西南民族大学学报，2004.

［5］李永利．浅谈酒店全员服务营销［J］．韶关大学学报社会科学版，2000.

三、网站

［1］达照，佛教礼仪漫谈［EB/OL］，

http：//zhihai. heshang. net/Article/wzzz/dzwj/200603/24137. html

［2］佚名，佛教礼仪［EB/OL］，

http：//www. guiyuanchansi. net/Nous_ view. asp？ id =285&lm =75&lm2 =111

［3］佚名，基督教［EB/OL］，

http：//www. hudong. com/wiki/%E5%9F%BA%E7%9D%A3%E6%95%99

［4］佚名，宗教礼仪——伊斯兰教礼仪［EB/OL］，

http：//lld. bjzgh. org/template/10001/file. jsp？ aid =52

［5］佚名，苗族礼仪及禁忌［EB/OL］，

http：//www. gzndc. cn/gzf/？ id =1983，

［6］佚名，壮族——礼仪［EB/OL］，

http：//www. glxbb. gov. cn/huaxiu/minsu/minsu05. html

［7］佚名，壮族［EB/OL］，

http：//news. xinhuanet. com/ziliao/2005 -04/21/content_ 2858060. html

［8］www. bjhotel. cn

［9］www. cnyin168. com

［10］www. psychcn. com

［11］www. 100guanli. com